21 世纪高等学校
经济管理类规划教材
高校系列

MANAGEMENT

管理学 微课版

+ 方金 张健如 张吉国 主编
+ 霍明 李颖 李芳 副主编

ECONOMICS
AND
MANAGEMENT

人民邮电出版社
北京

图书在版编目（CIP）数据

管理学：微课版 / 方金，张健如，张吉国主编. --
北京：人民邮电出版社，2018.6（2019.1 重印）
21世纪高等学校经济管理类规划教材. 高校系列
ISBN 978-7-115-49056-8

Ⅰ．①管… Ⅱ．①方… ②张… ③张… Ⅲ．①管理学
－高等学校－教材 Ⅳ．①C93

中国版本图书馆CIP数据核字(2018)第177344号

内 容 提 要

本书以管理理论的发展和管理活动的基本职能为主线，以树立科学的管理理念和培养基本的管理技能为目标，融合了当代管理学研究的新成果和管理实践的新发展，系统阐述了管理学的一般原理和方法。全书共 9 章，主要内容包括管理与管理者、管理理论的形成与发展、决策、计划、组织、领导、激励、控制和创新。

本书可作为高等院校管理类相关课程的教材，也可作为在职人员的培训教材，还可供企业管理者参考使用。

◆ 主　编　方　金　张健如　张吉国
　　副主编　霍　明　李　颖　李　芳
　　责任编辑　许金霞
　　责任印制　焦志炜
◆ 人民邮电出版社出版发行　　北京市丰台区成寿寺路 11 号
　　邮编　100164　电子邮件　315@ptpress.com.cn
　　网址　http://www.ptpress.com.cn
　　北京捷迅佳彩印刷有限公司印刷
◆ 开本：787×1092　1/16
　　印张：13.75　　　　　　2018 年 6 月第 1 版
　　字数：359 千字　　　　2019 年 1 月北京第 2 次印刷

定价：42.00 元

读者服务热线：(010)81055256　印装质量热线：(010)81055316
反盗版热线：(010)81055315
广告经营许可证：京东工商广登字 20170147 号

前 言 Preface

　　管理的历史源远流长，管理活动无时不有、无处不需。大到国家，小到个人，都需要有效的管理。管理也是组织实现目标的关键因素，是组织提高效率、提高竞争力的必要手段。管理能力的提高需要管理理论的指导，而"管理学"为管理实践提供了基本原理和方法。同时，"管理学"课程在高校中开课甚广，是高等院校经济管理类相关专业的必修课程之一。通过"管理学"课程的学习，学生既可以树立系统、科学的管理理念，又可以认识到管理理论的实践指导意义，提高管理实践能力。

　　2015 年下半年，山东农业大学全面启动了在线课程的建设工作，积极推动教育教学方式改革。在学校和学院的大力支持下，由方金、张健如等几位教师组建课程组，于 2017 年完成"管理学"在线课程体系的搭建与内容建设，并精心录制了全部知识点的微课视频。本书是该在线课程的配套教材，在编写过程中，课程组进行了多次研讨，力求在系统讲述管理学的基本理论和方法外，还能启发和引导学习者的创新思维，培养独立分析问题和解决问题的能力。

　　本书特点如下：

　　（1）创新教学形式。本书采用混合式在线教学的模式，配录了丰富的微课视频，学习者可扫描二维码即可，以加深对管理学理论的理解。

　　（2）体系清晰、重点突出。本书不仅系统、完整地讲述了管理学的理论与方法，还对重点内容进行了归纳和总结，在每一章的开篇明确了学习目标和关键词，便于学习者掌握学习重点。

　　（3）理论内容全面、教学资料丰富。本书提供了丰富的教学资料，设计了引导案例、课间阅读、扩展阅读、复习题和案例分析等内容，既有利于激发学习者的学习兴趣，也充分体现了管理学理论与实践案例的结合。

　　本书由方金、张健如、张吉国任主编，霍明、李颖、李芳任副主编，具体分工如下。本书第一章、第二章由张健如、方金编写；第三章由张健如、霍明和李芳编写；第四章由张健如、李芳编写；第五章由张健如、霍明编写；第六章、第七章由张健如编写；第八章由张健如、李颖编写；第九章由方金、张吉国编写。全书课程知识点微课视频由张健如、方金、霍明、李颖和李芳录制，智慧树网提供技术支持。

作者在编写本书的过程中参考了大量当前已经出版的国内外管理学教材和相关资料，引用了其中一些研究成果和理论内容，谨向有关作者表示感谢！

编者

2018 年 5 月

目 录 Contents

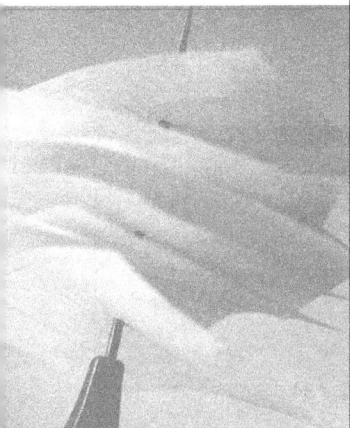

管理与管理者 | 第一章

学习目标

- 掌握管理的定义，理解有代表性的管理定义
- 理解管理的基本特性、职能和基本问题
- 掌握管理中几种典型的人性假设理论
- 理解管理者的层次与角色
- 掌握管理者的技能和心智模式
- 了解管理者的能力结构

关键词

管理　管理的基本特性　管理职能　管理的基本问题　资源与资源配置
人性假设理论　管理者的角色　管理者的技能　心智模式　管理者的能力结构

引导案例

管理的真谛

有这样一个故事，说的是七个人住在一起，每天共喝一桶粥，而粥每天都不够。一开始他们抓阄决定谁来分粥，每天轮一个。于是一周下来，他们每个人只有一天是饱的，就是自己分粥的那一天。后来他们推选出一位道德高尚的人分粥，于是大家开始挖空心思去讨好他，使整个小团体乌烟瘴气。后来，大家开始组成三个人的分粥委员会及四人的评选委员会，但是互相攻击、互相批判之后，吃到嘴里的粥全是凉的。最后大家想出一个轮流分粥的方法，即分粥的人要等到其他人都挑完后拿剩下的最后一碗粥。为了不让自己吃到最少的粥，每碗粥都尽量分得均匀。于是，大家快快乐乐、和和气气，日子越过越好。

【案例启示】 管理的真谛，在"理"不在"管"。管理者的主要职责就是建立一个像"轮流分粥，分者后取"那样合理的游戏规则，让每个员工按照游戏规则自我管理。规则要兼顾公司利益和个人利益，并且要让个人利益和公司整体利益统一起来。责任、权力和利益是管理平台的三根支柱，缺一不可。缺乏责任，公司就会产生腐败，进而衰退；缺乏权力，管理者的执行就会变得乏力；缺乏利益，员工的积极性就会下降，消极怠工。只有管理者把"责、权、利"的平台搭建好，员工才能"八仙过海，各显其能"。

第一节 | 管理概述

管理是人类最重要、最基本的活动之一。管理活动伴随着人类的共同劳动而产生，自从有了人与人之间的社会活动，就有了管理的实践和经验总结，管理实践和管理思想的历史几乎与人类的历

史一样悠久。

在现代社会，"管理"是我们耳熟能详的一个词语，因为管理就在我们身边，大到国家，小到企业，几乎任何组织都离不开管理活动。但"管理"似乎又是一个陌生的字眼，因为要科学系统地认识管理，适时高效地开展管理工作，并不是一件容易的事情。

一、管理的定义

"管理是什么？"是每个初学管理的人首先需要理解和明白的问题，这就涉及管理的定义。自19世纪末20世纪初管理学形成以来，学术界对"管理"这一基本概念提出了各种见解，以下是几个有代表性的观点。

泰勒认为，管理就是"确切地知道你要别人干什么，并使他用最好的办法去做。"（弗雷德里克·温斯洛·泰勒《科学管理原理》）

法约尔认为，"管理是所有的人类组织（无论是政府、企业或家庭）都具有的一种活动，这种活动由五项要素组成：计划、组织、指挥、协调和控制。"（亨利·法约尔《工业管理与一般管理》）

西蒙认为，"管理即是决策。"（赫尔伯特·西蒙《管理决策新科学》）

孔茨认为，"管理就是由一个或更多的人来协调他人的活动，为收到个人单独活动所不能收到的效果而进行的各种活动。所以，管理就是设计一种良好的环境，使人在群体里高效率地完成既定目标。"（哈罗德·孔茨、海因茨·韦里克《管理学》）

我国学者周三多和陈传明认为，"管理是以组织为载体的活动，是组织通过信息获取、决策、计划、组织、领导、控制和创新等职能，对组织的一切资源进行分配和协调，以实现个人无法实现的组织整体目标的过程。"（周三多、陈传明《管理学》）

杨文士认为，"管理是组织中的管理者，通过实施计划、组织、人员配备、指导与领导、控制等职能来协调他人的活动，共同实现组织既定目标的过程。"（杨文士、张雁《管理学原理》）

综合这些定义，我们认为，管理是指管理人员在一定的环境条件下，引导人、财、物等资源进入动态的组织，并通过计划、组织、领导、控制和创新等职能，配置和协调资源，以有效实现组织目标的活动过程。

这个定义包含了管理概念的六大要素。

1. 管理目的

管理的任务是有效地实现组织预定的目标。管理本身并不是目的，管理的目的是实现组织的目标。组织是一种由人组成的、具有明确目标和系统性结构的实体。企业作为特殊的组织有四个重要的目标：①服务对象的满意；②员工的满意；③可持续发展；④盈利（功利性）。这四个目标的实现，都有赖于管理活动的有效进行，而企业管理活动的目的也紧紧围绕这四个目标进行。

2. 管理环境

管理活动必然是在一个环境中进行的，而管理活动的进行也必然会形成一种环境，二者相辅相成。管理环境分为内部环境和外部环境，管理与环境关系的三个目标：一是通过管理找出企业在内部环境条件上的优势和劣势；二是通过管理发现企业在外部环境中的机会和威胁；三是通过管理利

资料链接
观看教学视频
管理概述

用自身内部环境条件上的优势去抓住外部环境存在的机会，而避免给企业带来冲击和危险，从而将自身的核心竞争力建立在优势基础之上，而不是以卵击石。管理使企业适应环境，管理为企业创造环境，管理让企业在环境中游刃有余。

3. 管理主体

管理主体是指从事管理的人或群体。主要指具有专门知识、利用专门技术和手段来进行专门活动的管理者。管理活动是从社会生产过程中分离出来的一种活动，也是一种职业，它符合一般职业要求的下述标准：①从业人员必须具备相关的专业知识；②职业技能的获取需要专门的教育和培训；③进入职业受到控制，通常要经过某种形式的考试；④从业人员必须遵守一定的职业道德，违反者将会受到某种惩罚。显然，并非任何人都可以成为管理者，只有具备一定素质和技能的组织成员，才有可能从事管理工作。管理主体的素质、知识、技能、责任心等都影响着管理活动的有效性。

4. 管理客体

管理客体是指管理的对象，既包括人（被管理者）、财、物、知识、关系等组织资源，也包括为了配置利用这些组织资源所形成的组织活动。组织需要通过特定的活动来实现其目标；任何活动的进行都是以利用一定的资源为条件的，也就是说，任何组织的活动过程实际上都是各种资源的消耗和利用过程。管理的任务就是将组织资源有效地配置在一起，凝结成社会和顾客满意的企业产品或服务。因此，要促进组织目标的有效实现，管理需要研究的是怎样充分地利用各种组织资源，以及如何合理地安排组织的目标活动。

5. 管理过程和手段

管理是管理者为了有效地实现组织目标、个人发展和社会责任，运用管理职能进行协调的过程。计划、组织、领导、控制和创新是现代管理的重要职能，除此之外，还有很多管理方法和措施。计划与决策虽然在管理活动中占有十分重要的地位，但是管理不仅是计划与决策。管理者在管理活动中制订了活动计划后，还要组织计划的实施，激发组织成员的工作热情，检查和控制计划的执行，把握组织活动的进展情况。因此，管理是一个包括计划、组织、领导、控制等一系列工作的综合过程。

6. 管理有效

管理有效是指管理既要有效率，也要有效果。效率是指管理活动要以尽可能小的投入获得尽可能大的产出，要多快好省，主要强调方法和过程；有效果是指最终达到了目的，使活动实现了预期的目标，主要强调活动的结果。有效率不一定有效果，有效果也不一定有效率，管理有效就是要将二者统一起来。

二、管理的基本特性

管理作为人类的一项活动，不同于文化活动、科技活动和教育活动等，它具有动态性、科学性、艺术性、创造性和经济性这五个特性。

1. 动态性

任何管理都不是一成不变的，管理需要在变动的环境与组织中进行，需要消除资源配置过程中的各种不确定，因此管理者、管理对象、管理环境等都是变化的，这是管理动态性的表现。

2. 科学性

管理是有规律可循的。管理活动可以分为程序性活动和非程序性活动两种。这两种活动虽然不同，但又是可以转化的，即程序性活动是由非程序性活动转化而来的。这种转化的过程是人们对这类活动和管理对象规律性的科学总结，这是管理科学性的表现。

3. 艺术性

管理者对管理技巧的运用和发挥，体现了管理者设计和操作管理活动的艺术性。在众多可选择的管理方式中选择一种合适的方式，应用于现实的管理之中，这也是管理者进行管理的一种艺术性技能。

课间阅读

美国麦考密克公司的起死回生

美国麦考密克公司创始人W. 麦考密克是位性格豪放、有义气的经营者。公司成立之初，凭借其社会阅历，公司的利润增长较快，员工的收入也与日俱增。随着公司的发展，其经营理念和经营方法逐渐落后，不能适应时代的要求。W. 麦考密克虽然苦心经营，但公司还是不景气，最后陷入裁员减薪的困境，公司濒临倒闭的边缘。

C. 麦考密克在公司危难时刻继任总裁，员工把一切希望全都寄托在新总裁的身上。C. 麦考密克也壮志满怀，可万事开头难，从何处突围成为首要问题。新总裁对公司的内外环境进行了认真的调查和分析，发现员工怨天尤人、无责任感，对企业和个人发展感到茫然。新总裁认识到鼓舞员工士气、增强员工责任感、唤起员工的工作热情是公司振兴之本。新总裁在全体员工大会上庄严宣布：本公司生死存亡的重任落在诸位的肩上，希望大家同舟共济，齐心协力渡过难关。同时，新总裁出人意料地决定，从本月起，全体员工的薪水每人增加10%，工作时间适当缩短。

新总裁的决心和决定让几乎绝望的员工为之感动，员工们认识到唯有大家齐心协力公司才有希望。经过全体员工的共同努力，仅用一年的时间就实现了扭亏为盈，公司获得了重生，员工又有了新的希望。

麦考密克公司的新总裁在公司濒临倒闭的状态下，本应该裁员、减薪，却采取了减时提薪的创造性之举，实属高超的管理艺术。

4. 创造性

管理既然是一种动态的活动，那么对不同的管理对象就不存在唯一的、有章可循的管理模式可以参照，想要达到既定的组织目标，就需要具有一定的创新性和创造性。

5. 经济性

在管理过程中，不论是资源配置还是管理方式的选择，都是有成本的。管理是对资源有效整合的过程，因此选择不同的资源供给和配比，就有成本大小的问题，这就是管理经济性的表现。

三、管理的职能

管理的职能就是管理者为了有效地管理而必须具备的能力，或者说管理者在执行其职务时应该做的工作。

最早对管理的具体职能加以概括和系统论述的是管理过程学派的创始人法约尔。他在1916年发表的《工业管理与一般管理》一书中指出，管理就是实行计划、组织、指挥、协调和控制，被称为"五功能学派"。后来许多管理学者又从不同的角度对管理职能进行了阐述，产生了不同的学派和观点。随着社会的不断进步，人们对管理的认识也在不断提高和发展，对管理职能的诠释也在不断地丰富和深化。

1. 计划

计划是对未来活动如何进行的预先筹划。人们在从事一项活动之前，首先要制订计划，这是进行管理的前提。计划工作主要包括以下内容。

（1）研究活动条件

组织的业务活动是利用一定条件在一定环境中进行的。活动条件的研究包括内部能力研究和外部环境研究。内部能力研究主要是分析组织内部在客观上对各种资源的拥有状况和主观上对这些资源的利用能力；外部环境研究是分析组织的环境特征及其变化趋势，了解环境是如何从过去演变到现在的，以找出环境的变化规律，并据以预测环境在将来可能呈现的状态。

（2）制订业务决策

活动条件研究为业务决策提供了依据。所谓业务决策，是指在活动条件研究的基础上，根据这种研究所揭示的环境变化中可能提供的机会或造成的威胁以及组织在资源拥有和利用上的优势与劣势，确定组织在未来某个时期内的活动方向和目标。

（3）编制行动计划

确定了未来的活动方向和目标以后，还要详细分析实现目标需要采取的具体行动，以及这些行动在未来各个时期对组织的各个部门的工作提出的具体要求。因此，编制行动计划的工作实质上是将决策目标在时间和空间上分解到组织的各个部门，对每个单位、每个成员的工作提出具体要求。

2. 组织

计划要能够实现，还必须落实到组织的每个环节和岗位上，这是组织工作的任务。为了保证计划活动的有效实施，管理的组织职能要完成如下工作。

（1）设计组织

设计组织包括机构设计和结构设计。机构设计是在分解目标活动的基础上，分析为了实现组织目标需要设置的岗位和职务，然后再根据一定的标准将岗位和职务加以组合，形成不同的部门；结构设计是根据组织业务活动及其环境的特点，规定不同部门在活动过程中的相互关系。

（2）人员配备

人员配备是指根据各岗位所从事的活动要求以及组织员工的素质和技能特征，将恰当的人员安置在组织机构中恰当的岗位上，使恰当的工作由恰当的人去做。

（3）启动组织

启动组织是指向配备在各岗位上的人员发布工作指令，并提供必要的物资和信息条件以启动并维持组织的运转。

（4）监视组织运行

监视组织运行是指根据业务活动及其环境特点的变化，研究并实施组织机构与结构的调整和变革。

3. 领导

为了有效地实现业务活动的目标，不仅要设计合理的组织，把每个成员安排在适当的岗位上，还要努力使每个成员以高昂的士气、饱满的热情投身到组织活动中去，这便是领导工作的任务。所谓领导，是指利用组织赋予的权力和自身的能力指挥与影响下属为实现组织目标而努力工作的管理活动。有效的领导要求管理者在合理的制度（领导体制）环境中，采用适当的方式，针对组织成员的需要及特点，采取一系列措施提高和维持组织成员的工作积极性。当管理者试图激励员工，指挥下属从事业务活动，选择有效的渠道与员工沟通，并解决员工之间的冲突时，我们就认为他正在履行领导职能。

4. 控制

控制是为了保证组织系统按预定要求运作而进行的一系列工作，包括根据计划或标准检查和监督各部门、各环节的工作，判断工作结果与计划要求是否发生偏差。如果存在偏差，则要分析偏差产生的原因以及偏差产生后对业务活动的影响程度。在此基础上，如果有必要的话，还要针对原因，制订并实施纠正偏差的措施，以确保计划活动的顺利进行和计划目标的有效实现。

控制不仅是对某时点以前组织活动情况的检查和总结，还可能要求在某时点以后对组织的业务活动进行局部，甚至全局的调整。因此，控制在整个管理活动中起着承上启下的连接作用。由于控制，管理过程得以周而复始地不断循环。控制按照所处活动的位置或时间点，可分为事前控制、事中控制和事后控制，三者共同形成管理的控制系统。

5. 创新

德鲁克认为，创新是企业家特有的工具，是一种赋予资源以新的创造财富的行为。对企业来讲，创新不仅是寻求新技术，还包括寻求新产品、新原料、新市场、新管理制度、新管理模式、新管理方法等。人人都可以创新，事事都可以创新，创新是一种思想、一种意识，它贯穿于企业活动和管理活动的始终，在资源配置、业务管理、人事管理、财务管理中可以创新，在计划、组织、领导和控制等职能中也可以创新，创新无处不在，无时不在。创新是一种思想以及在这种思想指导下的实践，也是一种原则以及在这种原则指导下的一种具体活动，它是管理的一种管理职能。

第二节　管理的基本问题

从管理的定义中，可以看到管理与组织分不开，而组织又是人们为了某一个目的，遵循共同的准则而形成的团体。人、组织与管理是不可分割的整体，也正是如此，管理的基本问题就是如何在变动的环境中激发人的潜力，将组织有限的资源进行有效配置，以达成组织既定的目标。

一、资源

资源是指社会经济活动中人力、物力和财力等各种物质要素的总称，是社会经济发展的基本物质条件。资源分为自然资源和社会资源两大类，自然资源如空气、水、土地、阳光等；社会资源则包括人力资源、物力资源、财力资源等。

每个组织所拥有的资源尽管在数量、质量、种类上都不尽相同，但一定具有实用性和有限性两个特性。所谓组织资源的实用性，指的是资源的实用价值；所谓组织资源的有限性，即稀缺性，指的是资源的合理分配。正是因为组织资源的有限性，我们才必须使用管理的手段对资源加以合理配置，如图 1-1 所示。

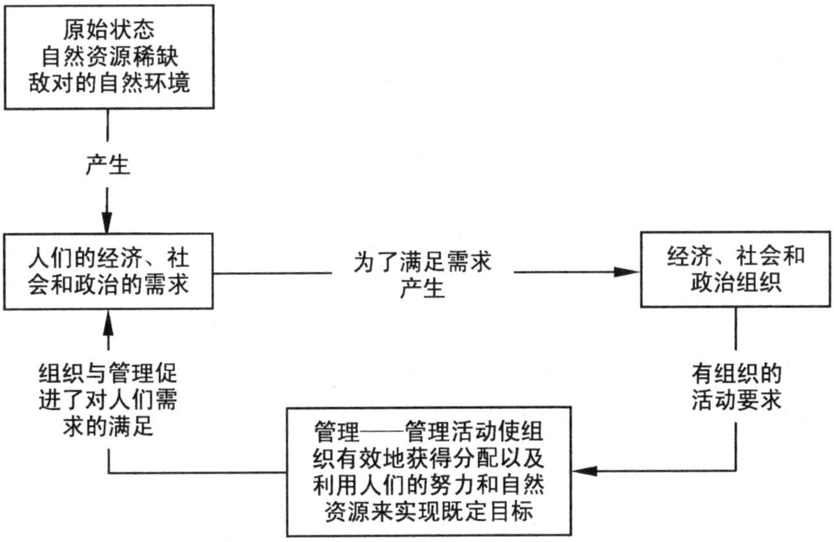

图 1-1　组织与管理的产生

二、组织资源的种类

任何组织的发展都需要具备下列五种资源。

1. 人力资源

人力资源是指组织中拥有的成员的知识、技能、能力以及它们的潜力和协作能力。人力资源是任何一个组织必备的资源，而且是最重要的资源。

2. 金融资源

金融资源是指货币资本和现金。在现实社会中，由于货币资本和现金可以用于购买物质资源、人力资源等，故一个组织拥有的金融资源多寡，也反映了组织拥有资源的多寡，更何况，货币资本和现金还可以迅速流通以捕捉机会，获得收益。

3. 物质资源

物质资源是指组织存续所需要的诸如土地、厂房、办公室、机器设备、教学设施、各种物质资料等资源。对一个组织而言，物质资源的多寡，也可表现为其拥有财富的多少。

4. 信息资源

信息资源是组织拥有的技术、专利、技能等的总称，信息资源广泛存在于经济、社会各个领域和部门，也贯穿于企业管理的全过程。

5. 关系资源

关系资源是指组织与其他各方（如政府、银行、企业、学校、团体、群众等方面）的合作与联系。组织的存续不是孤立的，它必须与其他组织保持密切的关系，而这种关系有助于组织目标的实现。

以上所说的组织发展所需要的五种资源，是指一般组织共同需要的资源类型，现实中的特别组织，除了需要这些资源外，可能还需要其他特别的资源。

三、管理活动与资源配置

资源配置是根据组织目标和产出物内在的结构要求，对有限的组织资源，在质、量等方面进行不同的配比，并使之在产出过程中始终保持相应的比例，从而使产出物成功产出。所以资源配置有两个重要的要求：第一，要达到与产出物结构需求一致的资源配置结构，如果做不到这一点，有限的资源中就会有滞留和浪费；第二，要对资源的市场价格变化做出反应，在配置过程中既保持所需结构又进行适当调整，因为有些资源相互之间存在替代性，所以在保持产出物品质的条件下，要使资源占用最小。

实现资源配置这两个重要要求的过程就是资源配置的过程，管理就是这一过程中的一类活动。管理活动，如果按照其活动的基本特性分类，可分为计划、组织、指挥、协调、控制、沟通、决策、经营、公关等类型的活动。这些有具体特性的管理活动是管理分工的结果，是提高管理效率所必需的。管理作为对组织内资源有效整合的活动，贯穿于组织资源配置的全过程，如图 1-2 所示。

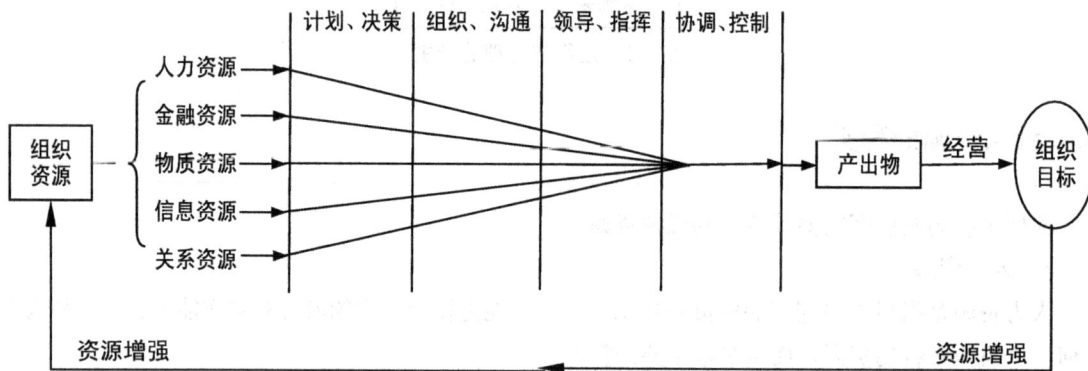

图 1-2　管理活动与资源配置过程

第三节
管理中的人性假设

在组织中，人力资源是所有资源中最重要的资源，人具有管理的发出者和管理的接受者的双重身份，管理与人具有极为密切的关系。作为一个具体的人，他的思想、心理、行为受到当时社会环境的制约与影响，但人同时还具备在当下条件的创造性。判断组织中人的价值，并由此决定对人怎么管理，对如何进行有效的资源配置是十分重要的。实际上在管理中对人性的不同假定，形成了不同的管理出发点、管理方式和手段，也就形成了不同的组织资源配置模式。

以下介绍几个著名的人性假设，分别是"经济人"假设、"社会人"假设、"自我实现人"假设和"复杂人"假设。

一、"经济人"假设

"经济人"假设最早源于以亚当·斯密为代表的经济学思想。随着现代化大生产的发展，科学管理学说在 19 世纪末和 20 世纪初风行企业界。企业界开始接受科学管理学说中关于员工是"经济人"的假设，开始意识到员工的生产积极性对生产效率具有重要影响。"科学管理之父"泰勒认为，企业家的目的是获取最大限度的利润，而员工的目的是获取最大的工资收入。假如在能够判定员工工作效率比往常提高多少的前提下，给予员工一定量的工资激励，就可以引导员工努力工作、服从指挥、接受管理。其结果是员工得到实惠即工资增加，而企业主们则增加了利润也方便了管理。因此，泰勒主张严格地区分管理者和员工，反对员工参与企业管理，其思想的基本出发点是研究如何提高劳动生产率，而不考虑员工的思想和感情。

"经济人"假设认为，员工都是以追求自身经济利益最大化为目的的，人的行为动机源于经济诱因，工作就是为了获得经济报酬，为此，需要用金钱与权力、组织机构的操纵和控制，使员工服从管理并为此效力。

在"经济人"的假设下，企业管理侧重于效率管理、任务管理；采取集权的手段，进行统一指挥；制订较为先进的工作标准，选拔符合要求的员工并适当加以培训，使之达到工作标准；管理工作致力于详细化、规范化和程序化；对员工工作实行严格的监督和考核，注重奖励和惩罚，即用经济手段来调动员工的工作积极性，使其服从指挥，从而提高生产效率。

事实上，在劳动仍被作为谋生的手段时，在收入水平不高，对丰富的物质产品世界充满欲望时，人的行为背后确有经济动机在支配，因此"经济人"假设利用人的这一经济动机来引导和管理人们的行为应该是一大创新，它开创了对人的管理是从其内在动机出发，而不是一味压迫、规制的方式。

资料链接
观看教学视频
人性假设理论
"经济人"假设

二、"社会人"假设

20 世纪 30 年代的"霍桑实验"纠正了管理者对员工们"不过是一个经济动物"的偏见，证实了工资、作业条件、生产效率之间没有直接的相关关系，认为企业的员工不单纯是个"经济人"，而是一个社会存在物，是"社会人"，并由此推出了一系列针对"社会人"的管理方式，也引发了对人进行管理的新革命。

资料链接
观看教学视频
人性假设理论
"社会人"假设

按照"社会人"的假设，参与社会活动的员工不是各自孤立的存在，而是作为某一集团或组织一员的"社会人"，是社会的存在。"社会人"不仅要求在社会上寻求较高的收入，以改善经济条件、谋求更高的生活水平，而且作为人，他们还需要得到友谊和尊重，获得安全感和归属感。这种"社会人"是作为集团或组织的意愿而行动的，他们行动的背后是以社会需要为动机的。马斯洛的"需要层次理论"实际上就是在"社会人"假设的基础上发展起来的。

在"社会人"的假设下，管理者要成为人际关系的协调者，不应只注重生产任务的完成，而应把工作的重心放在对人的关心和需求的满足上；也不应只担负指挥、监督、控制等职能，还应培养员工的归属感和集体荣誉感，重视员工之间的合作；提倡集体奖励而非个人奖励；提倡民主管理、参与管理，鼓励工人参与决策。

从"经济人"假设到"社会人"假设的发展，使管理实践开始强调人的社会需求，管理活动从注重效率转变为注重人性，从以工作任务为中心的管理转变为以员工为中心的管理，这是管理方法和管理思想的一大进步。"社会人"假设不仅提高了员工的积极性、创造性，同时也在一定程度上缓解了劳资矛盾。

课间阅读

A厂长与B厂长的管理方式

在一个企业管理经验交流会上，有两个厂的厂长分别论述了他们对如何进行有效管理的看法。

A厂长认为，企业首要的资产是员工，只有员工们都把企业当成自己的家，都把个人的命运与企业的命运紧密联系在一起，才能充分发挥他们的智慧和力量为企业服务。因此，管理者有什么问题，都应该与员工们商量解决；平时要十分注重对员工需求的分析，有针对性地给员工们提供学习、娱乐的机会和条件；每月的黑板报上应公布过生日的员工的姓名，并祝愿他们生日快乐；如果哪位员工生儿育女了，厂里应派车接送并亲自送上贺礼。在A厂长的厂里，员工们都普遍地把企业当作自己的家，全心全意地为企业服务，工厂日益兴旺发达。

B厂长则认为，只有实行严格的管理才能保证企业目标的顺利实现。因此，企业要制订严格的规章制度和岗位责任制度，建立严密的控制体系，注重上岗培训，实行计件工资制等。在B厂长的厂里，员工们都非常注意遵守规章制度，努力工作以完成任务，工厂发展迅速。

由此，我们可以看出，A厂长的管理更加注重人际关系，B厂长的管理更加注重规章制度。两者管理观点不同，有可能是基于不同的人性假设。A厂长持有的是"社会人"假设，重视的是在工作中建立良好的人际关系，工作的重心放在关心人和满足人的需求上。B厂长持有的是"经济人"假设，认为管理中的重点是提高劳动生产率，完成生产任务。根据各个工厂实际情况的不同，两种观点都能使企业兴旺发达，迅速发展。

三、"自我实现人"假设

"自我实现人"假设很大程度上依赖于美国心理学家马斯洛的"需要层次理论"。马斯洛认为人的需要不是单一的，而是分为五个层次，由低到高分别是生理需要（生存需要）、安全需要、社会需要（社交需要）、尊重需要和自我实现需要。低一层次的需要基本得到满足后，人就会追求高一层次的需要，而"自我实现"是人最高级的需要。

所谓"自我实现"，是指人都需要发挥自己的潜力，表现自己的才能，只有人的潜能和才能充分发挥出来，人才会获得最大的满足。所以，"自我实现人"假设也认为，人天生就具有一种向上发展的动力。

根据"自我实现人"假设，管理者应把工作的重心从人的身上，转移到设计良好的工作环境上，为员工充分发挥其能力创造适宜的条件；管理制度应该允许员工具有较大的自由度，不应再对员工采取指导、监督和控制；应着重于激励，而非惩罚；采取的奖励措施应从增加工资、提供岗位晋升等外在奖励，转向增长才干、获取知识等内在奖励；管理方式也应由任务管理转为民主管理、授权管理。

"自我实现人"假设强调了人的主动性和创造性，体现了"以人为本"的管理理念。

四、"复杂人"假设

资料链接

观看教学视频
人性假设理论
"复杂人"假设

"复杂人"假设是 20 世纪 60 年代末至 70 年代初形成的一种对人的基本看法。"复杂人"假设认为人的需要是多种多样的，而且会随社会发展和生活条件的变化而改变；人的需求也各不相同，需求的层次也因人而异。

"复杂人"假设并不否定"经济人""社会人""自我实现人"的假设和管理制度。该假设认为，不存在一套适合于任何人、任何事、任何情况的万能的管理方式，而是要求管理者根据实际情况，灵活运用各种管理方法，不能千篇一律。

"复杂人"假设表现了人性的多样性、层次性和复杂性，比早期的人性假设理论更加全面；它吸取了"经济人"假设、"社会人"假设和"自我实现人"假设的优点，充分体现了"权变"的管理理念，即"因人制宜、因事制宜、因时制宜、因地制宜"，对管理理论和实践的发展产生了重大影响。

第四节 | 管理者

一、管理者的层次与角色

管理者存在于组织之中，但组织中的人不都是管理者。组织中的成员分为两类：管理者和非管理者。管理者是指在一个组织中从事管理工作或直接督导他人工作的个人或群体。但这并不是说管理者可以不去承担具体任务。例如，销售经理不仅要负责管理销售人员的销售活动，同时也有责任亲自服务客户。

1. 管理者的层次

管理职能并不仅由组织等级的最高层行使，管理职能必须在组织的各个层次上展开，也就是说，管理者涉及从最高管理者（总裁）到基层的一线管理人员（班组长）等一系列人员。通常分为三个层次：高层管理者、中层管理者和基层管理者。这三个层次的管理者的任务和职责随层次的不同而不同，这取决于组织的规模、技术和其他因素等。

（1）高层管理者

高层管理者是指那些位居组织顶层或接近于顶层的人员。高层管理者负责制订和评价长期计划和战略；评价不同部门的总体运行业绩，保证合作；选择组织重要人员；就全局的项目或问题与下级管理人员磋商。高层管理者主要有：总裁、副总裁、首席执行官、首席运营官、董事会主席、厂长等。

（2）中层管理者

中层管理者位于组织基层管理者和高层管理者之间。他们负责制订中期计划和长期计划，供高层管理者审查；分析管理工作的业绩，建立部门规章；审查日常或每周的生产和销售报告；与下级管理人员磋商生产、销售和其他问题；选择和招募员工。中层管理者管理基层管理者，可能同时还管理一些非管理人员。他们的一个明显的特征是要负责把高层管理者制订的目标落实到具体事务中，让基层管理者监督执行。中层管理者主要有部门主管或经理、项目经理、业务主管、地区经理、门店经理等。

（3）基层管理者

基层管理者是指直接负责非管理类员工日常活动的管理者。他们负责确定详细的短期经营计划；考察下级的工作业绩；管理和监督日常经营运作；制订详细的任务分配计划；与员工保持密切联系和接触。基层管理者主要有督导、监工、团队主管、教练、轮值班长或部门负责人等。

2. 管理者的角色

在 20 世纪 60 年代后期，亨利·明茨伯格对五位在任总经理进行了实证研究，提出了一种管理者角色的划分体系，并以此体系来定义管理者的工作。管理者角色是指管理者应该具备的行动或行为所组成的各种特定类型。亨利·明茨伯格总结出了管理者所要担当的十种内容不同但密切相关的角色。它们分别归纳在人际角色、信息角色和决策角色等三类角色之中（见表 1-1）。

资料链接
观看教学视频
管理者的角色

表 1-1　　　　明茨伯格的管理者角色理论

角色		描述	特征活动
人际角色	1. 代表人	象征性的首脑，必须履行许多法律性的或社会性的例行义务	迎接来访者，签署法律文件
	2. 领导者	负责激励和动员下属，负责人员配备、培训和交往的职责	实际上从事所有的有下级参与的活动
	3. 联络者	维护自行发展起来的外部关系网络并提供信息	发感谢信，从事外部委员会工作，从事其他有外部人员参加的活动
信息角色	1. 监听者	寻求和获取各种特定的信息（其中许多是即时的），以便透彻地了解组织与环境；作为组织内部和外部信息的神经中枢	阅读期刊和报告，保持私人接触
	2. 传播者	将从外部人员和下级那里获得的信息传递给组织的其他成员——有些是关于事实的信息，有些是解释和综合组织中有影响的人物的各种价值观点	举行信息交流会，或用打电话等方式传达信息
	3. 发言人	向外界发布有关组织的计划、政策、行动、结果等信息；作为组织所在产业方面的专家	举行董事会议，向媒体发布信息
决策角色	1. 企业家	寻求组织和环境中的机会，制订"改进方案"以发起变革，监督某些方案的策划	制订战略，检查会议决议执行情况，开发新项目
	2. 干扰应对者	当组织面临重大的、意外的动乱时，负责采取补救行动	制订战略，检查陷入混乱和危机的时期
	3. 资源分配者	负责分配组织的各种资源——事实上是批准所有重要的组织决策	高度调度、询问、授权，从事涉及预算的各种活动和安排下级的工作
	4. 谈判者	在主要的谈判中作为组织的代表	参与工会进行的合同谈判

资料来源：斯蒂芬·罗宾斯：《管理学》，中国人民大学出版社。

（1）人际角色（人际关系角色）

人际角色是指跟其他人（下级以及组织以外的人）有关以及礼仪性和象征性的职责。人际角色归因于管理者的权力，管理者所扮演的人际角色主要有代表人、领导者、联络者三种。

（2）信息角色（信息转换角色）

信息角色是指管理者通过收集、处理和传递信息负责确保和其一起工作的人员能够获得足够的信息。管理者既是信息处理中心，也是信息传递中心，还是信息传递渠道。因此，管理者在信息传换中承担着监听者、传播者和发言人等。

（3）决策角色（决策制订角色）

决策角色是指管理者负责做出决策，并分配资源以确保决策方案的有效执行，即制订决策、做出选择、确保实施。管理者所扮演的决策角色主要有企业家角色、干扰应对者角色、资源分配者角色和谈判者角色。

亨利·明茨伯格认为从根本上说，管理就是影响行动。管理是帮助企业和组织将事情完成。为此，管理者应做好三方面工作和体现两个作用。三方面工作：对行动直接进行管理、对行动人进行管理和对推动行动完成的信息进行管理。两个作用：一是设计，即确定管理者如何完成工作；二是规划，即通过管理者所做的工作为企业带来发展。

课间阅读

张瑞敏——海尔的战略决策者

2000年，参加完达沃斯论坛之后的张瑞敏在海尔内部刊上发表了一篇名为"新经济之我见"的文章，其主旨大致是——不触网就得死。2005年，张瑞敏宣布进行"1 000天流程再造"。经历了2006年、2007年的业绩个位数增长之后，2008年稍有起色，张瑞敏又抛出了新的理论——倒三角架构下的商业模式转型。2012年12月26日海尔再度提出转型——正式实施网络化战略，其中最大的变化在于，将过去封闭的传统企业组织变成一个开放的生态平台，与上下游的关系从零和博弈变成利益共享。2014年年初，海尔将管理用户数据和设备连接的Uhome做成一个向第三方品牌开放的平台，并改名为U+。只要符合海尔通信协议标准的设备都可接入U+。2015年4月，U+App上线。2015年4月29日，张瑞敏接受《财经》专访时说："我对互联网的理解，不是企业要成为互联网，企业只不过是互联网无数结点中的一个。如果企业将自己定位成互联网结点，那么就必须开放。为了适应商业模式的变革，企业必须做两个方面的改变：一是战略，二是组织结构。我们的战略一定要变成人单合一，企业变成一个创业平台，部门和组织变成自组织。"

3. 管理层次、组织规模与管理角色

（1）管理层次与管理角色

虽然管理者承担着决策制订、信息传递、人际关系等三方面共十种重要的角色，但处在不同的层次，管理者的角色各有重点，也就是说，不同层次的管理者在组织运行中十种角色的扮演频率和程度等方面是不同的。高层管理者承担最多的是决策角色，而基层管理者承担最多的是人际角色，中层管理者这三方面角色的承担程度几乎一样，如图1-3所示。

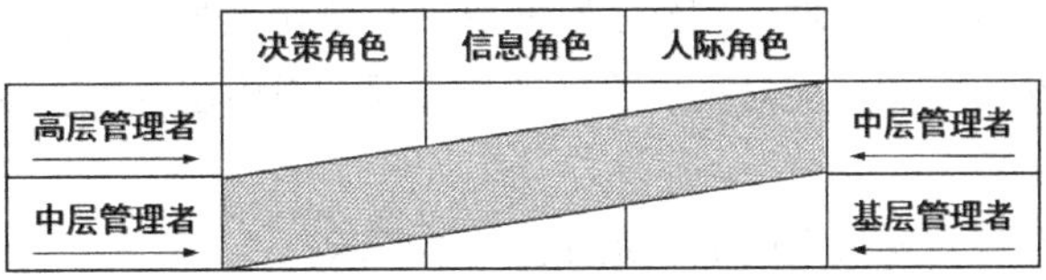

图1-3　不同层次管理者的角色分配

（2）组织规模与管理角色

组织规模是不同的，有的组织或许只有几名成员，有的组织则大到有成千上万名成员。划分组织规模大小的标准，除了用成员的数量以外，还可以用其他标准，如企业的年销售收入、净资产规模等。不同组织规模中管理者角色的重要性，如图 1-4 所示。

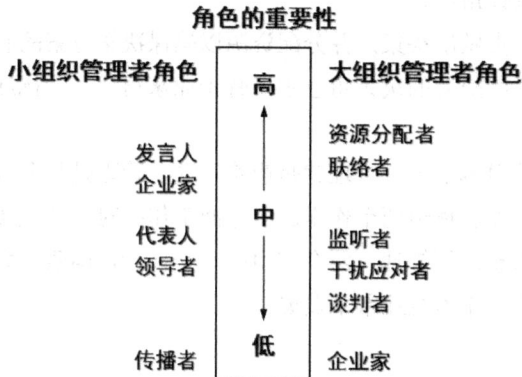

角色的重要性

小组织管理者角色	高	大组织管理者角色
	↑	资源分配者
发言人		联络者
企业家		
	中	
代表人		监听者
领导者		干扰应对者
		谈判者
	↓	
传播者	低	企业家

图 1-4　不同组织规模中管理者角色的重要性

二、管理者的技能和心智模式

1. 管理者的技能

由于管理者处于不同的管理层次和不同的管理岗位，其发挥的作用也不同。但一个重要且不可忽视的影响因素是管理者是否真正具备了相应的管理技能。1974 年，美国著名的管理学家哈罗德·卡茨在《哈佛管理评论》上发表了"管理者应具备的管理技能"一文，提出了管理者应具备的三类技能，即技术技能、人际技能和概念技能。

（1）技术技能

技术技能是指从事一定的业务工作所需要的专业技术和能力，如软件部门的经理要懂得软件开发流程的开发手段，会计科的科长要懂会计操作。技术技能对基层管理者最重要，对中层管理者较重要，对高层管理者则不太重要。

（2）人际技能

人际技能是指与组织的内外部、上下层的部门，单位和人员打交道的能力，或称为人际沟通和人际交往能力。管理工作主要是与人打交道，无论是高层管理者还是中、基层管理者，都要与组织中的下属、其他部门以及组织外部的各种机构、人员打交道，因此人际技能对所有管理者都同等重要。

（3）概念技能

概念技能是指对事物的整体和相关关系进行分析、判断、抽象和概括的能力。管理者要能够在混乱而复杂的环境中进行有效的管理，洞察事物的发展和变化趋势，去粗取精，去伪存真，抓住问题的关键，找出解决方法。概念技能对高层管理者最重要，对中层管理者较重要，对基层管理者不太重要。

上述三种管理技能与管理层次之间的关系如图 1-5 所示。

图 1-5　管理层次与管理技能的关系

课间阅读

"美国总统难产纪念银币"

2002年11月7日，在美国举行的第54届总统选举中，候选人小布什和戈尔得票数十分接近，由于佛罗里达州计票程序引起双方争议，导致新总统迟迟不能产生。

对此，原拟发行千禧年美国总统纪念币的香港威廉造币公司，面对美国总统"难产"的政治危机，灵机一动，化危机为商机，利用早已准备好的小布什和戈尔的雕版像，抢先推出纪念银币，全球限量发行9万枚。硬币为纯银铸造，直径3.5英寸，不分正反面，一面是小布什肖像，一面是戈尔肖像，每枚订购价79美元。

结果，短短几天工夫，纪念银币就被抢购一空，该公司的高层管理者利用这场危机，狠赚了一笔。

2. 管理者的心智模式

管理者虽然包括所有层次的管理者，但从一个组织生存发展的角度来看，最高层管理者的地位十分重要。这是因为最高层管理者的决策和指挥正确与否，对组织目标的实现影响巨大，有时甚至决定了组织的成功或失败。最高层管理者决策与指挥的科学性、正确性，首先取决于管理者个人的心智模式。

资料链接

观看教学视频
管理者的技能
和心智模式

心智模式是指由于过去的经历、习惯、知识、素养、价值观等形成的基本固定的思维认识方式和行为习惯。心智模式一旦形成，将使人自觉或不自觉地从某个固定的角度去认识和思考已发生的问题，并用习惯的方式予以解决。任何一个人都有自己特殊的心智模式，这既是教育的结果，又是在特定生活工作环境中逐步形成的。作为管理的主体，当然也有其特殊的心智模式，管理者正是在这种独特的心智模式下，产生了管理的冲动和行为，最终完成了组织的目标。管理者的心智模式主要包括以下几个方面。

（1）远见卓识

远见卓识是管理者心智模式中比较重要的方面，它反映了管理者的思维方式和价值观念，使管理者能对某个问题有超越一般人的看法，而这恰恰是创意产生的基础。一个典型的例子是沃尔特·迪士尼，他首先将卡通人物、动物形象制成玩具出售，并通过向其他厂商出售制作带有相应卡通形象商品的许可权，从而获得收入。例如，他允许纽约一家公司生产带有米老鼠标志的产品，并将米老鼠的形象作为知识产权参与该产品销售利润的分成，这就是远见卓识的表现。

远见卓识，作为管理者心智模式的重要组成部分，其表现形式如下。

第一，随时掌握当代最新的管理科技成果。这是对某一问题产生超越常人的看法或认识的基础，因为这些新的知识和信息是对过去知识体系的一种冲击和发展，可以使人们对过去久思不解的问题得到新的启迪。随时掌握现代技术的知识和信息，并能够将其融会贯通，这是保证优秀管理者具备较高的思维起点的关键，也是形成一种良好心智模式的重要表现。

第二，系统的思维方式。一般人的思维方式是一种线性的思维方式，即通常用一种固定的模式，遵循1加1必然等于2的思路来思考问题。在线性的思维方式下，一般人对某个问题的看法通常都是大同小异的，因为其思维方式大致相同。能够成为优秀的管理者，其思维方式则不同于一般人，他们通常采取一种系统的、全方位的思维方式，即从具体构造到全面综合、从局部到全局、从现象到原因的思维方式。而且系统思维还是一种发散式的思维，可以对思考对象进行全方位的分析，许多管理上的创意都是这样诞生的。

第三，奋发向上的价值取向。作为管理者，其价值取向一定是正向的、积极的，追求事业成功、永不满足等。一般人对事业有追求，但他们易于满足，而那些有作为的人对事业的追求则无止境，也正是这样的价值取向和心智状态，才使得他们勇攀管理的高峰、成功的高峰，成为优秀的管理者。

（2）健全的心理

心理素质，也可称作心理品质，指的是一个人的心理活动过程和个性方面表现出的持久而稳定的基本特点。心理现象是每一个人都具有的一种精神活动，按其性质可分为心理活动过程和个性心理特征两个部分。心理活动包括人的认识活动、情感活动和意念活动，这三种活动相互影响、密切联系，构成人的心理活动过程；个性心理特征包括人的态度、信念、兴趣、爱好、气质、性格、能力等，是这些心理特点的综合。作为管理者，其心理素质对成就、创新都有重要影响。

从众多的优秀企业家、管理成功者的心理来看，以下几种心理特征是非常重要的。

第一，自知与自信。管理者只有时时能够自知，才能准确判断自己的长处和短处，才能准确了解自己所处的地位，扬长避短，充分发挥自己的特长。没有自知的人，即便有创意，也不能将其有效地付诸实践。自知并不是自卑，自知是建立在自信基础上的。光有自知没有自信，不可能有创新；光有自信没有自知，也不可能有成功的创新。所谓自信，就是始终对自己抱有充分的信心，保持足够的勇气。有些管理者不能创新，除了没有创意之外，便是缺乏应有的信心和勇气。一个优秀的管理者往往既有自知之明，又有十足的自信。自知使其能够把握自己，具有持之以恒的动力，这些对管理者来说都是十分重要的。

第二，情感和情绪。情感是人对现实中事物或现象的态度和体验，情感有时可能以鲜明的形式表现为外在的情绪，因此情感和情绪既有区别又有联系。优秀的管理者应有良好的情感和情绪，这主要表现在理智感、道德感和审美感三个方面。理智感与管理者的认知活动、求知欲望和兴趣，以及对真理的追求相联系。一个有理智的管理者，会有一种锲而不舍、追求真理的精神，这是管理成功的重要因素之一。道德感即管理者根据一定的行为规范，在评价他人或自己的言行是否符合道德标准时所产生的一种情感。道德感既有社会的内容，也有伦理的内容。管理者通常对组织的发展、组织的员工有强烈的责任心，有约束自己行为的道德责任等。审美感是管理者在审美活动中逐渐培养起来的，管理就是创新，创新本身就是一种具有美感的事情，因此许多伟大的管理者常常把创新看作是一种追求至善至美的活动。

第三，意志与胆识。首先，优秀管理者的意志具体表现为坚定、果断、顽强、自制、独立、勇敢、恪守纪律、坚持原则等。管理者的意志坚强，首先表现为"非从众主义"的特征，有较强的个性。在多元化的现代社会中，面对竞争激烈的市场，不迷惘、不随波逐流，有自己坚定的目标，有知难而进的顽强精神，即使困难重重，也始终不放弃目标，这样才能取得管理的成功。其次，所谓胆识，是指做出决断时的胆略气魄。管理是一件具有较大风险的冒险型事业，如果管理者没有胆识，就很难胜任管理这一颇具挑战性的工作。因此，意志和胆识是保证一个管理者坚定自己的信念，坚持走自己的路，从而走向成功的重要条件。

第四，宽容和忍耐。宽容有两层意思：一是对有过错的人或反对自己的人要宽容；二是不嫉妒比自己能力强的人。宽容不仅是一种美德，也是一种技巧，它体现了优秀管理者理智、自信的心理品质。宽容主要表现在对人的方面，忍耐则更多地表现为管理者对组织事业、对管理工作以及对条件、局势、时间等的心理承受能力。当管理一项必须花费较长时间的努力才能成功的工作时，当屡次失败、前途未卜时，当众多人给予批评不予支持时，管理者都应表现出忍耐的心理素质。唯有忍耐才能持之以恒，才能获得最终的成功。

（3）优秀的品质

优秀的品质是形成一个人良好行为习惯的重要因素和基础，管理者良好心智模式的形成，离不开其优秀品质的养成。管理者的优秀品质主要包括以下几个方面。

第一，勇于开拓。这种品质表现为不断进取的精神，敢于拼搏的勇气，不怕失败的韧劲。勇于开拓意味着改革创新，意味着向风险挑战、不怕失败，善于在失败中探索，将失败转化为成功。管理也是一项开拓性工作，不能开拓的人是无法成为管理者的。

第二，使命感。成功的管理者必须具有强烈的使命感。管理者如果没有改变现有组织管理面貌的迫切愿望，没有促使组织及自己所管理的领域取得更大业绩的使命感，就不能胜任管理工作。

第三，勤奋好学。优秀的管理者要不断地学习新知识、新技能，不断探索未知领域，才能看得更长远、更全面，才可能产生更多的管理创意。

第四，乐观热情。管理的过程绝非一帆风顺，困难、挫折和失败的可能性很大，不为人理解或遭他人误解的可能性也很大。在这种条件下，管理者如果没有乐观热情的品质，很可能会丧失工作的信心，使管理工作中断。反之，乐观与热情可以使管理者在创新过程中充满信心、干劲十足，增加成功的可能性。

第五，诚实与机敏。管理者要具有诚实的品质，实事求是、扎扎实实，一步一个脚印地工作，才有可能取得成功。但诚实并不意味着木讷，诚实需要机敏，机敏可以帮助管理者抓住机会，适时地采取行动，增加成功的可能性。

课间阅读

《孙子兵法》中的将才

《孙子兵法》中提到将才须具备五个方面的素质："将者，智、信、仁、勇、严也。"即统军将领应具备智慧、诚信、仁爱、勇敢、严明这五个方面的品格。智者，即具有智慧、智谋，遇事能做出准确无误的判断与及时合理的决定；信者，即信赖下级并能获得下级的信任；仁者，即具仁爱之心，能够体贴、爱护下级；勇者，即有勇气，勇敢有魄力，处事果断；严者，即严明法纪，赏罚分明。

三、管理者的能力结构

管理者必须具备一定的能力，才可能完成管理工作。这种应具备的能力，不是单一的能力，而是多种能力的集合。作为管理者应具备的能力，主要包括以下几个方面。

资料链接
观看教学视频
管理者的能力结构

1. 知人、做人的能力

管理活动中一项重要的工作就是会用人、会管人、会协调人。因此，管理者首先要具有知人、识人的能力，即知人善任，要通过平时的言行，真正了解人的内心，要有知人之智，巧妙运用识人用人艺术；其次，管理者要做人以实，公正廉洁，知恩图报。孔子曰："其身正，不令而行，其身不正，虽令不从。"这句话就说明了管理者必须树立好的榜样，以身作则。对下级而言，身教比言传更为重要。

2. 创新能力

创新能力表现为管理者在企业或自己所从事的管理领域中，善于敏锐地观察旧事物的缺陷，准确地捕捉新事物的萌芽，提出大胆新颖的推测和设想（即创意），继而进行周密的论证，拿出可行的方案，并付诸实施。通常所说的"人无我有""出奇制胜"等都是创新能力的产物。

富有创新能力的管理者通常具有下列一些主要特征。

（1）兴趣广泛。对任何事物都有好奇心，往往能从平凡中发现不平凡，从习以为常的现象中找到异常之处。

（2）敏锐的洞察力。能及时找到实际存在与理想模式之间的差距，能察觉到别人未予注意的情况和细节，能不断发现人们的潜在需要和潜能，并巧妙地加以运用。

（3）学习能力强。掌握科学的技术工具，善于运用各种方法指导现实中的管理活动，勤于实践、善于思考、精益求精。

（4）系统思维和辩证思维的习惯。善于从多角度看问题，善于举一反三、触类旁通，提出非同凡响的主张。

（5）富有独立意识。能够坚持自己的主张，坚定地走自己的路。

（6）坚定自信。坚定自己的信念，确信自己的实力，即使遭到阻挠和非难也不改变初衷，总是勇往直前，直至成功。

（7）直面困境。敢于面对常人无法忍受的困境，鼓足勇气，大胆探索，不屈不挠，不怕失败，直至取得突出的成果。

3. 转化能力

转化能力是指管理者将创意转化为具有可操作性的工作方案的能力。例如，在产品创新过程中，将新产品设计构想转化为现实的工艺制造方案与步骤，并能够按此进行操作的能力。转化能力与管理者的心智模式有很大关系，与管理者的工作经验及对工作技能的掌握程度也有很大的相关性。管理者在转化过程中善于运用以下一些技巧。

（1）综合。综合各种可行的途径、方法，将其规范成一种可实施创意的综合性方案。从某种意义上说，综合也是一种创意，将现有的途径和方法综合起来，就可能产生新的思路和方法。

（2）移植。有转化能力的管理者通常能够将管理中其他领域的一些方法，或者非管理领域中的一些方法移植到管理实践中，结果往往能取得出乎意料的成功。

（3）改造。改造能力是指管理者将原有的事物从结构或功能上进行再设计，结合最新的创意，使之向实施方案转化。

（4）重组。重组是指根据管理的创意，将现有的实践方法、步骤、技巧进行重新组合，形成实现创意的新方法、新途径，使管理者的创意顺利实施。管理者转化能力的一个重要体现就是具有打破现状，按照新构想进行重组的决心和能力，否则创新也就不可能实现。

4. 应变能力

应变能力是主观思维的一种"快速反应能力"。现代组织是在一个外部变化多端的复杂环境下运作的，而管理则是在一个内外环境条件下运作的。环境的变化，导致管理在许多情况下出现非程序性的问题，解决非程序性问题就要有创新，而这就是一种应变。培养管理者的应变能力，可以从以下几个方面入手。

（1）培养积极主动的心态。管理者应认识到，一个人所处的环境也许靠一人之力无法改变，但适应环境则是自己完全可以控制的。因此，应时刻保持乐观、正面的工作态度，勇敢地迎接挫折和挑战，全神贯注于力所能及之事，这样才能获得管理的成功。

（2）审时度势，随机应变。管理者应善于判断当时的形势、发现机遇，预先做好充分准备，高瞻远瞩；同时管理的过程是一个动态的过程，也就是说，管理本身就是在变动的环境下进行的。因此，管理者还应在环境变化时，及时做出合理的反应，在变动中辨明方向，在变化中产生应对策略和创意，并持之以恒。

5. 组织协调能力

只有管理者具备较强的组织协调能力，才能够有效地组织需投入的资源，才能够在改变原来的管理模式推出新的管理模式时，使企业或其局部部门依然能够有序地运转，这样才能够保证管理行为的有序进行。即便某个新方案在管理实践中失败了，也不会造成过大的损失，进而才有可能进行新的尝试。换句话说，管理者如果没有较强的组织协调能力，就会使管理过程产生更多的不确定性，成功的可能性也会大打折扣。

组织协调能力首先表现在管理者能否在实施管理的团队中培养出团队精神，即齐心协力、不计名利报酬、积极主动地争取成功的精神；其次，组织协调能力表现为能够根据管理过程中各阶段的要求配置相应的资源，并让其在各自的位置上正常的运作；再次，组织协调能力还表现在强化个体与整体的协调等方面，具有分散性的个体必须与整体协调一致才能形成整体的能力，从而保证管理目标的达成。管理过程通常是团队协作的过程，因此管理者的组织协调能力就非常重要。管理不同于某些科学技术产品的创新，靠一个人的努力是难以完成的。

本章小结

管理是指管理人员在一定的环境条件下，引导人、财、物等资源进入动态的组织，并通过计划、组织、领导、控制和创新等职能，配置和协调资源，以有效实现组织目标的活动过程。管理具有动态性、科学性、艺术性、创造性和经济性等特性，管理的职能包括计划、指挥、领导、控制和创新。管理的基本问题是资源配置和人员激励，任何组织都需要具备人力资源、金融资源、物资资源、信息资源和关系资源等。管理中的人性假设主要包括经济人假设、社会人假设、自我实现人假设和复杂人假设。管理者一般分为高层管理者、中层管理者和基层管理者，管理者在管理过程中主要担当人际关系、信息传递和决策制订三个方面的角色。管理者应具备的三类技能，即技术技能、人际技能和概念技能。心智模式是指由于过去的经历、习惯、知识、素养、价值观等形成的基本固定的思维认识方式和行为习惯。管理者应该在远见卓识、健全的心理、优秀的品质三个方面锤炼自己的心智模式。管理者应该具备知人做人能力、创新能力、转化能力、应变能力和组织协调能力等。

扩展阅读

管理伦理与企业的社会责任

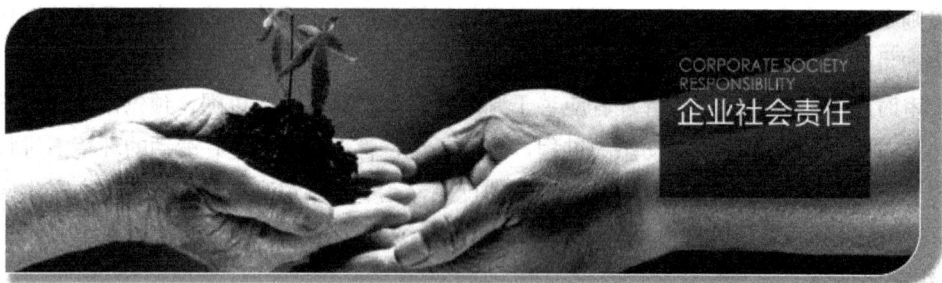

置身于社会之中的组织，其管理活动也会受到社会影响。如今，道德问题成了管理学中的热点问题，特别是企业经营活动的伦理问题。20 世纪 60 年代以来，在欧美经济发达国家出现了不少的社会问题，如环境污染、商业诈骗、侵犯消费者权益等，更有甚者，如安然公司、环球电信、世界通信、施乐等企业巨头财务舞弊、经济丑闻等事件的曝光，引起了全社会的震荡。企业缺乏社会良知，不择手段的谋利行为遭到猛烈抨击，它也迫使人们重新思考管理的伦理问题。

企业的管理伦理观体现了企业的价值观，反映了企业对某些事件、某些问题的观点与态度，并在很大程度上决定了企业在承担社会责任方面的意愿。

资料链接
阅读文献资料
管理伦理与
企业的社会责任

本章复习题

一、名词解释

管理	资源	资源配置
管理职能	管理的科学性	管理的艺术性

二、单项选择题

1. 泰勒对管理的定义是（ ）。

　A．确切地知道你要别人干什么，并使他用最好的办法去做

　B．管理是所有人类组织（无论是政府、企业或家庭）都具有的一种活动，这种活动由五项要素组成：计划、组织、指挥、协调和控制

   C. 管理即制订决策

   D. 管理就是由一个或更多的人来协调他人的活动，以便得到个人单独活动所不能得到的效果而进行的各种活动

2. 管理的基本问题是（　　）。

   A. 进行组织设计和建立组织结构　　　B. 以尽可能小的投入获得尽可能大的产出

   C. 有效配置资源以实现组织的目标　　D. 进行决策

3. "经济人"假设来源于（　　）。

   A. 社会系统学派　　B. 人际关系学说　　C. 科学管理理论　　D. 决策理论学派

4. 以下属于"社会人"假设的观点是（　　）。

   A. 管理者不应该只注重生产任务的完成，而应把工作的重心放在关心人和满足人的需求上

   B. 管理者要应用职权发号施令，制订具体的工作制度，指导工人工作并提高效率

   C. 管理是少数人的事，工人的任务就是听从指挥、努力工作

   D. 每个人天生就具有一种向上发展的动力，该动力来自于人性中，力图展现其能力、智慧和潜能

5. 管理者必须因地制宜地将管理知识与具体管理活动相结合，这里强调的是（　　）。

   A. 管理的科学性　　B. 管理的艺术性　　C. 管理的有效性　　D. 管理的实用性

6. 以下不是管理职能的是（　　）。

   A. 控制　　　　　　B. 沟通　　　　　　C. 计划　　　　　　D. 领导

7. 管理有效是管理概念的要素之一，其中"有效"是指（　　）。

   A. 效率　　　　　　B. 效果　　　　　　C. 效能　　　　　　D. 既有效率，又有效果

三、问答题

1. 什么是管理？试列举五个管理事例，说明管理的五个特性。

2. 列举泰勒、法约尔、西蒙、孔茨对管理的定义。如何理解这些定义？

3. 管理的基本职能有哪些？这些职能之间有怎样的关系？

4. 管理的基本问题是什么？

5. 为什么说管理既是科学又是艺术？

6. 试比较"经济人"假设和"社会人"假设的异同。

案例分析

李校长的事业

　　李校长是S市实验中学的校长，两年前他由教导主任被提拔为校长，老校长很赏识他，说他做事很灵活，是个人才。现在李校长又获得了市教育学会的理事长和区政协委员两个职务。李校长的出色才能使他"志在千里"，他清楚地知道自己的目标并能努力地达成目标。

　　首先，李校长加强学校的外部关系，使学校在项目资金、招生等方面获得更大的支持，提高教师的福利待遇，调动教师的工作积极性，从而使升学率相对往年稳步上升。

　　其次，在学校的内部管理方面，李校长自有他的处理方法。他知道学校是他的根本，但是由于时间和精力有限，如何将有限的时间和精力投入到管理中去，获得最好的管理效果呢？怎样在内部和外部事务上分配时间呢？怎样兼顾事业发展与职业操守呢？李校长确实有自己的一套办法，他经常到办公室同教师谈心，也不拘形式地与学生交流，这样可以树立他在教师和学生中的亲和的形象。在交流中难免会遇到许多具体的问题，如物理教研组长提出实验器材不足，要求学校解决；某班主任反映学校课外作业负担过重，望学校采取措施；会计人员谈到学校基建中的矛盾，请求仲裁。对这些要求，李校长总是说："我知道了，这个问题副校长在管，你去问他，让他决定。""我同教务处谈谈，让他们处理。""我给总务主任说一下，让他解决。"对于这种处理方法，教职工并不是没有意见。有次教职工大会上，李校长收到了一张给他的纸条："你是校长，为什么遇到问题不表态？是处理不了？还是太忙了？"看完纸条，李校长思索了一下，先感谢写纸条的老师提出的建议，然后回答说："学校里的事情，领导层是有分工的。重大事情的决定，都是由我主持做出的，至于执行过程中的具体问题和细节的处理，领导成员有明确分工，因此我不能随意表态。"对于李校长的解释，一些教职工仍不赞同。他们认为应是校长说了算。面对这些情况，李校长采取了措施：除了在领导班子统一认识外，又在教职工中通过各种方式谈了他的看法："校长负责制不是按校长个人的意志办事，不按章办事，校长说的也不能算数。学校中大大小小的事都由校长决定，都要通过校长，这是个人专权，不符合民主集中原则。集体决定的事，校长随意变更，或者对那些有人分管的事，校长出面处理，不但不能调动每个人的主动性，发挥才干，而且会形成一些同志的依赖性。校长应该管那些他应管的事，样样抓在自己手中，看似做了很多事，实质是放掉了大事；不把权力授予分管的领导，是办不好学校的。"李校长的一番话总算解答了大家的疑惑。

　　思考题：

　　1. 仔细阅读以上案例，说明李校长扮演了哪些不同的领导角色，并说明除了明茨伯格说的十种角色外，管理者是否还有其他的角色。

　　2. 你对李校长本人作何评价？

　　3. 你是否同意李校长"管那些他应管的事，而不管那些他不应管的事"的说法？

学习目标

- 掌握泰勒的科学管理理论的核心和主要内容
- 理解法约尔的一般管理理论和韦伯的行政组织理论
- 掌握霍桑实验的内容和人际关系理论的主要观点
- 理解麦格雷戈的"X理论—Y理论"及其管理思想
- 了解现代管理理论主要流派的代表人物及其主要思想
- 认识当代管理理论发展的新趋势

关键词

科学管理理论　　一般管理理论　　行政组织理论　　霍桑实验

X理论—Y理论　　现代管理理论丛林

引导案例

威尼斯造船厂的管理经验

威尼斯为了保护日益增长的海上贸易，在1436年建立了政府的造船厂以改变私人造船厂的状况。到16世纪时，威尼斯造船厂（即兵工厂）成为当时最大的工厂，占有陆地和水面面积60英亩，雇用工人2 000名左右。

兵工厂设有一位正厂长和两位副厂长。威尼斯元老院除了有时直接过问兵工厂的事以外，还派了一名特派员作为与兵工厂的联系者。兵工厂内部分成多个巨大的作业部门，由工长和技术人员领导。正、副厂长和特派员主要从事财务管理、采购等职能，生产和技术问题则由各作业部门的工长和技术人员负责。在兵工厂的管理工作中，较好地体现了互相制约和平衡的原则。

兵工厂的任务不只是造船，而且有着三重任务：制造军舰和武器装备；储存装备，以备急用；装备和整修储备中的船只。为了接到通知后立即可以安装舰船，兵工厂必须储备必需的船具和索具。如仓库中必须经常备有以下部件：500块坐板、100个舵、100根桅杆、200根圆材、5 000副足带、500～1 500根桨，再加上相应的索具支架、沥青、铁制品等。把这些部件都编上号码，并储存在指定的地方，这样有助于实行装配线作业和精确计算存货。木料的储存初期没有次序，以至一人需要一块木料时要在大堆木料中寻找，所花的费用是木料本身价值的3倍，所以后来就把木料加以分类并按次序安放，因而提高了效率。

兵工厂在安装舰船时采用了类似于现代装配线生产的制度，各种部件和备品仓库都安排在运河的两岸，并按舰船的安装顺序排列。当舰船在运河中被拖引着经过各个仓库时，各种部件和武器等从各个仓库窗口传送出来进行装配。兵工厂中的职员也是按部件和装备的种类安排在各个部门的。第一个工长负责木器，第二个工长负责桅杆，第三个工长负责检船缝，第四个工长则负责船装等。

为了既能提高生产效率，又降低成本，兵工厂计划委员会发布的政策规定：所有的弓都应制造得适用所有的箭；所有的船尾柱应按同一设计建造，以便每一个舵无须特别改装即可适于船尾柱；所有的索具和甲板用具应该统一，不允许每个工人按自己的设计生产，以免在制造中造成浪费并使舰只不统一。

西班牙的一位旅行者曾参观过兵工厂，并对其装配线生产做了如下描述："人们一走进大门就会看到一条运河。运河的两边都是窗口朝向运河的房子。当舰只由一只船拖着经过这些窗口时，从一个窗口传出索具，一个窗口传出武器，又一个窗口传出空炮和白炮。这样，从各个窗口中传出所需的各种东西，当舰只到达运河的另一端时，所有的水手连同木桨都已在舰上了，整个舰只便装备完毕。这样，在数小时内，就安装好了10条全副武装的舰船。"当法国的亨利三世于1574年参观兵工厂时，见证了一条全副武装的舰船在一小时内安装完成。1570年1月得知土耳其人准备进攻塞浦路斯岛时，威尼斯元老院命令兵工厂在3月中旬左右安装好100只舰船，结果在3月初就完成了。

【案例启示】 威尼斯兵工厂在管理方面提供了许多有用的经验，其在组织机构和领导工作、装配线生产体系、部件储存管理、标准化生产、会计核算制度、存货控制、成本控制等方面都体现了现代化管理的某些雏形，是西方早期最为出色的管理范例之一。

第一节 古典管理理论

古典管理理论是19世纪末至20世纪初在美国、法国、德国等国家形成的管理理论，这一阶段是管理理论最初形成阶段。经过产业革命后，先进资本主义国家的生产力得到了高速发展，科学技术也有了较大发展，但是管理仍是建立在经验和主观臆断的基础上，缺乏科学的依据，落后的管理水平已不能适应大规模社会化生产的要求，迫切需要用科学的管理方法取代传统的管理模式。与此同时，早期管理思想的产生和管理经验的积累，也为新的管理理论和方法的产生提供了条件，古典管理理论应运而生。当时在美国、法国、德国及其他一些西方国家都产生了科学管理运动，从而形成了各种有特点的管理理论。在美国表现为泰勒及其追随者创建的科学管理理论，即"泰勒制"；在法国表现为法约尔创建的一般管理理论；在德国表现为韦伯创建的行政组织理论等。

一、泰勒的科学管理理论

泰勒（又译为"泰罗"）被称为"科学管理之父"。他于1856年出生于美国费城一个富裕的律师家庭，接受过良好的早期教育，幼年就爱好科学研究和试验。中学毕业考入哈佛大学法学院，因眼疾中途辍学。1875年进入小型水泵厂当学徒工，1878年进入米德维尔钢铁公司，先后当过技工、工长、技师、总工程师。1886年加入美国机械工程师协会，1906年当选该协会主席。1898~1901年受雇于伯利恒钢铁公司从事咨询顾问工作。1901年以后，他大部分的时间用于从事咨询、写作和演讲等工作，推广其科学管理思想。1911年出版了《科学管理原理》。1915年因患肺炎去世。

资料链接

观看教学视频
泰勒的科学管理
理论（上）

泰勒的研究侧重于车间管理或现场管理。缘于他在米德维尔钢铁公司工作期间，发现许多工人"故意偷懒""磨洋工"，工作效率很低。虽然实行计件工资制度，但由于雇主在提高生产后就降低计件单价，导致工人不愿多做工作，生产效率难以提高。泰勒根据自己的经验，认为提高劳动生产率的关键是确定一个合理的工作量，并采用正确的工作方法和使用科学的工具。

为探索科学管理，泰勒进行了 3 个主要的实验：铁矿石搬运试验（也称为生铁搬运试验）、铁锹试验、金属切削试验。

通过一系列实验和长期的管理实践，泰勒总结出一些管理原理和方法，并将其系统化，形成了科学管理理论。泰勒最具代表性的科学管理思想著作有《计件工资制度》《车间管理》和《科学管理原理》。

1. 泰勒科学管理理论的核心

（1）科学管理的根本目的在于谋求最高的工作效率。

（2）达到最高工作效率的重要手段是用科学的方法代替旧的经验管理。

（3）实施科学管理的核心问题，是要求管理人员和工人双方变劳资对立为互相协作，共同为提高劳动生产率而努力。

2. 泰勒科学管理理论的主要内容

（1）工作定额，即确定工人的"日合理工作量"。

（2）致力于工作方法的科学化、标准化，以便合理利用工时，提高工作效率。

（3）科学地选择工人。泰勒提出了"第一流的工人"的观点，科学地选择工人并不断地培训，使工人的能力同工作相适应。

（4）实行有差别的计件工资制。对完成或超额完成工作定额的个人，以较高的工资率支付计件工资，一般为正常工资率的 125%；对不能完成工作定额的个人，则以较低的工资率支付工资，一般仅为正常工资的 80%。

（5）计划职能同执行职能分开，实现了管理人员的专业化。

（6）实行职能工长制。将整个管理工作划分为许多较小的管理职能，使所有的管理人员（如工长）尽量分担较少的管理职能，如有可能，一个工长只承担一项管理职能。

（7）例外原则。企业高层管理者把一般日常事务授权给下级管理人员，自己仅保留对例外事件（一般为重要事项）的决策权和控制权。

总之，泰勒的科学管理理论是以工厂管理为对象，以提高工人劳动生产率为目标，在对工人的工作和任务进行研究的基础上制定出标准的操作方法，并用此法对工人进行指导、训练来提高劳动生产率。科学管理理论对后来管理理论的发展产生了广泛而深远的影响。

除泰勒外，对科学管理做出突出贡献的其他人物如下。

（1）吉尔布雷斯夫妇：其贡献为动作研究，时间研究，砌砖试验。

（2）亨利·甘特：其贡献为科学选用工人，奖励计件工资制，工人培训。

（3）亨利·福特：其贡献为时间测定，创建流水线，生产作业标准化和专业化。

3. 对泰勒科学管理理论的评价

列宁曾说，泰勒的科学管理"一方面是资产阶级剥削最巧妙的残酷手段，另一方面是一系列最丰富的科学成就。"这段话道出了泰勒科学管理的科学性和剥削性，也是对泰勒科学管理最深刻的评价。

资料链接

观看教学视频
泰勒的科学管理
理论（下）

（1）科学性。科学管理使管理从经验走向科学，大大提高了劳动生产效率；工作定额原理、标准化原理、差别工资制度、管理职能的分离、例外管理原则等主张一直沿用到今日。

（2）剥削性。把人视为"经济人"，在体力和技能上进行最大程度的压榨。

另外，泰勒的科学管理理论也有一定的局限性。他的研究范围比较小，内容比较窄。存在过于重视技术、强调个别作业效率、对人的看法有偏见、忽视了企业的整体功能等历史局限性因素。除此外，因为泰勒长期在工厂从事现场的生产和管理工作，所以他对生产或作业的组织等相关问题比较熟悉，也比较敏感，他的一系列主张主要是针对作业方法或现场监督的，而对企业的其他活动，如供销、人事、财务等，则基本上没有涉及。

课间阅读

UPS 的科学管理方法

联合邮包服务公司（United Parcel Service，UPS）雇佣了15万名员工，平均每天将900万个包裹发送到美国各地和180多个国家。为了实现他们的宗旨"在邮运业中办理最快捷的运送"，UPS的管理当局系统地培训他们的员工，使他们以尽可能高的效率从事工作。让我们以送货司机的工作为例，介绍一下他们的管理方法。

UPS的工业工程师们对每一位司机的行驶路线都进行了时间研究，并对每种送货、暂停和取货工作都设立了标准。这些工程师们记录的红灯、通行、按门铃、穿过院子、上楼梯、休息、喝咖啡，甚至上厕所的时间，都将输入计算机中，从而给出每位司机每天工作的详细时间标准。

为了完成每天取送130件包裹的目标，司机们必须严格遵循工程师设定的程序。当他们接近发送站时，他们松开安全带、按喇叭、关发动机、拉起紧急制动、为送货完毕启动离开做好准备，这一系列活动严丝合缝；然后，司机从驾驶室来到地面上，右臂夹着文件夹，右手拿着车钥匙，左手拿着包裹；他们看一眼包裹上的地址，把它们记在脑子里，然后以每秒钟3英尺的速度快步走到顾客的门前，先敲一下门以免浪费时间找门铃。送货完毕后，他们在回到卡车上的路途中完成登录工作。

这种刻板的时间表是不是看起来有点烦琐？也许是，它真能带来高效率吗？毫无疑问！生产效率专家公认，UPS是世界上效率最高的公司之一。举例来说吧，联邦快运公司（Federal Express）平均每人每天最多取送80件包裹，而UPS却是130件。在提高效率方面的不懈努力，对UPS的净利润产生了积极的作用。人们普遍认为UPS是一家获利丰厚的公司。

二、法约尔的一般管理理论

法约尔被称为"经营管理理论之父"，1841 年出生于法国一个资产阶级家庭，1860 年毕业于法国国立矿业学院，1860 年被康门特里—福尔香堡矿冶公司聘为采矿工程师，1866 年担任矿井经理，1888 年晋升为公司的总经理，1892 年以后任康曼堡矿业联合公司总经理，77 岁退休并继续任该公司董事，1918 年创办法国管理研究中心并兼任高级商学院教授。

法约尔位居企业高层领导，担任总经理长达 30 年之久。由于长期从事企业的高层管理工作，法约尔有着管理大型企业的经验，对全面管理有深刻的认识和理解，他的理论侧重于一般管理理论，代表著作是 1916 年出版的《工业管理与一般管理》，该书是最早全面论述一般管理理论的著作。

1. 法约尔一般管理理论的主要内容

（1）企业的经营活动构成

法约尔认为，企业的经营由 6 项基本活动组成，如图 2-1 所示。

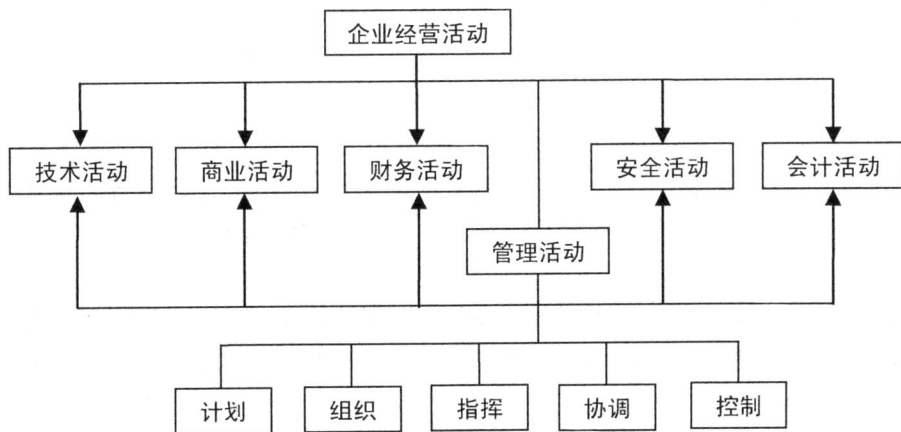

图 2-1　企业经营活动的 6 个组成和管理的 5 个职能

- 技术活动：包括生产、制造、加工。
- 商业活动：包括购买、销售、交换。
- 财务活动：包括资金的筹集、运用和控制。
- 安全活动：包括维护设备与保护职工安全。
- 会计活动：包括货物盘点、资产负债表的制作、成本核算、成本统计等。
- 管理活动：包括计划、组织、指挥、协调和控制。

（2）管理的 5 大职能

资料链接

观看教学视频
法约尔及其一般
管理理论（上）

法约尔认为，在企业经营的这 6 项活动中，管理只是其中的一项，并且处于核心地位。而作为核心的管理活动有 5 大职能：计划、组织、指挥、协调和控制。计划是管理的首要职能，是指对管理活动的规则；组织是指有关组织结构、活动和相互关系的规章制度，以及职工的招募、评价和训练；指挥是指对下属活动的指导；协调是指企业的一切工作都要和谐的配合，以保证企业的经营活动顺利进行；控制就是检查每一件事情是否同所制订的计划、发出的指令相符合，若有不符，立即采取措施加以纠正。这 5 大职能还被称为管理的古典 5 大职能。

（3）管理活动的 14 项原则

法约尔根据自己长期的管理经验，努力探求并确立了保证企业建立良好工作秩序的 14 项管理原则，具体如下。

① 分工。借助专业化分工，可以减少每个人的工作目标，提高员工的工作效率。

② 权力与责任。权力是发布命令和迫使别人服从的力量。权力与责任是互为因果的。责任是权力的必然结果和重要的对等物，行使权力就必然产生责任，委以责任而不授以相应的权力就是组织的缺陷。

③ 纪律。纪律是雇主与雇员之间在服从、勤勉、积极、规矩和尊重等方面所达成的协议。纪律涣散的企业是难以发展的。

④ 统一指挥。即一个下属只能接受一个上级的命令。双重指挥是混乱和冲突的根源。

⑤ 统一领导。即对于同一目标的集体活动，只能在一个领导和一项计划下进行。

⑥ 个人利益服从整体利益。在企业里，一个人或一个部门的利益不能置于整个企业利益之上。它有赖于管理者与员工签订公平的协定和经常的监督。

⑦ 员工的报酬。报酬与支付方式要公平合理，尽可能使员工和公司双方都满意，因为员工的报酬是其服务的价值，关系到个人的切身利益。

⑧ 集权。企业集权与分权的程度不是固定不变的，它是由企业的规模、管理者与被管理者的个人能力、管理者的个性、道德、品质以及环境的特点等因素来决定的。作为管理的两种制度，集权与分权本身是无所谓好坏的。这只是一个简单的尺度问题，找到一个适合于企业的"度"才是最重要的。

⑨ 等级链。等级链是指从企业最高层的管理者到最基层的各级管理者所组成的链条系列。这个链条就是企业内部传递信息和反馈信息的正常渠道。一般情况下，不要轻易脱离这个链条。

⑩ 秩序。秩序是指人与物各得其所。要做到有职位安排每一位员工，每位员工都处在他最合适的职位上，即要做到"合适的人在合适的位置上"。

⑪ 公平。要求管理者应以公平的态度对待已经建立的规则和员工。当员工感到不公平时，容易产生消极情绪，降低工作积极性。

⑫ 人员的稳定。法约尔特别强调指出，这条原则对于企业管理者尤其重要。一般来讲，成功企业的管理者是较为稳定的。

⑬ 首创精神。这是事业壮大的源泉，必须大力提倡、充分鼓励首创精神。这体现了人在工作中的主动性和创造性，这种精神是企业发展的原动力，也是市场竞争的必然要求。

⑭ 集体精神。集体精神是指企业中人员的团结，即努力在企业内部建立和谐与团结的气氛。同心协力才是最大的力量。

法约尔认为，上述 14 项原则并不是固定不变的。原则是灵活的，是可以适应一切的。

资料链接

观看教学视频
法约尔及其一般
管理理论（下）

法约尔还发现较大规模的组织实行分层后，信息只按权力等级链纵向传递，既浪费时间又增加费用。为了弥补这一缺陷，法约尔提出了横向联系的"跳板原则"（又称"法约尔桥"），即不同权力系列的同一层次的组织之间，在上级授权的情况下，可以横向传递信息，直接商议解决问题，再分头上报。"跳板原则"既维护了统一指挥原则，又使得横向联系通畅，减少了信息迂回传递所导致的效率低下及损失，这一设想至今仍具有现实意义。

（4）管理教育的必要性和可能性

法约尔认为管理能力可以通过教育来获得，"缺少管理教育"是由于"没有管理理论"，每一个管理者都按照个人的方法、原则和经验行事，但是谁也不曾设法使那些被人们接受的规则和经验变成普遍的管理理论。

2. 对法约尔一般管理理论的评价

法约尔一般管理理论的主要贡献主要表现在以下几个方面。

（1）归纳出企业经营的 6 大活动，并突出管理活动的核心地位。

（2）提出管理活动所必需的 5 大职能和 14 项管理原则。

（3）为管理科学提供了一套科学的理论构架。

（4）一般管理理论是管理过程学派的理论基础。

（5）为管理教育提供了理论依据。

正是有了法约尔的一般管理理论，才锤炼出了管理的普遍原则，使管理成为可以基准化的职能，在企业经营乃至社会生活的各个方面发挥着重要作用。

三、韦伯的行政组织理论

韦伯被称为"组织理论之父"。他是德国著名的社会学家，曾担任过教授、政府顾问、编辑，他在管理理论上的研究主要集中在组织理论方面。其主要贡献是提出了所谓的"理想的行政组织体系理论"（也被称为"官僚制"理论、"科层制"理论），集中反映在其著作《社会组织与经济组织》中。韦伯行政组织理论产生的历史背景，正是德国企业从小规模世袭管理，到大规模专业管理转变的关键时期。因此，了解韦伯的管理思想对于现代企业仍具有重要的现实意义。

1. 韦伯行政组织理论的主要内容

（1）权威与组织

韦伯指出，任何组织要达到自己的目标，都必须以某种形式的权威作为基础。只有权威，才能变混乱为秩序。韦伯认为人类社会存在三种权威。

① 传统型权威。它来源于传统惯例或世袭。

② 个人崇拜型权威（魅力型权威、超凡型权威）。它来源于个人的崇拜与追随，带有浓重的感情色彩。

③ 法理型权威（理性合法型权威）。它来源于（理性的）法律或制度的规定。韦伯认为，只有法理型权威才能作为行政组织体系的基础，其最根本的特征在于法理型权威的公正。

（2）理想的行政组织的特征

对于韦伯的理论而言，社会和政府的突出特点在于以官僚制取代家长制或世袭制，即所谓的"理想的""合法的"权威取代传统权威。"理想的""合法的"是韦伯"官僚制"理论中的两个基本概念。他所讲的"理想的"，不是指最合乎需要，而是指现代社会最有效和合理的组织形式。韦伯的理想行政组织体系，之所以是"理想的"，是因为它具有以下特征。

① 明确的分工。即组织内每个职位的权力与责任都应有明确的规定，并作为正式职责使之合法化。

② 自上而下的等级系统。组织内的各个职位权力按等级原则进行法定安排，形成自上而下严密的指挥体系。

③ 人员的任用。通过正式考试的成绩或培训中取得的技术资格来挑选组织的所有成员，力求人尽其才。

④ 遵守规则和纪律。管理人员必须严格遵守组织中规定的规则和纪律以及办事程序，以避免感情用事，滥用职权。

⑤ 组织成员之间的关系。以理性为准则，只有对事的关系而无对人的关系，只受职位关系的影响，完全不受个人情感的影响。

⑥ 职业管理人员。管理人员必须是专职的，并有固定的薪金保证和明文规定

资料链接

观看教学视频
韦伯及其理想的
行政组织理论

的升迁制度，是一种职业管理人员。

韦伯认为，凡具有上述 6 项特征的组织，可使组织表现出高度的理性化，其成员的工作行为也能达到预期的效果，组织目标也能顺利的达成。

2. 对韦伯行政组织理论的评价

韦伯提出的行政组织体系的结论是：最有效的组织是机械式的，这样的组织合理又无情地向前运行，它精确、快速、明确、谨慎、统一，具有持续性和较低的成本。所以说，韦伯行政组织理论为资本主义提供了一种效率高的、合乎理性的管理体系。

韦伯的行政组织理论实现了个人与权力的分离，将科学、法制与理性融合为一，抛弃了经验管理中的人治因素，提高了组织管理的效率；对"官僚制"特征和组织形式的描述，为行政组织指明了一条制度化的组织准则，这是他在管理思想上的最大贡献。

韦伯行政组织理论的局限性主要表现在：其理论是建立在纯理性人的基础之上的，过分重视等级制度和规章制度，忽视人际关系，否定非正式组织的积极作用等。

第二节　行为科学理论

古典管理理论把人视为"经济人"，视为机器的附属物，主张用严格的科学方法和规章制度进行管理，更多强调的是科学性、精密性、纪律性，基本上不关注人的因素，因此，引起了工人的强烈不满。

20 世纪 30 年代工人日益觉醒，反抗越来越激烈，工会组织也随之日益发展。另外，经济的发展和周期性危机的加剧，以及科学技术的发展和应用，使得管理者感到再依靠传统的古典管理理论和管理方式已不能够有效控制员工，以达到提高生产效率的目的。于是，一些管理学家和心理学家开始从生理学、心理学、社会学的角度研究企业中有关人的一些问题，如人的需要、动机、情绪、行为与工作的关系等。除此外，这些学者还研究了如何按照人的心理发展规律来激发员工的积极性和创造性，以求通过研究人的行为规律，找出对待工人的新手法和提高效率的新途径。于是行为科学理论便应运而生。从此，管理学的研究课题也由"经济人"假设转向了"社会人"假设。

行为科学管理理论形成于 20 世纪 20 年代，早期被称为人际关系理论，代表人物是梅奥及其领导的霍桑实验；后来发展为行为科学，即组织行为理论，代表理论为马斯洛的需要层次理论。

一、梅奥和霍桑实验

梅奥，心理学家，原籍澳大利亚，后移居美国。1924—1932 年，他领导了由美国国家研究委员会与美国芝加哥西方电器公司合作，在西方电器公司霍桑工厂进行的，对工作条件、社会因素与生产效率之间关系展开研究的一系列实验的中后期工作，取得了非常重要的管理成就，史称"霍桑实验"。

1. 霍桑实验的内容

西方电器公司的霍桑工厂虽具有完善的娱乐设施、医疗制度、养老金制度，福利待遇也不错，但工人仍愤愤不平，劳动积极性不高，生产效率也不理想。1924 年 11 月，美国国家研究委员会组织了一个专家研究小组进驻该厂，考察工作条件与生产效率的关系，开始了著名的"霍桑实验"，全部实验分为四个阶段。

- 第一阶段：工厂场所的照明实验（简称"照明实验"）。

该阶段实验着重研究照明度与生产效率的关系。研究人员的设想是，只要增加照明度，产量就会上升。实验分两个小组进行：实验组和控制组（对照组）。实验组采用变化的照明，控制组则采用固定照明。结果显示，在实验期内，两个小组的产量几乎同比例增长，除非照明度降低到昏暗的程度，实验组的产量才会下降。

照明实验的结论是：照明度与生产效率之间并无直接关系，灯光只是影响员工产量的因素之一。

- 第二阶段：继电器装配室实验（简称"福利实验"）。

从这一阶段起，梅奥参加并领导了霍桑实验。

1927 年，梅奥以装配电话继电器的 6 名女工为实验对象，实验目的是试图发现工作条件的变化对生产效率的影响。实验中，研究小组分期改善工作条件，如增加工间休息、缩短工作时间、供应免费午餐、实行每周五天工作制度等；女工们在工作时间内可以自由交谈；观察人员对工人们的态度和蔼。条件的变化使产量不断提高。一年半后，取消了工间休息和免费午餐，工作日恢复为六天制，结果产量仍然保持上升。

这个实验反复进行了 5 年，实验结果是科学管理理论无法解释的。据此，梅奥推测，工作环境、休息等不是决定生产效率的关键因素，"人"才是决定因素。产量提高的最直接原因是监督和指导方式的改变，使员工的工作态度得到了改善。

继电器装配室实验的结论是：融洽的人际关系、良好的工作氛围也能提高生产效率。

资料链接

观看教学视频
霍桑实验及人际
关系理论

在福利实验的同时，梅奥重新研究了照明实验的内容，从心理学和行为学的角度解释了照明实验的结果："参与实验计划的感觉使得工人情绪高涨，进而提高了产量。"这一现象，后来被称为"霍桑效应"。

- 第三阶段：大规模的谈话计划（简称"访谈实验"）

1928 年 9 月至 1930 年 5 月，梅奥及研究人员用了两年多的时间对公司 2 万多名员工进行了访谈调查，了解工人对工作和工作环境、公司中层和高层管理者的看法，员工可以不受拘束地表达自己的想法，发泄心中的怨气，从而使其工作态度有所改变，生产效率也就相应地得到了提高。

访谈实验的结论是：任何一位员工的工作成绩都要受到周围环境的影响，即不仅仅取决于个人，还取决于群体成员；同时，管理人员应重视人的因素，关心工人，进而改善人际关系和提高工人士气。

- 第四阶段：接线板接线工作室实验（简称"群体实验"）

实验中，工作室共有 14 名工人，以"群体计件工资制"为报酬形式。就组员的生产能力来讲，每个人都有可能超过定额，可经过 9 个月的观察，小组的产量却始终未超过定额的水平，原因是小组内有一种无形的压力，限制个人的突破，如果某人想多干一点，旁边就会有人暗示他停止工作或放慢工作进度。

该阶段的实验有众多发现：实验群体自行限制产量；工人对不同级别的上级持不同态度；成员中存在小派系，且每个派系都有自己的行为规范，成员如果违反规范就要受到惩罚。

群体实验的结论是：实际生产中，存在着一种"非正式组织"，它也决定着每个人的工作效率。

2．人际关系理论的主要观点

在霍桑实验的基础上，梅奥创建了"人际关系学说"。其主要思想如下。

（1）工人是"社会人"，而不是单纯追求金钱收入的"经济人"。在企业管理中，不能忽视社会和心理因素对工人工作积极性的影响。

（2）企业中除了"正式组织"之外，还存在着"非正式组织"。非正式组织是指企业员工在共同工作的过程中，相互间产生共同的感情、态度和倾向，形成共同的行为准则和惯例而构成的一种体系。非正式组织不仅存在，而且与正式组织相互依存，对生产率产生重大影响。

（3）生产效率的高低取决于员工的士气，而员工的士气又取决于员工的"满意度"。企业要采取新型的领导方法，即采取措施提高员工的士气，促进协作，保持真诚持久的良好关系，以提高生产效率。

二、后期的行为科学管理理论

1949 年在美国芝加哥大学召开了一次由哲学家、心理学家、生物学家、社会学家等参加的学术会议，讨论了应用现代科学知识来研究人类行为的一般理论。会议将这门综合的学科命名为"行为科学"。之后，行为科学蓬勃发展，产生了一大批著名的专家和理论，例如，布莱克和莫顿的"管理方格理论"、马斯洛的"需要层次理论"、赫茨伯格的"双因素理论"、麦格雷戈的"X 理论—Y 理论"等。其中，"管理方格理论"将在本书第七章中进行详细介绍，马斯洛和赫兹伯格的理论将在第八章中进行详细介绍，以下详细介绍麦格雷戈的"X 理论—Y 理论"。

麦格雷戈是美国著名的行为学家，人性假设理论的创始人。1957 年 11 月，麦格雷戈发表了"企业的人性面"一文，提出了著名的"X 理论—Y 理论"。

麦格雷戈认为，管理者所采用的管理方法，与被管理者在管理者心中的定位有很大的关系。麦格雷戈的"X 理论—Y 理论"实质上就是把人性分为两种，从而采用不同的管理方法。

（1）X 理论的基本观点与管理思想

X 理论的基本观点主要有以下几个方面。

① 人生下来就厌恶工作，只要有可能就逃避工作。

② 人生下来就缺乏进取心，工作不愿负责任，宁愿被领导，也没有什么抱负。

③ 人生下来就习惯于明哲保身，反对变革，把对安全的要求看得高于一切。

④ 人生下来就缺乏理性，易受外界和他人影响，做一些不适宜的举动。

⑤ 人生下来就以自我为中心，无视组织需要，所以对多数人必须使用强迫甚至惩罚、胁迫的手段，驱使他们去工作，方可达到组织目标。

⑥ 只有极少数人，才具有解决组织问题的能力。

X 理论的管理思想包括以下几个方面。

① 持有 X 理论思想的人总认为，一个组织的绩效低落，是由人的本性所导致的；组织绩效差，不是管理不好，而是组织中的人不好。

② 应在组织中建立严格的等级制度，遵循阶梯原则，实施"胡萝卜+大棒"式的集权化管理。

③ 重视组织要求和组织任务的完成，把人看成是经济人，只注重满足人的经济需要。组织目标重于个人目标。

（2）Y理论的基本观点与管理思想

Y理论的基本观点主要有以下几个方面。

① 人生下来并不一定厌恶工作，要求工作是人的本能；

② 人追求的需要与组织的需要并不矛盾，并非必然对组织的目标产生抵触和消极态度，只要管理适当，人们能够把个人目标与组织目标统一起来。

③ 人对于自己所参与的工作目标，能够实行自我管理和自我指挥。

④ 大多数人都具有解决组织问题的想象力和创造力。

Y理论的管理思想包括以下几个方面。

① 一个组织的绩效低落应该归因于拙劣的管理，而不是员工本身。员工都是好员工，只是管理出了问题。

② 在组织管理中，应注重创造一种融洽的、民主的、积极参与的组织氛围，遵循融合原则，实施民主管理、参与管理和自主管理。

③ 应将组织要求和个人要求相结合，把人看成是社会人和自我实现人，通过提高员工的满足度来激发完成组织任务的主动性、积极性、创造性。

课间阅读

只管三个人

美国著名的艾森豪威尔将军是第二次世界大战中盟军的指挥官，在诺曼底登陆以前，有一次他在英国打高尔夫球，新闻记者采访他："前线战势紧急，您怎么还有心情在这里打球呢？"艾森豪威尔说："我不忙，我只管三个人：大西洋有蒙哥马利，太平洋有麦克阿瑟，喏，在那边捡球的是马歇尔。"其实，艾森豪威尔将军手下有百万大军，诺曼底登陆也是事关重大，是第二次世界大战的转折点。难道他真的只管三个人吗？当然不是。关键的是他懂得如何让下属参与。

第三节 现代管理理论

第二次世界大战后，管理思想得到了迅猛的发展，出现了许多新的管理理论和管理学派。不同的学者从不同背景、不同角度，用不同的方法对管理问题进行研究，同时又在系统管理理论的基础上，力求建立统一的管理理论。这一现象带来了管理理论的空前繁荣，出现了学派林立的局面，因此，这一阶段也被称为"现代管理理论丛林"。

现代管理理论主要有管理科学学派、社会系统学派、决策理论学派、经验主义学派、权变理论学派等。

一、管理科学学派

管理科学学派的管理思想是注重定量模型的研究和应用，以求得管理的程序化和最优化。该学派认为，管理就是利用数学模型和程序系统表示管理的计划、组织、控制、决策等职能，求出最优解答，以达到企业的目标。

　　管理科学学派是在第二次世界大战中兴起的，主要是英美科学家为了帮助政府和军队解决更有效率分配资源的问题。这个学派认为，管理就是制订和运用数学模型与程序的系统，即通过对企业的生产、采购、人事、财务、库存等职能间相互关系的分析，然后用数学符号和公式来表示计划、组织、控制等合乎逻辑的程序，求出最优的解答，以达到企业的目标。从名称上来看，凡是以管理为研究对象的科学都可以被称为管理科学，但作为一个学派，它主要与定量方法运用于管理活动的研究有关，所以通称为管理的数量学派或运筹学派。

　　管理科学学派具有四个特点：数学化、系统化、信息化、主要目标是寻求管理的最优方案。管理科学学派有两个侧重点：一是关注现实管理问题的模型化；二是对运营管理的兴趣。由于组织活动的决策、过程及其成果可以用定量的方法描述，因此在对组织的管理过程中应用了许多数量分析方法和决策技术，如盈亏平衡分析、库存控制模型、决策树、网络计划技术、线性规划、动态规划、排队论、对策论等。进入 21 世纪以来，随着人类定量研究方法的进步，管理科学理论也远远跨越了传统的研究范围，大量的企业战略、人力资源管理、市场营销等问题都已经纳入定量解决范围，在一定程度上出现了管理研究中的定性与定量方法相融合。

二、社会系统学派

　　社会系统学派从社会的角度来研究管理，把企业组织及其成员的相互关系看成是一种协作的社会系统。其创始人是美国的高级经理人和管理学家巴纳德，其著作是 1938 年出版的《经理人员的职能》。社会系统学派的主要观点是，组织是一个复杂的社会系统，应使用社会学的观点来分析和研究管理问题。

　　社会系统学派的理论主要包括以下几个方面。

　　1．组织是一个由个人组成的协作系统

　　巴纳德认为，"组织是两个或两个以上的人有意识协调活动和效力的系统"。对这个系统要作为整体来看待，因为其中每个组成部分都以一定方式与其他部分相联系。为了影响个人的动机和行为，管理者必须研究作为组织成员的个人特征。在对组织成员进行管理的过程中，管理者应该意识到：管理者的权威取决于发出的命令是否被下属所接受。如果员工没有服从命令，那么权威也就不存在了。

　　2．协作系统的三个基本元素

　　组织作为协作系统都包含三个基本要素：信息沟通、协作的意愿、共同的目标。

　　巴纳德认为，作为正式组织的协作系统，不论其规模大小或级别高低，都包含了三个基本要素，即协作的意愿、共同的目标和成员间的信息沟通。组织是由个人组成的，组织成员愿意提供协作条件下的劳动和服务，这是组织存续所必不可少的。个人协作意愿强度的高低取决于自己提供协作导致的"牺牲"与组织因自己的协作而提供的"诱因"两者之间的比较，它是可变的。组织为了获得并提高成员的协作意愿，要通过说服来影响成员的主观态度，培养他们的协作精神，号召他们忠于组织、相信组织等。共同的目标是协作意愿的必要前提。协作的意愿没有共同的目标是发展不起来的。没有共同的目标，组织成员就不知道要求他们提供何种努力，同时也不知道自己能从协作劳动的结果中得到何种满足，从而不会导致协作活动。组织的共同目标和不同成员的协作意愿只有通过信息沟通才能相互联系，形成动态的过程。

3. 经理人员的职能

经理人员的职能主要有三个方面：提供并维持信息交流的体系，使组织中每个人都能做出贡献，明确组织目标。

巴纳德认为，经理人员在组织中的作用就是在信息沟通系统中作为相互联系的中心，并通过信息的沟通来协调组织成员的协作活动，以保证组织的正常运转，实现组织的共同目标。

三、决策理论学派

决策理论学派是以社会系统论为基础，吸收行为科学和系统论的观点，运用计算机技术和运筹学的方法而发展起来的一种理论体系。这个学派的特点是突出了在组织与环境作用过程中的决策管理的价值。决策理论学派的代表人物是西蒙，其著作是《管理决策新科学》，由于在决策理论研究中的杰出贡献，西蒙获得了 1979 年度的诺贝尔经济学奖，他也是迄今唯一一位获得诺贝尔经济学奖的管理学家。

决策理论学派的主要观点包括如下几个方面。

1. 管理就是决策

西蒙认为，决策是组织及其活动的基础，决策贯穿管理的全过程，管理就是决策。组织是作为管理者的个人所组成的系统。组织之所以存在，是因为有组织成员做出了参加组织的决策，这也是任何组织的任何成员的第一个选择（决策）。此后，组织成员还要做出其他决策。但由于个人目标已经退居次要地位，从属于组织目标，因而个人决策也往往从属于组织的需要，个人同组织一体化。

组织的全部活动都是集体活动，对这种活动的管理实质上是制订了一系列决策。制订计划的过程是决策，在两个以上的可行方案中选择一个，也是决策；组织设计、机构选择、权力的分配属于组织决策；实际同计划标准的比较、检测和评论标准的选择属于控制决策等。总之，决策贯穿于管理的各个方面和全部过程，管理就是决策。

2. "满意"原则

西蒙认为，决策的准则是"令人满意"原则，而不是"最优化"原则。

决策的核心是要做出选择，而要做出正确的选择，就必须利用合理的标准对各种可行方案进行评价。西蒙认为，人们习惯上运用"最优"或"绝对的理性"作为决策的准则。根据这个准则进行决策需要三个前提：①决策对所有可供选择的方案及其执行结果无所不知；②管理者具有无限的估算能力；③管理者的脑中对各种可能的结果有一个"完全而一贯的优先顺序"。由于管理者在认识能力和时间、经费及情报来源上的限制，不可能具备这些前提，所以事实上不可能做出"完全合理"或"最优"的决策。管理者在决策时，不能坚持要求最理想的解答，常常只能满足于"足够好的"或"令人满意的"决策，由于人们没有求得"最优解"的才智和条件，所以只能满足于"令人满意的"这一准则。

在西蒙的决策理论中，还对非程序化决策的方法做了详细的研究。他采用了心理学的观点和运筹学的手段，提出了一系列指导企业管理者处理非例行活动、非程序化决策的方法，从而在西方企业界产生了重要影响。

四、经验主义学派

经验主义学派又称惯例管理学派、案例管理学派，其代表主要是被称为"现代管理学之父"的美国管理学家德鲁克。

该学派从企业管理的实际出发，以大企业的管理经验为研究对象，采用案例比较研究的方法，得出一般性的理论。经验主义学派的基本观点是，管理学就是研究管理经验，通过对管理者在各种情况下成功的和失败的经验教训的研究，使管理者懂得在相应的情况下如何运用有效的方法解决管理问题。经验主义学派的主要观点包括如下几个方面。

1. 主张采用实际案例研究的方法研究管理问题

该学派认为，管理应侧重于实际应用，而不是纯粹理论的研究。管理学如同医学、法律学和工程学一样，是一种应用学科，而不是纯知识的学科。但管理又不是单纯的常识、领导能力或财务技巧的应用，管理的实际应用是以知识和责任为依据的。

2. 阐述管理者的主要职责和任务

德鲁克认为，管理者的任务是了解本企业的特殊目的和使命，使工作富有活力并使员工有成就，以及处理本企业对社会的影响和对社会的责任。作为企业的主要管理者，有两项别人无法替代的职责：第一，创造出一个大于其各组成部分总和的真正的整体，创造出一个富有活力的整体，把投入其中的各项资源转化为较各项资源的总和更多的资源；第二，在其每一项决定和行动中协调当前的要求和长期的要求。为此，每一个经理都必须做到：制订目标和措施并传达给有关的人员，进行组织工作，进行鼓励和联系工作，对工作和成果进行评价，使员工得到成长和发展。

3. 实行目标管理的工作方法

德鲁克认为传统管理学派偏于以工作为中心，忽视人的一面，而行为科学又偏于以人为中心，忽视了同工作相结合。目标管理则结合以工作为中心和以人为中心的管理方法，使员工发现工作的兴趣和价值，从工作中满足其自我实现的需要，同时，企业的目标也因职工的自我实现而实现，这样就把工作和人性二者统一起来了。目标管理在当今仍是运用最多的管理方法。

经验主义学派的方法可以说在管理理论丛林中较具特色，其中的一些研究反映了社会化大生产的客观要求。但经验主义学派由于强调经验而无法形成有效的理论原则，从而无法形成系统完整的管理理论。管理者可以依靠自己的经验，而无经验的初学者则无所适从。而且，过去所依赖的经验未必能运用到现在的管理中，这也在一定程度上受到其他一些管理学家的批评。

五、权变理论学派

权变理论学派是 20 世纪 60 年代末 70 年代初在经验主义学派的基础上发展起来的，其主要代表是美国管理学家菲德勒，其著作有《让工作适合管理者》《领导方式与有效的管理》等。

所谓"权变"，即具体情况具体分析、具体处理。

权变理论学派的基本观点是：管理没有一成不变的、普遍适用的、最好的管理理论和方法，要根据企业所处的内外条件随机应变，针对不同的具体条件，寻求不同的、最合适的管理模式。

权变理论学派是从系统观点来考察问题的，它的理论核心就是通过企业的各子系统内部和各子系统之间的相互联系，以及企业和组织所处的环境之间的联系，来确定各种变量的关系类型和结构类型。它强调在管理中要根据企业所处的内外部条件随机应变，针对不同的条件寻求最合适的管理模式、方案或方法。管理的任务在于归纳出管理的环境是由哪些因素组成的，它有多少种存在状态，又有多少种管理方法。

权变理论学派认为，对管理过程中的各种可变因素，可以从以下 6 个方面加以考虑。

1. 企业规模的大小

企业中人数越多，所需要协调的工作量就越大。当一个企业的规模发展壮大以后，就应当采用更加高级的、规范的协调技术。

2. 工艺技术的复杂程度

为了达到企业的目标，就要采用一些技术，将资源投入，转化成用户满意的产品或服务。工艺越复杂，其稳定性受到影响的可能性就越大。

3. 决策层次的高低

决策层次的高低直接影响管理方式的效果和影响力。例如，所有的管理者都要制订计划，但是处于高层的管理者和基层的管理者所制订的计划类型是不一样的，其对企业未来发展的影响程度也不同。

4. 企业目标的一致性

这种目标的一致性包括：员工个人和企业之间的目标的一致性；企业内各子系统之间的目标的一致性；企业整体目标和社会期望目标的一致性等。企业的目标一致性程度越高，企业的管理效果就越好。

5. 企业员工之间的素质差异

由于教育、家庭环境、个人态度和性格等方面的不同造成了企业员工之间的素质差别，这些差别直接影响到管理效果。

6. 环境的不确定性程度

管理者要受到企业外部环境的影响，环境的不确定性会对管理者的管理方式产生影响。有的管理方式可能适用于较稳定的外部环境，而不适合动荡的外部环境。总之，权变理论要求管理者根据企业的实际情况灵活选择适用的管理方式。

第四节　当代管理理论发展的新趋势

一、战略管理

随着企业竞争的日益激烈，很多人感到商场如战场，企业经营也应讲究"战略"。企业要在复杂多变的环境中求得生存和发展，必须对自己的经营管理行为进行长期的谋划。战略对于竞争的意义在于可以帮助管理者掌握竞争全局的动态，"运筹于帷幄之中，决胜于千里之外"，能使自己在竞争中处于主动，赢得竞争的胜利。

"战略"一词与企业经营联系在一起并得到广泛应用的时间并不长，最初出现在西方管理学名著《经理人员的职能》一书中。而自 1965 年美国经济学家安索夫的著作《企业战略论》问世后，"战略"

一词才被广泛应用于社会、经济、文化、教育和科技等领域。

1. 战略

所谓战略就是企业为了获得持续竞争优势，谋求长期生存和发展，在外部环境与资源分析的基础上，对企业的主要发展方向、目标以及实现的途径、手段等方面所展开的一系列全局性、根本性和长远性的谋划。从企业未来发展的角度来看，战略表现为一种计划。

战略管理提出的背景是在 20 世纪 70—80 年代，企业的经营规模和经营总量发展迅速，市场环境发生了重大变化，逐渐由卖方市场转向买方市场，因此，企业普遍面临着跨国经营和多元化经营等问题。20 世纪初美国的百家大公司中，到 20 世纪后期只有十多家尚为人知，同时还有更多的公司濒临倒闭，竞争变得复杂而激烈。于是，着眼于组织未来发展的战略管理思想由此出现并开始流行。

2. 战略管理过程

战略管理是战略计划实施和评估的过程，包括以下几个步骤。

（1）确定企业当前的宗旨、目标和战略

每个企业都有一个宗旨，它规定了企业的目标和所从事的事业。定义企业的宗旨可以促使管理者仔细确定企业的产品和服务范围。

（2）环境分析

环境分析是战略过程的关键环节，将环境作为管理行动的主要制约因素，是因为企业的环境在很大程度上决定了管理者可能做出的决策。成功的战略大多是那些与环境相适应的战略。

（3）发现机会和威胁

分析了环境之后，管理者需要评估有哪些机会可以发掘，以及企业可能面临哪些威胁。即使处于同样的环境中，由于企业控制的资源不同，可能对某个企业来说是机会，而对另一些组织却是威胁。

（4）分析企业的资源

企业资源可以理解为能够给企业带来优势或劣势的任何资源。它既包括有形资源，如企业的人力资源、财务资源、物质资源、管理资源，也包括无形资源，如企业的技术资源、荣誉、企业文化等。

（5）识别优势和劣势

企业资源的分析应当对企业的优势和劣势做出明确评价，从而使管理者能够识别企业与众不同的能力，即决定作为企业竞争力来源的独特技能和资源。

（6）重新评价企业的宗旨和目标

将"发现机会和威胁"与"识别优势和劣势"合并在一起，通常称为 SWOT 分析。它把对企业的优势（Strengths）、劣势（Weaknesses）、机会（Opportunities）和威胁（Threats）结合进行综合分析，以便发现企业可能发掘的细分市场。按照 SWOT 分析的要求，管理者需要重新评价企业的宗旨和目标。如果需要改变企业的整体方向，则战略管理过程可能要从头开始；如果不需要改变企业的整体方向，管理者则应着手制订战略。

（7）制订战略

战略需要分别在企业层、事业层和职能层设立。制订这些战略应遵循管理决策程序。特别是管理者需要开发和评价不同的战略选择，然后选定一组符合三个层次要求的战略，这些战略能够最佳地利用企业的资源和充分利用环境的机会。在这一步骤上，管理者将寻求组织的恰当定位，以便获得领先于竞争对手的相对优势。这要求仔细评价控制产业竞争规则的各种竞争力量。成功的管理者所选择的战略将使组织获得最有利的竞争优势，并使这种优势长期地保持下去。

（8）战略实施和控制

战略方案一旦选定，管理者的工作重心就要转到战略实施上来。战略实施是贯彻执行既定战略规划所必需的各项活动的总称，是战略管理过程的一个重要部分。显而易见，如果精心选择的战略不付诸实施，或不认真地组织实施，则所有的努力就会付诸东流；反之，不但可以保证战略取得成功，而且还可以克服原定战略的某些不足，使之趋于完善，同时获得成功。

（9）战略评价

战略评价包括三项基本活动：第一，考察战略的内在基础；第二，将预期目标和实际结果进行比较；第三，采取补救措施，保证行动和计划的一致性。在战略实施过程中要不断地评价原来的战略分析是否正确。战略正确与否的检验标准是企业的绩效，根据绩效检查的结果，对局部的一些问题采取一些纠正措施。

课间阅读

海尔的腾飞

创立于1984年，崛起于改革大潮之中的海尔集团，是在引进德国利勃海尔电冰箱生产技术成立的青岛电冰箱总厂基础上发展起来的。在海尔集团首席执行官张瑞敏"名牌战略"思想的引领下，海尔经过18年的艰苦奋斗和卓越创新，从一个濒临倒闭的集体小厂发展壮大成为拥有包括白色家电、黑色家电、米色家电、家居集成在内的86大门类13 000多个规格品种的产品群。在全球，很多家庭都是海尔产品的用户。

在1984~1991年名牌战略期间，很多企业着重于提升产量，而海尔却着重于提升质量，7年时间只做一款冰箱产品，但海尔不断推出新型号和有高新技术的新产品，按照市场细分的原则，平均每隔7.6升就开发一种型号，最小间隔只有1升。1993年5月22日，海尔研制成功国内第一代全无氟电冰箱，节能效率达10%以上。

1991年海尔合并了青岛空调器总厂，于12月成立海尔集团，进入了多元化发展的战略阶段。1997年9月，以进入彩电业为标志，海尔进入黑色家电、信息家电生产领域，同年，海尔兼并了贵州风华电冰箱厂、黄山电视机厂。1997年4月，海尔控股管理青岛第三制药厂。1998年成立海尔数字技术开发有限公司、北航海尔软件有限公司。1999年进入计算机业。海尔还相继自我投资设立期货、证券、咨询、广告、出租汽车公司，进入了一个更广阔的发展空间。

二、企业再造

企业再造（Business Process Re-engineering，BPR）是20世纪80年代末、90年代初发展起来的企业管理新理论。1990年，迈克尔·哈默在《哈佛商业评论》上发表"再造：不是自动化，而是重新开始"一文，率先提出企业再造的思想；迈克尔·哈默和詹姆斯·钱皮合著《再造企业——管理革命的宣言书》一书，正式提出了企业再造理论，提出应在新的企业运行空间条件下，改造原来的工作流程，以使企业更适应未来的生存发展空间。这一全新的思想震动了管理学界，企业再造的思潮迅速在美国兴起，并快速传到日本、欧洲，乃至全世界。

企业再造也称为业务流程再造、公司再造、再造工程。哈默和钱皮对企业再造做了如下定义：所谓企业再造，就是针对企业业务流程的基本问题进行反思，并对企业业务流程进行彻底的重新设计，以便在成本、质量、服务和速度等当前衡量企业业绩的这些重要的尺度上取得显著的进展。

1. 企业再造的动力

哈默和钱皮提出的3C，即顾客（Customer）、竞争（Competition）与变革（Change），无论是现在还是未来，都是再造的根本，为企业开辟了新天地。

（1）顾客

企业再造是需要满足顾客价值的最大化，充分实现从"以产品为中心"的管理思想过渡到"以顾客为中心"的管理思想。现在的顾客，无论是企业或个人都知道自己想要得到什么，想用什么方式支付货款，如何根据自己所希望的条件买到想要的东西，因此不会与那些对市场供求关系变化不了解、不重视的公司合作。

（2）竞争

竞争是现代企业面临的生存环境之一，并且这种特点变得更加残酷，更加扣人心弦，也是派生出各种新型管理模式的原因之一。在竞争中，优胜劣汰，胜者或因价格最低廉，或因产品质量最优秀，或因服务最佳，但不论是其中的哪一种情况，都会很快成为所有竞争者的准则。

（3）变化

顾客和竞争在变化，而变化本身的性质也在变化。最重要的一点是，变化不仅无处不在，而且还持续不断，这已经成了常态。开展根本性、彻底性的企业再造，就是要满足企业应对生存环境变化的需要，以获得显著性的效果。

2. 企业再造的指导原则

（1）按流程管理工作

传统的企业管理按劳动分工原理来组织自己的工作，着眼于专业化优势，把工作重点放在专业化分工上，是一种职能导向型的管理方式。而企业再造强调管理要面向业务流程，实现从职能管理到流程管理的转变。面向流程就是要打破部门界限，以流程的产出和顾客为中心，协调相关部门的资源和活动，减少无效劳动和重复劳动，降低无效支出，提高效率和对顾客的响应程度。

（2）以市场为导向，以顾客为中心，追求顾客满意度

这是企业再造的出发点和目的，也是其成功的保证。适应市场变化、满足顾客需要是企业的根本生存之道，然而为顾客创造价值的大小、提供服务的优劣是由企业的流程决定的。顾客关心和需要的是流程的结果，与过程无关，所以企业再造的设计与实施都必须以顾客的要求为标准，紧紧围绕顾客这个中心来展开。

（3）破旧立新，彻底改造，进行脱胎换骨的变革

企业再造是一个破旧立新的过程，决不是对企业原有流程体系进行简单化、表面化的调整修补，是要从根本上重新认识和思考，并在此基础上进行彻底的改造，摒弃现有的业务流程以及陈规陋习。它是根治企业顽疾的"一剂猛药"，目标是取得显著的改进。

（4）以提高企业能力为目标

企业流程再造的目标是再造企业的能力，特别是企业组织能力以及在此基础上形成的核心竞争

力。因此，企业再造应该为塑造企业能力服务，因为它是企业持续成长和发展的核心动力。

（5）运用现代信息技术

现代信息技术的发展为企业再造提供了有效的技术手段。事实上，企业再造也正是现代信息技术飞速发展推动的结果。应用信息技术可减少作业流程的步骤并增进相互的沟通和了解，大量现代信息技术的应用，使原有的工作流程发生了质变，只有充分利用信息技术才能更好地实现企业再造。

（6）以团队为基本的组织形式

企业再造以流程为导向，把按职能分工而割裂开的工作，重新连接起来成为一个完整的流程，自然工作单元也就必然由原来传统的职能部门转变为对流程负责的团队组织。

（7）建立新型管理机制

企业再造必然引起企业的全面变革，与之相适应的是，企业管理机制也必然发生相应的转变。因为人是企业再造的首要因素，所以企业再造后，新的管理机制要以人为中心来建立。

（8）变革企业文化，实现观念更新

人的任何行为都受其思想意识所支配，观念左右着人的行动。企业再造是对企业的一种根本性的改造，客观上要求企业文化也要发生相应的转变和更新，这是企业流程再造成功的保证。

（9）大力提高员工素质

企业再造首先需要的是人力资源的保证。再造工作的复杂性、创造性对员工素质提出了更高的要求，要求员工成为一种具备多种才能的复合型人才，因此，企业必须大力提高员工素质，以适应企业再造的工作需要。

（10）管理方式由监督控制型转变为服务教练型

企业再造后，企业的经营业绩主要取决于获得授权的全体成员的工作态度和工作能力。为了充分调动和发挥员工的主观能动性，企业管理方式就必须发生根本性的转变，由传统意义上的主要依靠“硬权力”的监督控制型，转变为主要依靠“软权力”的服务教练型。

3. 企业再造的内容与步骤

（1）企业再造的内容

广义的企业再造，其内容包括企业的各个方面，如企业战略流程、企业组织结构、领导方式、企业文化、管理系统、人力资源管理、信息技术、企业外部联系等的再造，实质就是整个企业的再造。

狭义的企业再造，就是对流程再造做一些适当的限制，仅指流程再造本身以及与之直接密切联系的内容。基本内容包括重新设计企业流程，企业内部组织结构改革，企业组织运行方式、规范和机制的改革，企业外部联系改革四个方面容。狭义的企业再造的实质就是以流程为导向的组织变革。

（2）企业再造的步骤

第一步，战略决策阶段。企业再造对企业成长和持续发展是具有重要的战略意义的，但企业再造的风险较大。因此，企业在再造前必须对其必要性、紧迫性和可行性进行认真考察、分析、权衡利弊，慎重地做出决策。这一阶段也被称为再造的宏观模型建立阶段。该阶段的主要工作包括建立企业愿景、挖掘流程再造的良机、确保管理层特别是高层领导的支持与参与、确认利用信息技术的机会、结合企业战略选出再造项目等。

第二步，筹划动员阶段。筹划动员阶段是企业再造正式开始的阶段，是再造工程的精心策划筹备阶段。该阶段的任务主要包括成立再造团队、制订再造目标和计划、确立评估标准、进行宣传动员等。

第三步，诊断分析阶段。诊断分析阶段就是在调查分析企业所面对的外部因素的基础上，对企业现有流程进行诊断分析，找出问题所在和产生问题的根本原因，为下一步再造方案的设计提供依据。这一阶段的主要工作包括分析企业外部环境、描述记录现有流程、进行流程诊断、分析找出存在的问题和原因等。

第四步，设计确定阶段。设计确定阶段是流程再造进入实质性的阶段。在此阶段，企业提出创新设想和方案，重新设计新流程并制订改革方案，最终形成系统的企业再造方案。设计确定阶段的工作主要包括提出流程改进方案、设计新流程、选择流程再造方案、设计其他相应配套保障体系等。

第五步，实施改进阶段。在这一阶段企业要精心组织并积极稳妥地推进流程再造方案的实施，并且要在实践中密切追踪、动态监控、及时反馈实施情况，同时要根据新形势、新情况不断对方案进行进一步的修正和完善。

第六步，成效评估阶段。流程再造方案实施后，要对方案中实现再造目标的程度进行评估，以便总结经验教训，同时还要将顾客的新要求和新发展，提出的新挑战与再造目标相比较，找出差距和不足，以明确进一步改进的方向。

三、组织文化

1. 组织文化的概念

文化可以有广义和狭义两种理解。广义的文化是指人类在社会历史实践过程中所创造的物质财富和精神财富的总和。狭义的文化是指社会的意识形态，以及与之相适应的礼仪制度、组织机构、行为方式等物化的精神。文化具有民族性、多样性、相对性、积淀性、延续性和整体性的特点。

每个组织都有自己特定的环境条件和历史传统，从而形成了自己独特的哲学信仰、意识形态、价值取向和行为方式，于是每个组织都具有自己特定的组织文化。美国哈佛大学教授迪尔和肯尼迪曾经指出："每个企业（事实上也是组织）都有一种文化。不管组织的力量是强还是弱，文化在整个组织中都有着深刻的影响，它实际上影响着企业中的每一件事，从某个人的提升到采用什么样的决策，以至职工的穿着和他们所喜爱的活动。"

"组织文化"一词最早出现于 20 世纪 60 年代的英文文献之中，它是作为"气氛"术语的同义词使用的。20 世纪 70 年代，又出现了"公司文化"一词。到 20 世纪 80 年代，"组织文化"一词得到了比较广泛的应用，并迅速扩大到其他语种。"组织文化"一词自 20 世纪 80 年代从日本、美国引入中国，从而在各行业掀起了建设组织文化的热潮。

从概念上讲，组织文化是指组织在长期的实践活动中所形成的，并且为组织成员普遍认可和遵循的，具有本组织特色的价值观念、团体意识、行为规范和思维模式的总和。

2. 组织文化的基本内涵

（1）组织文化的核心是组织的价值观

任何组织总是把自己认为最有价值的对象作为本组织追求的最高目标、最高理想或最高宗旨，一旦这种最高目标和基本信念成为统一本组织成员行为的共同价值观，就会构成组织内部强烈的凝聚力和整合力，成为统领组织成员的行动指南。因此，组织的价值观制约和支配着组织的宗旨、信念、行为规范和追求目的。从这个意义上来说，组织价值观是组织文化的核心。

（2）组织文化的中心是人本文化

人是整个组织中最宝贵的资源和财富，也是组织活动的中心和主旋律。因此，组织只有充分重视人的价值，最大限度地尊重人、关心人、依靠人、理解人、凝聚人、培养人和造就人，充分调动人的积极性，发挥人的主观能动性，努力提高组织全体成员的社会责任感和使命感，使组织和成员成为真正命运共同体和利益共同体，这样才能不断增强组织的内在活力和实现组织的既定目的。因此，组织文化的中心是以人为主体的人本文化。

（3）组织文化的管理方式是柔性管理

组织文化管理是以一种文化形式出现的现代管理方式，也就是说，它通过柔性的而非刚性的文化引导，建立组织内部合作、友爱、奋进的文化心理环境，以及协调工作氛围，自动地调节组织成员的心态和行动，并通过对这种文化氛围的心理认同，逐渐地内化为组织成员的个体文化，使组织的共同目标转化为成员的自觉行动，使群体产生最大的协同合力。事实证明，由柔性管理所产生的协同力比刚性管理制度具有更为强烈的控制力和持久性。

（4）组织文化的重要任务是使组织具有向心力和凝聚力

组织中的成员来自五湖四海，不同的风俗习惯、文化背景、工作态度、行为方式等都会导致成员之间的排斥、对立、冲突乃至对抗，这往往不利于组织目标的顺利实现。而组织文化通过建立共同的价值观和寻找观念共同点，不断强化组织成员之间的合作、信任和团结，使之产生亲近感、信任感和归属感，实现文化的认同和融合，在达成共识的基础上，使组织具有一种巨大的向心力和凝聚力，这样才有利于组织成员采取共同行动。

3. 组织文化的结构

组织文化有三个层次结构，即符号层、制度（行为）层和观念层。

（1）符号层

符号层是组织文化的表层部分，它是组织创造的物质文化，是形成组织文化观念层和制度（行为）层的条件，是组织文化最直观的部分，也是最易于感知的部分。从符号层中往往能折射出组织的经营思想、管理哲学、工作作风和审美意识。它主要包括企业的名称、标志、外貌、产品式样、厂徽、厂服、厂歌、企业造型和建筑等。

（2）制度（行为）层

制度（行为）层是组织文化的中间层次，主要是指对组织和组织成员的行为产生规范性和约束性影响的部分，它集中体现了组织文化中符号层和观念层对员工和组织行为的要求。制度（行为）层规定了组织成员在共同的生产经营活动中应当遵守的行为准则，它主要包括一般制度、特殊制度、企业风俗和行为规范等。

（3）观念层

观念层好比一个人的价值观，即对事物的认识、看法以及评价标准。对组织而言就是指组织的领导和成员共同信守的基本信念、价值标准、职业道德及精神面貌。观念层是组织文化的核心和灵魂，是形成符号层和制度（行为）层的基础。组织中有无观念层是衡量一个组织是否形成了自己的组织文化的标准。

组织文化的三个层次是紧密联系的。符号层是组织文化的外在表现和载体，是制度（行为）层和观念层的物质基础；制度（行为）层约束和规范着符号层及观念层的建设，没有严格的规章制度，组织文化的建设就无从谈起；观念层是形成符号层和制度（行为）层的基础，也是组织文化的核心和灵魂。

4. 组织文化的塑造途径

（1）选择组织价值观

选择正确的组织价值观是塑造组织文化的重要基础。选择组织价值观有两个前提，一是要立足于本组织的具体特点，选择适合自身发展的组织价值观，否则就不会得到广大员工和社会公众的认同与理解；二是要把握组织价值观与组织文化各要素之间的相互协调。在此基础上，选择正确的组织价值观要抓住以下四点。

① 组织价值观要正确、明晰、科学，具有鲜明特点。

② 组织价值观和组织文化要体现组织的宗旨、管理战略和发展方向。

③ 要切实调查本组织员工的认可程度和接纳程度，使之与本组织员工的价值观相一致。

④ 组织价值观要坚持群众路线，充分发挥群众的创造精神，认真听取群众的各种意见，并经过由上而下和由下而上的多次反复，审慎地筛选出既符合本组织特点又反映员工心态的组织价值观和组织文化。

（2）强化员工认同

强化员工认同就是把基本认可的方案通过一定的方式强化，使其深入人心。其具体方法如下。

首先，要充分利用一切宣传工具和手段，大张旗鼓地宣传组织文化的内容和要求，使之家喻户晓、人尽皆知，以创造浓厚的环境氛围。

其次，要树立榜样人物。典型的榜样是组织精神和组织文化的人格化身与形象缩影，能够以其特有的感染力、影响力和号召力为组织成员提供可以仿效的榜样，尤其是在组织发展的关键时刻，组织成员总是以榜样人物的言行作为自己的行为导向。

最后，采取有目的的培训与教育，使组织成员系统地接受和认同组织所倡导的组织精神和组织文化。与此同时，在健康有益的娱乐活动中，恰如其分地融入组织文化的基本内容和价值准则也是一种有效的方法。

（3）提炼定格

首先是深入分析，即在经过群众性的初步认同实践之后，应当将反馈的意见加以剖析和评价，详细分析和仔细比较实践结果与规划方案的差距，必要时可吸取有关专家和员工的合理化意见。

其次是全面归纳，即在系统分析的基础上，进行综合的整理、归纳、总结和反思，采取去粗取精、去伪存真、由此及彼、由表及里的方法，淘汰那些落后的、不为员工所认可的内容与形式，保留那些进步的、卓有成效的、为广大员工所接受的内容形式。

最后是精练定格，即把经过科学论证和实践检验的组织精神、组织价值观、组织文化，予以条理化、完善化、格式化，加以必要的理论加工和文字处理，用精练的语言表达出来。

（4）巩固落实

首先，建立必要的制度。在组织文化演变为全体员工的习惯行为之前，要使每一位员工都能自觉主动地按照组织文化和组织精神的标准行事，几乎是不可能的。即使在组织文化业已成熟的组织中，个别成员背离组织宗旨的行为也会经常发生。因此，建立各种奖优罚劣的规章制度是十分必要的。

其次，管理者应率先垂范。组织管理者在塑造组织文化的过程中起着决定性的作用，管理者的模范行为就是一种无声的号召和导向，会对广大员工产生强大的示范效应。这就要求组织管理者更新观念、作风正派、率先垂范，真正肩负起带领组织成员共建优秀组织文化的历史重任。

（5）丰富发展

任何一种组织文化都是特定历史的产物，所以当组织的内外条件发生变化时，就需要不失时机地调整、更新、丰富和发展组织文化的内容和形式。这既是一个不断淘汰旧文化特质和不断生成新文化特质的过程，也是一个认识与实践不断深化的过程，组织文化由此经过循环往复达到更高的层次。

课间阅读

埃克森公司与麦迪公司的价值观

美国埃克森公司的价值观是：高度尊重个人的创造性，相信个人的责任感，但同时，默认在做出一项重要决定前要达成一致。这就意味着在制度层表现为：没有等级区分，相互之间的沟通可以出现激烈争论等。而另一家总部设在欧洲的麦迪公司，它的价值观是重资历、学识和经验，注重通过服务时间的长短、整体工作情况和个人的教育背景来评价职工，因此在制度层就表现为：一切都是规范化的、正式的，大楼中各办公室都有正式标志；大厅中的静默气氛；人们在大厅中见面时周全的礼节；专门的经理人员餐厅；文件中使用正式的学术语，以及注意计划、程序和正式的会议文件等。埃克森公司和麦迪公司精神层的不同使他们的制度层和物质层表现为完全不同的内容。

四、学习型组织

美国麻省理工学院的彼德·圣吉教授于 1990 年在其著作《第五项修炼——学习型组织的艺术与实务》中对如何建立学习型组织进行了研究。

所谓学习型组织，就是通过制度性的设计与安排有意识地激发组织成员共同学习的自觉性，以不断提升其智能的一种组织形式。

1. 学习型组织的特征

（1）组织学习的战略性

学习型组织强调组织是一个有机的整体系统，它不仅重视组织成员个人的学习及其效果，使每个人都具有强烈的学习欲望和较强的学习能力，而且更加重视组织整体的学习和效果。学习型组织强调的是共同学习、共同分享知识、相互促进、共同提高，以提升整个组织的智力和能力，使组织具有浓厚的学习氛围、宽松的环境，成为一个智能化组织。

（2）组织学习的全员性

学习型组织强调全员学习，鼓励人人参与学习，即组织中的每个成员，从决策层、管理层到操作层，都要全身心地投入学习。组织尽其所能为所有的人提供丰富的学习机会和创造良好的学习环境与条件。

（3）组织学习的自觉性

学习型组织通过共同的愿景、人性化的管理以及一系列的制度设计与安排，唤醒和激发组织成员学习的天性，使学习成为组织成员的一种自觉、自主、自由的行为，而不是强制、监督、控制下的被动行为，真正变"要我学"为"我要学"。

（4）组织学习的创新性

学习型组织所倡导的不仅仅是适应型学习，它在重视现有知识的学习、吸收和运用的同时，更为重视的是在现有知识基础上的创新。只有不断创新才能为组织的成长进步提供不竭的动力。

（5）组织学习的持续性

学习是一个不断积累知识的过程，如逆水行舟，不进则退。在学习型组织中，持续不断地学习和终生的学习成为人们的共识和自觉的行为。

（6）组织学习的升华性

学习型组织虽然重视学习，但学习本身并不是其目的，而更重要的是把学习与工作紧密融合并将学到的知识转化、升华为工作能力，实现学习与工作的良性互动、循环促进，提升个人、团体和组织整体的能力，以保证组织的健康与发展。

2. 五项修炼的内容

彼德·圣吉教授在研究了大量企业兴衰史和亲身参与了大量企业管理实践的基础上，得出结论：企业要在快速多变的市场环境中迈向学习型组织，必须进行如下五项修炼。

（1）第一项修炼——自我超越

自我超越是一个建立愿景和实现愿景并不断循环的过程，是一种学习和成长的修炼。它构成了学习型组织的精神基础。愿景是对未来相对具体的期望，是人们相信却不能立刻实现的愿望。具有高度自我超越的人，愿景不仅为其未来描绘了一个美好的蓝图，而且为其提供了一种召唤和驱使人奋进的动力，驱使人渴望努力去实现这个愿景。当一个愿景被实现，人们就会再设定一个更高的愿景，从而使自我超越成为一个不断聚焦、不断循环、不断自我增强的过程。

自我超越修炼能否成功，最为关键的一点就是能否正确和有效地保持创造性张力。创造性张力就是激励人不断学习和进取的动力，是自我超越的核心原理，它整合了这项修炼的所有要素。发挥创造性张力的关键，一是要忠于自己的愿景；二是要忠于真相，以积极向上的心态对待现状和失败，为此就需要克服情绪张力和结构性冲突。

自我超越修炼的最高境界是实现潜意识的修炼，这是在不知不觉中完成的，而非有意识地刻意为之。当然，这更是一个漫长的学习和修炼过程。

（2）第二项修炼——改善心智模式

改善心智模式是一种发掘并客观地检查自己内心深处、"把镜子转向自己"的思维逻辑，借以改善自身思维方法的修炼。心智模式作为一种深植于人们心中不易被觉察的思维方法，影响着人们对事物和社会的观察、认识及其相应的行为。

改善心智模式的关键是实践开放、分权和实质贡献的核心价值。一个组织中不提倡或不能正确有效实践这三项核心价值，则组织中就不可能有心智模式的改善，就不可能有真诚帮助、互相学习、共同提高的环境。同时，改善心智模式的修炼重点是对自己心智模式的反思和对他人心智模式的探询。反思的作用就是放慢自己的思维，检视自己心智模式的形成过程及其对行为的影响。探询的作用就是通过每个人明白无误地说出自己的思维逻辑，面对面地了解他人心智模式的形成过程，并开诚布公地接受检验，从而发现问题，影响对方或被对方所影响。这种团队学习，从组织制度上保证了心智模式的共同改善。

（3）第三项修炼——建立共同愿景

建立共向愿景是一个将个人愿景整合为共同愿景，使组织成员的愿景能够彼此真正分享与融合，达到"你的愿景中有我、我的愿景中有你"的修炼。共同愿景是组织成员所共有的意愿和景象，它能营造出"众人一体"的感觉，使组织成员具有归属感和使命感，并将这种感觉深植于组织的全部活动中，使各自不同的活动融合在一起，并为之努力奋斗、甘于奉献。

建立共同愿景的关键，一是要从个人愿景建立共同愿景，组织必须持续不断地鼓励组织成员发展个人愿景，共同愿景的建立也应与大部分组织成员的个人愿景方向一致，不应与之相冲突，而且是更上一层楼，使共同愿景变成个人愿景的延伸；二是要使共同愿景深植于每一个组织成员的心中，这就要求共同愿景必须和组织成员的价值观一致，且管理者要率先垂范，乐于奉献；三是要忠于真相，再好的愿景都将因不忠于真相而难以实现。

（4）第四项修炼——团队学习

团队学习是一种发展团体成员整体合作与实现共同目标能力的修炼。团队学习是利用集体的优势，通过开放性的交流，发现问题、互相学习、取长补短，以达到共同进步的目的。因为现在几乎所有重要决定都是直接或间接地通过团队做出并进一步付诸行动的，所以团队就成了现代组织中最为关键也是最佳的学习单位。

团队学习要取得好的效果需要处理好三个方面的问题：第一，团队学习如何达成高于个人智力的团队智慧；第二，团队学习需要既具有创新性而又协调一致的行动；第三，团队学习不可忽视团队成员在其他团队中所扮演的角色与带来的影响。

团队学习的修炼关键是要精于运用深度会谈与讨论这两种不同的团队交谈方式。深度会谈是自由和有创造性地探究复杂而重要的议题，要求首先暂停个人的主观思维，用心聆听，然后做深入的交流，暴露出思维的不一致性，最后通过头脑风暴汇集成集体的智慧。讨论则是提出不同的看法，并进行辩论，最终的目的是说服对方，使个人的观点被他人接受。

（5）第五项修炼——系统思考

系统思考是扩展个人思考的视野，由局部到整体的一项修炼。修炼的精要在于心灵的转换，一要观察思考环状因果的互动关系，不被线段式的因果关系所迷惑；二要观察思考一连串的变化过程，不被片段的、一幕一幕的个别事件所迷惑。修炼的关键点有两个：一是系统的观点；二是动态的观点。

在进行系统思考修炼时，圣吉教授为此提出了一整套系统思考的语言和模型。其系统思考的语言包括不断增强的回馈、反复调节的回馈和时间滞延。在此基础上他进一步总结提出了企业组织中系统思考的9个基本模型，分别为反应迟缓的调节环路、成长上限、舍本逐末、目标侵蚀、恶性竞争、富者越富、共同悲剧、饮鸩止渴和成长与投资不足。

3. 创建学习型组织的步骤

（1）准备阶段

创建学习型组织是企业的一项战略性举措，要取得实效并获得成功，既离不开必要的财、物等基础条件，更离不开全体成员的充分理解、大力支持和积极参与。为此，就需要企业事前做好建设学习型组织所需要的各项准备工作，以奠定良好的基础，并进行广泛深入的动员，消除疑虑、化解分歧、达成共识，这是学习型组织建设的前提条件。准备工作做得越充分，成功的把握就越大。

（2）起步阶段

经过周密的准备，创建学习型组织的工作便进入起步阶段，踏上前进的征程。主要工作有以下几个方面。

① 制订创建学习型组织的战略和规划。

② 实施创建学习型组织规划。

③ 采取组织、文化、人员、技术等一系列配套改革措施。

（3）深化阶段

创建学习型组织起步阶段的工作全面铺开后，接下来的工作便是在进一步总结经验教训的基础上，及时巩固已取得的成果，夯实基础，并将创建学习型组织的工作向纵深推进，走上良性循环。

课间阅读

联想——中国第一个学习型组织

联想集团创建于1984年，现已发展成为拥有19家国内分公司，21家海外分支机构，近千个销售网点，职工6 000余人，净资产16亿元，以联想电脑、电脑主板、系统集成、代理销售、工业投资和科技园区六大支柱产业为主的技工贸一体，多元化发展的大型信息产业集团。1997年销售总额达125亿元人民币，并在各主要业务领域都取得了显著成绩，其中联想电脑闯入亚太十强排名第五，联想QDI主板跻身世界板卡供应第三位，联想系统集成公司成为国内优秀系统集成企业之一。1995—1997年连续三年在全国电子百强企业中排名第二，全国高新技术百强企业排名第一。

联想的成功原因是多方面的，但不可忽视的一点是，联想具有极富特色的组织学习实践，这使得联想能顺应环境的变化，及时调整组织结构、管理方式，健康成长。

早期，联想从与惠普（HP）的合作中学习到了市场运作、渠道建设与管理方法，学到了企业管理经验，这对于联想成功地跨越成长中的管理障碍大有裨益；现在，联想积极开展国际、国内技术合作，与计算机界众多知名公司，如英特尔（Intel）、微软、惠普、东芝等，保持着良好的合作关系，并在与众多国际大公司的合作中受益匪浅。

除了向合作伙伴学习之外，联想还是一个非常有心的"学习者"，善于通过竞争对手、本行业或其他行业优秀企业以及顾客等各种途径学习。

柳传志有句名言："要想着打，不能蒙着打。"这句话的意思是说，要善于总结，善于思考，不能光干不总结。

资料来源：《中国第一个学习型组织》，2003。

五、知识管理

1. 知识管理的含义

知识管理是一个新的研究领域，在许多方面对现代管理理论提出了挑战，知识管理是一项技术实践活动，它以提高决策质量为目的，协助整个组织提高知识创新能力和沟通效率。

知识管理不同于信息管理，它是通过知识共享和运用集体智慧提高应变能力和创新能力。知识管理的核心对象是特定的人才和技术组合，以及由此所拥有的创造能力和这种能力的持久性。例如，如果把微软公司从股票市场上买下来，其市值超过美国通用汽车公司。但是微软的固定资产并不多，其价值主要体现在软件产品所附加的人的创造力和领先的技术，即知识管理。微软的股票如日中天，表明投资人不仅看好微软的设备和厂房，更看好微软的人才和技术，投资者投资的是知识管理这样一个新的概念，是在投资未来的创造力。而这种创造力能够改变人们的生活方式，从而获得巨大的利润。

对于知识管理，还有另外一种表述，即用知识管理企业，知识不仅是力量，而且可变为有交易能力的金钱。由于网络的出现知识的创造者和拥有者能使知识在大范围内为人们所共享，其生产理念是以智力产品来提高自己和他人工作与生活的满意度。以软件企业为例，知识管理创造出新一代企业与资产的超级拥有者。

综上所述，知识管理针对的是知识本身，包括对知识的获取、加工、存储、传播的管理，是指一种致力于将组织的智力资产（包括记录型信息和员工头脑中的智慧），转化为更大的生产力、竞争力与新价值的管理策略与理论。它是随着知识经济的兴起，在信息资源管理的基础上，人类信息管理活动的又一重大突破。

2. 知识管理的内容

（1）知识获取

企业及其员工都必须具有获取知识的能力，而且这种能力应随着生产发展和科技进步而不断提高。如何更有效地获取知识与信息，应是企业知识管理的首要任务。

一般而言，知识的共享和利用不是自然的行为，人们往往把自己所掌握的知识，尤其是一些隐性知识，视为自身价值的体现，不愿与他人共享。而且，在实现知识利用的运作过程中，很少涉及主动的改进行为。因此，如何鼓励或激励员工共同分享和毫无保留地利用他们所拥有的知识，如何在员工之间建立充分信任、积极协作、主动改进知识的共享和利用过程，是知识管理不可缺少的重要内容。

（2）知识创新

知识创新能力决定着企业的生命力，是知识管理的最终目的和结果。创新可以培养人才的核心竞争力，并带动企业其他相关科技和管理领域的创新。如何构建知识创新机制，如何构建和运作企业的知识创新体系，从而为企业发展提供源源不断的智力资源，这显然是企业知识管理的重要课题。

一项对美国 700 多家公司的调查表明：在公司内，知识只有一小部分（32%）是可以以分享的形式存在的，而大部分（68%）则存在于员工的大脑中和不易得到的文件中，这就是隐性知识。隐性知识在当今管理中创造的价值是最大的，但同时价值的流失也是最大的，因而是最为关键的知识。所以，知识管理的重点之一就是将企业或个人静态的、柔性的内隐知识转化为动态的、刚性的外显知识。

由于没有将隐性知识显性化，大量正确的和错误的知识混杂于员工的大脑中，阻碍了管理者采取正确的行为。而只有内隐知识外显化，才能使它具有高度的互动性，才能共享和再利用。

3. 知识管理的发展趋势

随着知识经济的发展，知识管理将和当初的信息管理一样得到快速全面的发展，知识管理的发展将呈现以下七大趋势。

① 知识管理将成为企业参与竞争的必备工具。

② 知识管理的最大挑战是隐性知识的共享。

③ 一旦企业能够开始有效地管理现有的知识财富，知识管理的重点将转向如何激发企业的创造力。

④ 在成功的企业中，知识应该是分散的，以便达到最广泛的再利用；企业中层次化的知识结构

将阻碍知识在企业中的传播。

⑤ 知识管理可以启迪员工，使他们更自觉更容易管理，从而简化甚至是消除企业的监督机制。

⑥ 信息技术将成为知识管理的必备工具，但光有技术是不够的，还需要激励机制、企业文化等因素的配合。

⑦ 知识管理的发展将孕育一种新的职业——知识经纪人。

本章小结

管理理论的发展经历了古典管理理论、行为科学理论、现代管理理论三个重要时期。在古典管理理论的发展中，作为工程师的泰勒将其研究的重点集中于作业方法的改进和生产的组织上；曾任总经理的法约尔从企业整体和一般组织的角度出发，研究管理的原则、要素以及它与经营的关系；学者韦伯则从权威的类型和组织模式的角度对管理的理论研究做出了贡献。在行为科学理论的发展中，梅奥及其领导的霍桑实验首先提出了人际关系学说。随着行为科学的蓬勃发展，产生了一大批著名的专家和学者，本章重点介绍了麦格雷戈的"X理论—Y理论"。现代管理理论主要有管理科学学派、社会系统学派、决策理论学派、经验主义学派、权变理论学派等，这一阶段也被称为"现代管理理论丛林"。此外，本章还介绍了战略管理理论、企业再造理论、组织文化、学习型组织、知识管理等当代管理理论发展的新趋势。

扩展阅读

我国古代的管理思想

中国是历史最悠久的文明古国之一，在其各个历史发展时期，都蕴含着丰富的管理思想。有些管理思想是先于西方几千年提出来的，有些管理思想至今还具有借鉴意义。以孔子为代表的儒家思想、孙武的《孙子兵法》，以及"无为"为最高原则的道家思想、以"法治"为基础的法家思想等都是中国传统管理思想的重要源头和组成部分。它们给我们留下了有关管理国家、巩固政权、统帅军队、组织战争、治理经济、发展生产、安定社会等方面极为丰富的经验和理论，其中也包含着许多至今仍闪耀着光辉的管理思想。

资料链接
阅读文献资料
我国古代的
管理思想

本章复习题

一、名词解释

泰勒制　　　　　　　例外原则

等级链　　　　　　　跳板原则　　　　　　法理型权威

二、单项选择题

1．奠定管理行为科学基础的是（　　）。
　　A．马斯洛的需求层次论　　　　　　B．赫茨伯格的双因素理论
　　C．麦格雷戈的 X 理论—Y 理论　　　D．梅奥的人际关系学说

2．韦伯的哪一种理论为分析实际生活中各组织形态提供了一种规范典型（　　）。
　　A．科学管理理论　　　　　　　　　B．行为科学理论
　　C．管理科学体系　　　　　　　　　D．理想行政组织理论

3．被称之为"科学管理之父"的是（　　）。
　　A．法约尔　　　　B．泰勒　　　　C．梅奥　　　　D．韦伯

4．"经营管理理论之父"法约尔提出的管理的职能包括（　　）。
　　A．计划、决策、组织、领导、控制　　B．计划、组织、指挥、协调、控制
　　C．计划、组织、领导、协调、控制　　D．计划、组织、领导、创新、控制

5．提出决策理论构造的管理学家是（　　）。
　　A．德鲁克　　　B．西蒙　　　　C．泰勒　　　　D．法约尔

6．以下实验，不是泰勒进行的是（　　）。
　　A．生铁搬运实验　　B．金属切削实验　　C．霍桑实验　　D．铁锹铲煤实验

7．韦伯认为，只有（　　）才是行政组织的基础。
　　A．传统型权威　　B．超凡型权威　　C．法理型权威　　D．个人崇拜型权威

8．企业中存在"非正式组织"的观点来源于（　　）。
　　A．科学管理理论　　B．X 理论—Y 理论　　C．霍桑实验的结论　　D．管理权变理论

9．根据麦格雷戈的理论，若员工期望以正规的规章制度来要求自己的工作，而不愿参与问题的决策，这类员工可以用（　　）指导管理工作。
　　A．X 理论　　　　B．Y 理论　　　　C．Z 理论　　　　D．超 Y 理论

10．社会系统学派的代表人物是（　　）。
　　A．法约尔　　　　B．西蒙　　　　C．巴纳德　　　　D．韦伯

11．"管理要根据内外条件随机应变，不存在一成不变的、普遍适用的、最好的管理理论和方法。"该观点是以下哪个学派的主要观点？（　　）
　　A．决策理论学派　　B．社会系统学派　　C．权变理论学派　　D．管理科学学派

12．（　　）学派认为，管理就是利用数学模型和程序系统表示管理的计划、组织、控制、决策等职能，求出最优解答，以达到企业的目标。
　　A．决策理论学派　　B．社会系统学派　　C．权变理论学派　　D．管理科学学派

三、问答题

1. 泰勒科学管理理论的主要内容有哪些？
2. 法约尔是如何对管理职能进行划分的？
3. 什么是"跳板原则"？
4. 韦伯的行政组织理论的特点有哪些？
5. 韦伯是如何理解权威和组织的关系的？
6. 西方古典管理理论包括哪些内容？如何评价古典管理理论？
7. 霍桑实验的内容是什么？其实验结论有哪些？
8. 基于麦格雷戈的 X 理论—Y 理论，应分别采用怎样的管理方式？
9. 现代管理理论的丛林包括哪些学派？这些学派的代表性观点是什么？

案例分析

戴尔的成本节省之道

戴尔旗舰工厂的日班经理 Shayne Myhand 每天要做许多陪同工作。他一天要接待四五批公司的高层或者中层巡视官员，这些官员来此的目的是保证这家装配工厂更高效率地运转。

31岁的 Myhand 每次都走同样的巡视路线，最后他会进入显示器车间，在这里，他会摸一摸墙上那枚已经不太光鲜的木制纪念章，那是为了纪念1991年最后三个月，戴尔个人计算机产量突破49 269台而设立的。他说："供应高峰时，我们将超过这一数字。"说这话时，Myhand 脸上带着微笑。Myhand 对来访者说，即使在目前的圣诞节时期，一个上午9点到达工厂的订单，他们也能够保证在下午1点前开始配送。

在戴尔这家世界最大的计算机生产公司中，管理者通过劳动强度理论研究自己的组装流水线。戴尔公司使用摄像机将工作小组的每个组装步骤记录下来，然后看有没有多余或者不必要的步骤。戴尔公司的工作流程设计师甚至可以令一件产品不出现一颗多余的螺丝钉，因为一颗螺丝钉将浪费大约4秒钟的装配时间。

在戴尔公司，最能干的工人称为"熟练工"，他们的工作步骤将被摄像机记录下来，然后供其他工人学习。

这套流程非常严格，但当美国的经济学家、政客都在为美国的制造业前途而担忧的时候，戴尔公司的举动并不是多余的。这种流程有助于建立起一套标准。Needham & Company 公司的分析师 Wolf 说："当每个企业都热衷于外包的时候，戴尔公司继续在美国进行生产，因为在过去的20年，戴尔公司已经积累了相当精细的生产运作经验，他们知道如何廉价、智能地生产，在制造方面，戴尔公司确实处于先进水平。"

在美国，除了戴尔公司，没有哪家计算机厂商还在进行生产。很久之前，戴尔公司的竞争对手——惠普公司就已经将计算机组装工作外包至第三方，这些厂家多位于亚洲。随后，世界头号个人计算机厂商 IBM 公司也是如此。IBM 公司于1981年开创了个人计算机市场，2004年12月，IBM 公司宣布将自己的个人计算机部门卖给中国计算机巨头联想公司。戴尔创始人兼主席迈克尔·戴尔说："我们的竞争对手已经许久不亲自生产计算机了。"

戴尔公司则相反，他们在美国拥有三家组装工厂，其中两家位于奥斯丁，另一家位于纳什维尔。戴尔公司的每家组装厂的面积都足有6个足球场那么大。2004年11月，戴尔公司宣布，他们将开设第四家工厂，据悉第四家工厂的规模比前三家大两倍。戴尔公司还在积极谋划第五家工厂。戴尔公司的首席执行官凯文·罗林斯（Kevin Rollins）表示，戴尔公司面向美国市场的所有计算机将在美国境内生产。戴尔笔记本电脑由海外进行组装。

戴尔公司加大在美国的生产力度并不是因为爱国。戴尔公司的管理者透露，此举建立在理性分析的基础之上。他们认为，让计算机设备更贴近用户将更有效率。

许多分析师对IBM公司出售个人计算机业务的一个疑问是：位于北京的联想公司如何在中国以外的地方同戴尔公司进行较量，分析师认为戴尔公司可以将自己的产品成本控制得相当低。

戴尔公司1998年已经在中国厦门开设了工厂，但这家工厂的产品主要销售给亚洲地区的用户。同样，戴尔公司在爱尔兰工厂生产的产品也主要针对欧洲市场。戴尔公司宣布他们可能在欧洲开设第二家工厂。

另外，戴尔公司也是逆世界潮流而动。当越来越多的美国公司将呼叫中心外包给印度，戴尔公司却宣布，将在美国俄克拉荷马州开设新的客户服务机构。2004年年初，戴尔公司在加拿大的Edmonton开设了一家呼叫中心。

戴尔公司专门负责制造的官员Dick Hunter说："我总是对员工们说，我们在进行成本赛跑，如果我们在和亚洲等地厂商的成本赛跑中落败的话，我们自己的安全就会有危险了。"

自从迈克尔·戴尔1984年开设戴尔公司以来，这家公司通过取消中间商、电话或者互联网直销等手段降低成本以向顾客销售低廉的个人计算机，但戴尔公司能够继续保持低价计算机市场的一个最主要的原因是，戴尔公司总是想方设法去节省每一分钱。戴尔公司也许不是我们这个时代的亨利·福特，但它一定是高科技行业的沃尔玛。

2005年，戴尔公司的目标是提高30%的产量。Myhand表示，他们对这一目标很有信心。

毫无意外，戴尔工厂是那些尊崇"杜绝浪费"观念人士的天堂。Needham & Company公司的Wolf说，他参观完戴尔工厂后的感受是"震惊与敬畏"。

2000年，当戴尔公司这家工厂才开工的时候，工厂里面的设备没有超过3米高的。4年后这家工厂满是三层传送带，约12米高的设备到处都是，数百名员工遍布于流水线旁。当机器组装完毕，传送带会将它们运送至发货区域。在这里，计算机被装箱并运输。大型货车每30分钟会满载着戴尔计算机离开。

10多年前，戴尔公司会有约30天的部件库存期，像外壳、主板、英特尔的处理器等部件，而现在，戴尔公司的奥斯丁工厂再没有任何库房，戴尔公司要求供应商在90分钟内能够提供8～10天的部件供应，事实上，戴尔公司48支货车运输车队就是它的库房。Myhand说："如果送货的货车晚来4分钟，那么我们的整个生产线就会停下来等待。"

从技术角度讲，库存最小化极大地节省了戴尔公司的成本，这还意味着，当戴尔公司进行产品型号转型时，它不需要对旧部件进行消化。

这种模式却给戴尔公司的供应商带来巨大的负担，有人将戴尔公司比作沃尔玛，虽然供应商的采购量巨大，但失去了价格、服务以及配货等优势。

虽然涉足打印机业务的时间还不长，但戴尔公司在这方面的成绩也令人刮目相看，2004年的前9个月，戴尔公司已经占领了喷墨打印机销售市场13%的份额。10月，戴尔公司又推出了42英寸高清晰等离子电视，其售价大约为2 000美元，比其他竞争对手的产品价格要低。

研发是戴尔公司控制成本的一个途径。戴尔公司将2%的收入投入研发之中，这一数字远远低于其竞争对手。戴尔公司创新的重点主要集中在产品生产、包装以及如何进行市场营销，而非产品本身的改进。Rollins说，戴尔公司的竞争对手虽然将收入的5%~6%投入到研发上，但是戴尔公司的研发模式与众不同。

思考题：

1. 戴尔公司通过哪些手段来控制成本？这些方面对你有什么启发？

2. 戴尔公司节约成本的方法与泰勒的科学管理理论存在哪些异同之处？它在哪些方面发展了泰勒的理论？

3. 通过戴尔公司的案例，讨论现代运营管理是如何与组织管理相结合的。

学习目标

- 掌握决策的定义、作用和特点
- 理解决策的原则和类型
- 掌握决策的基本过程及内容
- 掌握定性决策方法和定量决策方法，特别是德尔菲法、盈亏平衡分析法、决策树法

关键词

决策　　决策原则　　决策类型　　决策过程　　决策方法

引导案例

三个人的监狱生活

有三个人要被关进监狱三年，监狱长答应满足他们三个人一人一个要求。

美国人爱抽雪茄，要了三箱雪茄；法国人最浪漫，要一个美丽的女子相伴；而犹太人说，他要一部与外部沟通的电话。

三年过后，第一个冲出来的是美国人，他的嘴里、鼻孔里全塞满了雪茄，大喊道："给我火！给我火！"，原来他忘了要打火机。接着出来的是法国人，只见他手里抱着一个小孩子，美丽女子手里还牵着一个小女孩；最后出来的是犹太人，他紧紧握住监狱长的手说："这三年来，我每天与外界联系，我的生意不但没有停滞，反而增长了200%！为了表示感谢，我送你一辆劳斯莱斯。"

【案例启示】　这个故事告诉我们：什么样的选择决定什么样的生活，今天的生活是由三年前的选择决定的；而今天我们的选择又将决定我们三年后的生活。我们将选择接触最新的信息，了解最新的趋势，从而更好地创造自己的未来。企业的经营决策也是一样的道理。

第一节　决策概述

一、决策的定义和作用

1. 决策的定义

所谓决策，就是指为了实现某一特定目标，借助于一定的科学手段和方法，从两个或两个以上的可行方案中选择一个满意方案的分析判断过程。

正确理解决策的含义，需把握以下几个要点。

（1）目标

任何决策都有目标，决策的目标必须清楚、合理。如果目标本身不明确或不合理，那合理的决策就无从谈起。

（2）方案

决策必须有两个及两个以上的备选方案。如果无法制订多种备选方案或只有一个方案，那就无从比较，从而失去决策的意义。

（3）可行

方案必须是可行的。可行是指技术上先进，经济上合理，行为上适用。只有备选方案是可行的，才能保证决策方案切实可行。

（4）抉择

决策是一个抉择的过程，它要从可行的备选方案中选择一个较满意的方案。

（5）过程

决策在本质上就是一个循环过程，从提出问题、分析问题到解决问题，贯穿整个管理活动的始终。

（6）方法

决策是科学，它有一定的方法、程序，不是随机的。

2. 决策的作用

决策是管理的核心内容，关系到管理的绩效，是管理者的主要职责。

著名管理学家西蒙在谈到决策在管理中的地位和作用时指出："决策是管理的心脏。管理是由一系列决策组成的，管理就是决策。"决策的重要作用主要表现在以下三个方面。

（1）决策是管理的最高职能，决策是行动的基础

决策是管理的最高职能，管理权最集中的体现是决策权，决策在管理活动中居于核心的地位。决策是行动的基础，任何一项管理活动都要预先明确该项活动要解决什么问题，达到何种目的，为达到预期目的可以使用的方法等问题。决策要对每个可行方案进行综合的分析与评价，按照一定的准则，选择一个较优方案，并以此作为实施的行动方案。

（2）决策是决定组织管理工作成败的关键

决策是管理过程中最关键、最核心的环节。决策正确与否，关系到一个企业管理工作的成败。正确的决策，可以提高企业的管理效率和经济效益；错误的决策，会使企业一切工作徒劳无功，甚至会给企业带来灾难性的损失。因此，对于管理者来说，不是"是否需要做出决策"的问题，而是"如何使决策做得更好、更合理、更有效率"，这是关系到企业管理工作好坏的关键。

（3）决策贯穿于管理活动的始终，是实施各项管理职能的保证

决策普遍存在于企业经营管理活动的整个过程和各个方面。决策贯穿于企业各个管理职能之中，每个管理职能作用的发挥都离不开决策。因为无论是计划、组织职能，还是领导、控制职能，其实现过程都需要做出决策。没有正确的决策，管理的各项职能就难以充分发挥。

课间阅读

艾森豪威尔的英明决策

1944年6月4日，盟军集中45个师，1万多架飞机，各型舰船几千艘，即将开始规模宏大的诺曼底登陆作战。就在这关键时刻，在大西洋的气象船和气象飞机却发来令人困扰的消息：今后三天，

英吉利海峡将在低压槽控制之下，舰船出航十分危险。盟军最高统帅艾森豪威尔面对气候环境恶劣的英吉利海峡一筹莫展。盟军司令部的司令官们都知道，气象、天文、潮汐这三种自然因素对作战条件有重要影响。就在大家几乎束手无策时，盟军联合气象组的负责人、气象学家斯塔戈提出一份预报，有一股冷风正向英吉利海峡移动，在冷风过后和低压槽到来之前，可能会出现一段转好的天气。当时，联合气象组对6日的天气又做了一次较为详细的预报：上午晴，夜间转阴。这种天气虽不理想，但能满足登陆的基本条件。艾森豪威尔沉思片刻，果断做出决定："好，我们行动吧！"后来虽因天气不好，使盟军空降兵损失了60%的装备，汹涌的海浪使一些登陆战船沉没，轰炸投弹效果差，但诺曼底登陆作战一举成功，却是不可否认的事实。

二、决策的特点

决策是人们为实现一定的目标而制订和选择行动方案的过程。决策具有下列特点。

资料链接
观看教学视频
决策的定义和特点

1. 超前性

决策所涉及的问题一般都与未来有关，是为了解决目前面临的、待解决的新问题，以及将来可能出现的任何问题，制订各种可行的解决方案。任何决策都是针对未来行动的，所以决策是未来行动的基础，具有超前性。

2. 目标性

决策就是要解决存在的问题，达到一定的目标。在对行动方案做出选择前，首先要有明确的目标。如果没有目标或目标不明，决策就没有方向，往往会导致决策无效甚至失误。

3. 选优性

决策必须要从两个以上可供选择的方案中选择一个较优的方案，如果不存在两个以上的方案，或无法制订方案，或只有一个可行方案，也就不存在选优，那就无所谓决策。选优性是决策的本质。不过这里的"优"不是最优，而是较满意。

4. 可行性

方案的可行性是指能够解决预定问题且实现预定目标；方案本身要具有实行的条件；方案的影响因素及效果可以进行定性或定量的分析。

5. 过程性

决策是一个多阶段、多步骤的分析判断过程，绝非简单的出谋划策和拍板定案。在进行决策时，管理者首先需要做大量的调查分析和预测工作，然后确定行动目标，制订可行方案，并进行判断、权衡、选择。

6. 科学性

决策要求管理者能够透过现象看本质，认识事物发展的规律，做出符合事物发展规律的决策，这是决策工作科学性的表现。

三、决策的原则

要想使决策具有一定的科学性，必须要遵循一定的原则。

决策的原则是指决策必须遵循的指导原理和行为准则。它是科学决策指导思想的反映，也是决策实践经验的概括。决策过程中所需要遵循的基本原则如下。

1. 满意原则

满意原则是指决策方案的选择，通常遵循的是"满意原则"，而不是"最优原则"。首先，管理者不可能了解与组织活动有关的全部信息；其次，管理者不可能将所有的可行方案都列出来；再次，管理者不可能准确地预测每个方案在未来的执行结果；最后，管理者对决策结果的认识未必明确。

2. 分级原则

分级原则要求决策在企业内要分级进行，这是由企业业务活动的客观要求决定的。组织的高层、中层、基层各自都要做好相应的决策，才能保障总体决策的可行性。

3. 集体和个人相结合的原则

集体和个人相结合的原则体现了"决策民主化"的要求。当然，除了民主化，适当的集中也是必须的，集中是提高决策质量的保证。

4. 整体效用原则

整体效用原则是要求管理者在做决策时，要正确处理组织内部各个部分、组织与社会、组织与其他组织之间的关系，在充分考虑局部利益的基础上，把提高整体效用放在首位。

5. 定性分析与定量分析相结合的原则

定性分析与定量分析相结合的原则是科学决策的基本原则和基本思路。它要求将以经验判断为主的定性分析与以现代科学方法为主的定量论证相结合。

6. 预测与反馈原则

预测是根据过去和现在的情况来估计未来，根据已知的活动推测未知的活动。预测原则是指通过科学的预测，对未来事件的发展趋势和状况进行描述和分析，做出有根据的假设和判断，为决策提供科学依据和准则。决策的正确与否，取决于对未来所做预测的正确程度。有效预测是英明决策的前提；没有正确的预测，就没有成功的决策。

反馈原则是指根据变化后的情况和实践结果，对初始决策做出相应的调整或改变，使决策趋于合理。由于事物的发展和客观条件变化，或因原来的决策考虑不周，可能使决策的实施结果偏离预期目标（偏高或偏低）。因此，反馈原则是实现动态平衡，提高决策质量及实现决策科学化的保证。

课间阅读

苏格拉底弟子的选择

古希腊哲学大师苏格拉底的三个弟子求教老师：怎样才能成功呢？苏格拉底没有直接回答，而是让他们去走麦田埂，要求弟子选摘一个最好最大的麦穗，只许前进，且只给一次机会。第一个弟子没走几步就看见一个又大又漂亮的麦穗，高兴地摘下来。但他继续前进时，发现前面又有许多麦穗比他摘的那个大，但他没有机会了，只能遗憾地走完了全程。第二个弟子正好相反，每当要摘时，总是自我提醒：后面可能还有更好的。他一直走到终点才发现自己失去了很多机会。第三个弟子的做法是：当他走过全程的1/3时，便把麦穗分为大、中、小三类；再走过1/3时，验证分类是否准确；在剩下的1/3里，他较早地选择了属于大类中的一个美丽的麦穗。虽然这个麦穗不一定是麦田里最大的，但肯定是令人满意的。

四、决策的类型

企业活动纷繁复杂，管理者的决策也多种多样。按照不同的分类方法，决策也具有不同的类型，如图 3-1 所示。

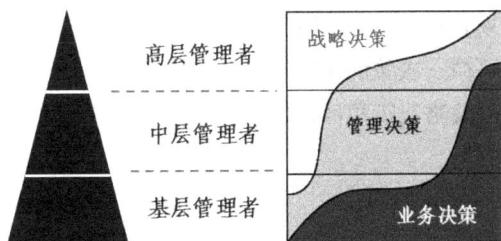

图 3-1　决策类型与管理层次

1. 按决策的作用分类

（1）战略决策

战略决策是指有关企业的发展方向的重大全局决策，直接关系到组织生存发展的战略性和长远性问题。例如，企业发展方针的确定、发展目标与计划的制订、新产品的开发、技术的改造和引进、组织结构的变革等决策。战略决策的特点是影响的时间长、范围广。战略决策的重点在于解决组织与外部环境的协调问题，注重组织整体绩效的提高。战略决策属于组织的高层决策，多由高层管理者做出，战略决策也是组织高层领导的一项主要职责。战略决策大多是定性决策。

（2）管理决策

管理决策又称战术决策或策略决策，是为保证企业总体战略目标的实现而解决局部问题的重要决策，多由中层管理人员做出。管理决策主要是在合理选择和使用人力、物力和财力等方面所做的决策，如企业的销售、生产等专业计划的制订，产品开发方案的制订，职工招收与工资水平，更新设备的选择，资源和能源的合理使用等。

（3）业务决策

业务决策是指基层管理人员为解决日常工作和作业任务中的问题所做的决策。业务决策的目的是在日常业务活动中提高工作效率。例如，基层组织中任务的日常分配、劳动力调配、工作程序和方法的变动等。业务决策具有日常性、短期性、琐碎性的特点，是单纯执行性决策。这类决策所要解决的问题常常是具体而明确的，一般多由基层管理者做出。

2. 按决策所解决问题的性质分类

企业中要解决的问题有两种，一种是结构良好问题（Well Structured Problems），是指那些直观、熟悉、经常重复发生的问题。例如，顾客到商店里退货，供应商延迟了重要的交货，学校处理一名留级生，报纸报道一些快速传播的新闻等。另一种是结构不良问题（Ill Structured Problems），是指那些新出现的、不同寻常的、信息不全的、偶然发生的问题，如投资新的技术研究、挑选设计师设计一座新的大楼等。解决结构良好问题需要程序化决策，而解决结构不良问题就需要非程序化决策。

（1）程序化决策

程序化决策是指经常发生的、能按规定的程序和标准进行的决策，多指对例行公事所做的决策。

例如，企业中任务的日常安排、常用物资的订货与采购、会计与统计报表的定期编制与分析等。这类决策的决策过程通常是标准化的、程序化的，可通过惯例、已有的规章制度、标准工作流程等加以解决。一般来说，绝大多数的业务决策和部分的管理决策都是属于程序化决策。

（2）非程序化决策

非程序化决策是指具有极大偶然性、不确定性且无先例可循的决策，如企业经营方向和目标决策、新产品开发决策、新市场开拓决策等。这类决策的决策过程难以标准化、程序化，决策往往没有固定的模式、规则和经验可循，决策的进行很大程度上依赖于管理者的洞察力、判断力、知识和经验。一般来说，绝大多数的战略决策和部分的管理决策属于非程序化决策。

3. 按决策问题的条件分类

（1）确定型决策

确定型决策是指未来事件发生的条件为已知的情况下做出的决策，即管理者确知未来的环境条件，每一种备选方案只有一种执行结果，决策过程只要直接比较各种备选方案的执行优劣即可（单纯选优）。

资料链接
观看教学视频
决策的类型

（2）风险型决策

风险型决策是指未来事件机遇条件发生的概率为已知情况下做出的决策，即可供选择的备选方案中，存在两种或两种以上的自然状态，且每种自然状态的发生概率是可以估计的，但不管哪种方案都有一定的风险。

（3）不确定型决策

不确定型决策是指未来事件机遇条件发生的概率不能肯定的情况下做出的决策，即管理者不能预先确知未来的环境条件，未来存在几种可能，同时各种可能的发生概率无从估计，管理者对各个备选方案的执行后果也难以确切估计。这种备选方案的不确定性主要来自于环境条件的不确定性。

4. 按决策主体分类

（1）个体决策

个体决策的决策过程是由一个人完成的。在组织中，个体决策一般是指在最后选定决策方案时，由最高领导做出决定的一种决策形式。个体决策大多属于经验决策，常常需要靠管理者的直觉做决定。因此，管理者必须运用专业知识和过去积累的与情境相关的经验，在信息非常有限的条件下迅速做出决策。由于做个体决策的管理者只有一个人，因此管理者责任明确，避免了多个管理者相互推诿或无人担责的情况；同时个体决策省时省力，也易于控制决策的质量与效率。

（2）群体决策

群体决策的决策过程是由两人以上的群体完成的。在组织中，群体决策一般是指由几个人、一群人甚至整个组织的所有成员共同做出的决策。群体决策往往能比个体决策做出质量更高的决策，因为它具有更完整的信息和更多的备选方案；同时，以群体方式做出决策，易于增加相关人员对决策方案的接受性。但群体决策的效果受群体大小、成员从众现象等因素的影响。群体越大，异质性的可能性就越大，就需要更多的协调活动和更多的时间来促使所有的成员做出决策。有证据证明，5~7 人的群体在一定程度上是最有效的。与个体决策相比，群体决策的效率相对较低。因此，在决定是否采用群体决策时，主要考虑的是效果的提高是否足以抵消效率的损失。

个体决策与群体决策的比较如表 3-1 所示。

特性	群体决策	个体决策
时效性	较差	较强
质量性	较强	较差
稳定性	较强	较差
责任性	较差	较强
可执行性	较强	较差
民主性	较强	较差
效益性	较差	较强
冒险性	较强	较差

表 3-1　　　　　　　　　　　　　个体决策与群体决策的特性比较

第二节 | 决策过程

一、诊断活动——发现问题，识别决策目标

决策始于对问题的发现。问题通常可解释为主观意识到的、必须研究要解决的事项，它是现实与期望的差距、实际与标准的差距。发现问题的关键是确立科学合理的期望标准，只有标准合理，问题才明确。发现问题后，还必须对问题进行分析，可以通过对问题的性质、特点、范围等清楚的识别，找出问题产生的原因。

问题与原因明确了，也就比较容易确定决策的目标了。决策目标是指在一定外部环境和内部环境条件下，基于市场调查和研究的基础上预测可取得的结果。能否正确地确定目标是关系到决策成败的关键。目标明确，通常是管理决策的一条铁律。有了目标，才能有的放矢、方向明确。决策目标要根据拟解决的问题来确定。目标应具有重要性、可行性、可衡量性和弹性四个特点。确定目标应符合以下要求：首先，目标要有根据，确切了解决策所需解决问题的性质、范围、特点和原因；其次，目标必须具体、明确；再次，目标应分清主次关系；最后，要规定目标的约束条件。

二、设计活动——收集信息，拟订备选方案

详尽、可靠、适量的信息是科学决策的前提和保证。发现问题、识别目标后，就要针对问题和目标，搜集组织内外部信息资料并加以整理和分析。对信息资料的要求包括：第一，广泛性。凡与目标有关的信息资料，不论直接或间接都要尽可能搜集；第二，客观性。信息资料必须客观地记载对象、时间、地点和数量等；第三，科学性。对搜集到的信息必须采取科学的方法进行加工整理；第四，连续性。信息资料应能连续地反映事物发展的全过程及其规律性。

在尽可能全面收集信息的基础上，就可以拟订达到目标的各种备选方案了。拟订方案主要是寻找达到目标的有效途径，因此必须制订多种可供选择的备选方案，以便于反复比较。拟订的备选方案应具有"方案的整体性原则"和"方案的相互排斥性原则"。拟订备选方案的具体步骤如下。

首先，分析和研究目标实现的外部因素和内部因素、积极因素和消极因素，以及决策对象未来

的运动状况和发展趋势。

其次，将外部环境的不利因素和有利因素、内部业务活动的有利条件和不利条件等，同决策对象未来的运动状况和发展趋势的各种预测进行排列组合，拟订实现目标的多个备选方案。

最后，将这些方案同决策目标要求进行粗略的分析对比，权衡利弊，从中选择出若干个利多弊少的可行方案，供进一步评估和抉择。

三、选择活动——评价和选择"最满意"的方案

管理者必须认真对待每一个备选方案，仔细地加以分析和评价，根据决策的各种限制性条件对方案进行层层筛选。

评价备选方案就是按照确定的决策标准和评价方法，对每一个可行方案进行打分评比，一般要先进行限定性分析，再进行合格性分析，最后进行风险性分析。评价备选方案时，管理者应对每一个方案在技术上的先进性、经济上的合理性和生产上的可行性进行检验；对方案实施结果的发生概率进行检验。如果所有的备选方案都不令人满意，管理者还必须进一步寻找新的备选方案。

选择方案就是对各种备选方案进行总体权衡后，由管理者挑选一个"最满意"的方案。它是决策过程中的关键环节。如果寻求决策属于"谋"的性质，可由专家负责，那么选择方案则属于"断"的范畴，应由决策者负责。管理者在决策时，应积极采用先进的决策技术，充分发挥管理者个人及专家的智慧，将静态的科学计算与动态的对变化规律的预测相结合，对可行的备选方案进行选择。在综合考虑的基础上，一般应选择代价最小、效益最高、风险最小的方案。

资料链接

观看教学视频
决策的过程

四、执行和评估活动——执行决策方案，评估执行效果

管理者确定方案后，应把相关的信息传递给执行决策的人员，把决策付诸行动。在实施过程中，还会出现各种各样的问题，需要对原有决策进行完善。如果不能有效地执行，再好的方案也无法达到预期的目标。因此，执行也是决策过程的必要环节。决策的正确与否要以实施的结果来判断，在方案实施过程中应建立信息反馈渠道，将每一局部过程的实施结果与预期目标进行比较，若发现差异，则应迅速纠正，以保证决策目标的实现。

第三节 决策方法

决策影响和决定着企业未来的生存和发展，所以决策要尽可能正确，除了决策要实现程序化外，在决策时，要掌握和利用科学的决策方法。决策方法包括定性决策方法和定量决策方法两大类。

一、定性决策方法

定性决策方法又称主观决策法，是指建立在心理学、社会学、创造学等社会科学的基础上的

一种凭借个人经验，充分发挥人的创造力，对问题进行分析、做出决策的方法。定性决策方法被称为决策的"软"技术，其优点是时间短、费用少，使用灵活简便，适用性强，能充分发挥管理者的工作积极性；缺点是决策结果在很大程度上受决策者的主观因素影响，缺乏准确的论证。定性决策方法适用于易受社会因素影响的、含有较多不确定因素的综合性决策，如战略性决策、非程序化决策等。

常用的定性决策方法有德尔菲法和头脑风暴法。

1. 德尔菲法

（1）方法概述

德尔菲法（Delphi Method）是在 20 世纪 40 年代由赫尔姆和达尔克首创，戈尔登和兰德公司进一步发展而成的。1946 年，兰德公司首次用这种方法来进行预测，后来该方法被迅速广泛采用。

德尔菲法依据系统的程序，采用匿名发表意见的方式，即专家之间不得互相讨论，不发生横向联系，只能与调查人员交流信息，由调查人员对专家提出的决策建议进行收集和整理，经过反复征询、归纳、修改，最后汇总成基本一致的看法，作为决策的结果。这种方法具有广泛的代表性，可靠性较高。

（2）德尔菲法的实施步骤

德尔菲法在应用时，一般要经过以下几个步骤。

① 组成专家小组。

按照研究决策问题所需要的知识范围，确定专家。专家人数的多少，可根据决策问题的大小和涉及的范围而定，一般不超过 20 人。

② 下达决策任务。

单独告知各位专家决策的问题、决策的相关要求和所有的背景资料，然后由专家独立思考并做出书面答复。

③ 提出决策建议。

各位专家根据他们收到的资料，提出自己的决策建议和意见，并说明自己是如何做出决策的。

④ 信息汇总和发放。

调查人员将各位专家的决策建议和意见汇总，整理成匿名的"反馈信息表"（可列成图表的形式），分析后发还给各位专家，使专家可以对比其他专家的不同建议，以便修改自己的建议和判断。也可以在整理各位专家的决策建议后，邀请身份更高的其他专家加以评论，然后将评论意见分发给各位专家，以便他们参考后修改自己的决策建议。

⑤ 反复信息征询。

收集各位专家的修改意见，整理汇总后再次发还给各位专家，以便他们做出第二次修改。逐轮收集意见并为专家提供反馈信息是德尔菲法的主要环节，收集意见和信息反馈一般要经过三至四轮。需注意的是，在向专家进行信息反馈时，只给出各种意见，但并不说明发表各种意见的专家的具体姓名。这一过程重复进行，直到每位专家不再修改自己的意见为止。

⑥ 得到决策方案

对各位专家的决策建议进行综合处理，得到最终的决策方案。

（3）德尔菲法的特点

德尔菲法具有匿名性、反馈性和收敛性三大特点。

① 匿名性。

在下达决策任务和反复信息征询中，各专家互不相知，这使得各位专家能够独立地做出自己的判断，不受相互干扰。

② 反馈性。

通过多轮信息反馈进行反复的信息征询，使各位专家充分借鉴其他专家的意见，并对自己的决策建议不断修正。

③ 收敛性。

收敛性指最终决策结果的统一性。在反复信息征询后，专家们的决策意见变得相对集中和统一。

（4）对德尔菲法的评价

德尔菲法首先能充分发挥各位专家的作用，集思广益，准确性较高；其次，能把各位专家意见中的分歧点表达出来，取各家之长，避各家之短；但这种方法耗时多，占用专家和调查人员的精力较多，因此不适用于日常决策问题。

2. 头脑风暴法

（1）方法概述

头脑风暴法（Brain Storming）又称畅谈会法、智力激励法、自由思考法等，是由美国创造学家奥斯本于 1939 年首次提出，于 1953 年正式发表的一种激发性思维的方法。头脑风暴法的一般定义是：通过有关专家之间的信息交流，引起思维共振，产生组合效应，从而导致创造性思维。

头脑风暴法强调的是集体思维。研究表明：当信息分散在不同类型的人员当中时，集体决策虽然不好，却更能为人们接受；而个人决策，尽管更好，却可能会得到实施的人的反对。另外，当决策由负责实施的集体做出时，新思想就更容易为人们所接受。

（2）头脑风暴法的基本原则

"头脑风暴法"在应用时应遵循以下原则。

① 严格限制问题范围，明确具体要求以便使其注意力集中。

② 不能对别人的意见提出怀疑和批评，要认真研究任何一种设想，而不管这种设想是否适当和可行。

③ 提倡简短精练的发言，尽量减少详述。因为复杂冗长的发言，将有碍于产生富有成效的创造性气氛。

④ 参加者不能宣读事先准备好的发言稿，提倡即席发言。

⑤ 鼓励参加者对已提出的方案进行补充、修正或综合，为准备修改自己设想的人提供优先发言机会。

⑥ 支持和鼓励参加者解除思想顾虑，营造自由发表意见而不受约束的气氛，激发参加者的积极性。

（3）头脑风暴法的具体应用

头脑风暴法的参加者以 10～15 人为宜，时间一般控制在 20～60 分钟。参加者不只有管理者，也不一定与所讨论的问题专业一致，可以包括一些学识渊博、与讨论的问题领域相关的专家。

资料链接
观看教学视频
定性决策方法

头脑风暴法的参加者，都应具备较高的联想思维能力。在应用头脑风暴法时，应尽可能提供一个有助于把注意力高度集中于所讨论问题的环境。有时某个人提出的设想，可能正是其他准备发言的人已经思考过的设想。其中一些最有价值的设想，往往是在已提出设想的基础之上，经过"头脑风暴"迅速形成的设想，以及对两个或多个设想的融合。因此，头脑风暴法产生的结果，应当作为专家成员集体创造的成果。

（4）对头脑风暴法的评价

实践经验表明，头脑风暴法可以排除折中方案，对所讨论问题通过客观、连续的分析，找到一组切实可行的方案，因而头脑风暴法在军事决策和民事决策中得到了较广泛的应用。头脑风暴法的优点是：相互启发，集思广益，取长补短，以较快的速度，全面地集中各方面的意见，从而得出决策方案。其缺点是：由于参加人数有限，意见的代表性往往不够充分，同时，头脑风暴法对参与者素质要求较高。

课间阅读

直升机扫雪

有一年冬天，美国北方格外寒冷，大雪纷飞，电线上积满冰雪，大面积的电线被积雪压断，严重影响通信。许多人曾试图解决这一问题，但都未能如愿。后来，电信公司经理尝试应用奥斯本发明的头脑风暴法解决这一难题。于是，他召开了一个座谈会，参加会议的是不同专业的技术人员，此会议要求他们必须遵守以下原则：第一，自由思考。即要求与会者尽可能解放思想，无拘无束地思考问题并畅所欲言，不必顾虑自己的想法或说法是否"离经叛道"或"荒唐可笑"。第二，延迟评判。即要求与会者在会上不要对他人的设想评头论足，至于对设想的评判，留在会后组织专人进行论证。第三，以量求质。即鼓励与会者尽可能多而广地提出设想，以保证设想的质量。第四，结合改善。即鼓励与会者积极进行智力互补，注意思考如何把两个或更多的设想结合成另一个更完善的设想。

按照这种会议规则，大家开始讨论。有人提出设计一种专用的电线清雪机；有人想到用电热来化解冰雪；也有人建议用振荡技术来清除积雪；还有人提出能否带上几把大扫帚，乘坐直升机去扫电线上的积雪。对于这种"坐飞机扫雪"的设想，大家心里尽管觉得滑稽可笑，但在会上也无人提出批评。相反，有一位工程师在百思不得其解时，听到用飞机扫雪的想法后，大脑突然受到冲击，一种简单可行且高效率的清雪方法冒了出来。他想，每当大雪过后，出动直升机沿积雪严重的电线飞行，依靠高速旋转的螺旋桨形成的气流，即可将电线上的积雪迅速吹落。他马上提出"用直升机扫雪"的新设想，顿时又引起其他与会者的联想，有关用飞机扫雪的设想又多了七八个。不到一小时，与会的10名技术人员共提出90多个新设想。

会后，公司组织专家对设想进行分类论证。专家们认为设计专用清雪机、采用电热或电磁振荡等方法清除电线上的积雪，在技术上虽然可行，但研制费用大，周期长，一时难以见效。那种因"坐飞机扫雪"激发出来的几种设想，倒是一种大胆的新方案，如果可行，将是一种既简单又高效的好办法。经过现场试验，发现用直升机扫雪真能奏效，一个悬而未决的难题，终于在头脑风暴法的应用中得到了巧妙的解决。

二、定量决策方法

定量决策方法又称决策的"硬"方法，是指建立在数学模型的基础上，运用统计学、运筹学和电子计算机技术对决策对象进行计算和量化研究，以解决决策问题的方法。定量决策方法的优点是方案优劣的界限比较清楚，决策建立在科学的基础上，减少了主观性的影响。其缺点是操作机械，弹性较小，部分决策因素不能计量，限制方法的使用。定量决策方法一般适用于重复性的程序化决策和战术性的非程序化决策。

根据决策条件的不同，定量决策方法可以分为确定型决策方法、风险型决策方法和不确定型决策方法。

1. 确定型决策方法

确定型决策方法的特点是只要满足数学模型的前提条件，模型就能给出特定的结果。常用的确定型决策方法有盈亏平衡分析法、线性规划法、差量分析法等。以下介绍盈亏平衡分析法。

盈亏平衡分析法又称为保本分析法、量本利分析法，是通过分析产销量、生产成本、利润三者的关系，掌握盈亏平衡点，从而选出能产生最大利润的经营方案。所谓盈亏平衡点，是盈与亏的临界点，又称零利润点、保本点、盈亏临界点、损益分歧点、收益转折点。盈亏平衡点产量（Q_0）是产品销售收入等于产品总成本时的产量，如图 3-2 所示。盈亏平衡分析法是进行产量决策时常用的方法。该方法的基本特点是把成本分为固定成本和变动成本两部分，然后与总收益进行对比，以确定盈亏平衡时的产量或某一盈利水平的产量。

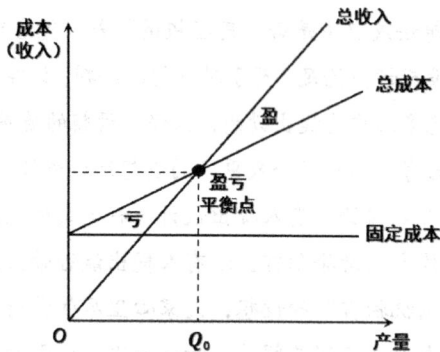

图 3-2　盈亏平衡分析

假设：盈亏平衡点的产量为 Q_0，产品单价为 P，固定成本为 F，单位变动成本为 C_V，则：

$$总收入＝总成本$$
$$总收入＝P×Q_0$$
$$总成本＝F＋C_V×Q_0$$

则：

$$P×Q_0＝F＋C_V×Q_0$$

由此可得：

$$Q_0＝\frac{F}{P－C_V}$$

例 3-1：某企业生产某产品，单位售价为 300 元，单位产品变动成本为 200 元，生产该产品的固定成本为 4 000 元，其盈亏平衡点的销售量为：

$$Q_0＝\frac{4\,000}{300－200}＝40（件）$$

即盈亏平衡点的销售量为 40 件，若销售量小于 40 件，企业就会亏损；若销售量大于 40 件，企业才会盈利。

例 3-2： 某企业生产某产品的固定成本为 50 万元，产品单位售价为 80 元，本年度已接订单产量为 1 万件，问单位变动成本降至什么水平企业才不至于亏损？

据题意，将已知条件代入公式有：

$$10\,000 = \frac{500\,000}{80 - C_V}$$

解得：$C_V = 30$（元）

即单位变动成本降至 30 元时企业才不至于亏损。

资料链接
观看教学视频
盈亏平衡分析

- 盈亏平衡分析法的主要应用如下。

设利润为 π，可求出一定目标利润时的产量。

根据定义有：$P \times Q_0 = (F + C_V \times Q_0) + \pi$

则：$Q_0 = \dfrac{F + \pi}{P - C_V}$

例 3-3： 某企业生产某产品的固定成本为 50 万元，单位产品售价为 80 元，单位变动成本为 40 元，若企业目标利润为 30 万元，问企业应完成多少销售量？

据题意将已知条件代入公式有：

$$Q_0 = \frac{F + \pi}{P - C_V} = \frac{500\,000 + 300\,000}{80 - 40} = 20\,000 \text{（件）}$$

即若企业目标利润为 30 万元，则销售量需要达到 20 000 件。

例 3-4：【例 3-3】 中固定成本、单位可变成本、产品销价不变，若本年预计销售量为 5 万件，求利润额（亏损额）是多少？

据题意有：

$$\pi = P \times Q_0 - (F + C_V \times Q_0) = 80 \times 50\,000 - (500\,000 + 50\,000 \times 40) = 1\,500\,000 \text{（元）}$$

即企业本年预计销售量为 5 万件时，利润额为 1 500 000 元。

2. 风险型决策方法

风险型决策就是已知方案的各种可能状态及其发生的可能性大小的决策。数学上用概率来量化某一随机事件发生的可能性，即决策方案对应的某种状态的可能性大小可以用概率来描述。

资料链接
观看教学视频
决策树

风险型决策的标准是期望值。一个方案的期望值是该方案在各种可能状态下的损益与其对应的概率的乘积之和。当决策指标为收益时，应选取期望值最大的方案；当决策指标为成本时，应选取期望值最小的方案。

常用的风险型决策方法有决策树法、决策损益表法等。以下介绍决策树法。

决策树法是用树形图来描述各方案在未来收益的计算、比较以及选择的方法。决策树法的基本原理是用决策点代表决策问题，用方案分枝代表可供选择的方案，用概率分枝代表方案可能出现的各种结果，经过对各种方案在各种结果条件下损益值的计算比较，为管理者提供决策依据。

如果一个决策树只在树的根部有一决策点，则称为单级决策；若一个决策不仅在树的根部有决策点，而且在树的中间也有决策点，则称为多级决策。

决策树是由决策点、决策分枝、方案结点、概率分枝和结果点 5 个要素组成的树状图，如图 3-3 所示。

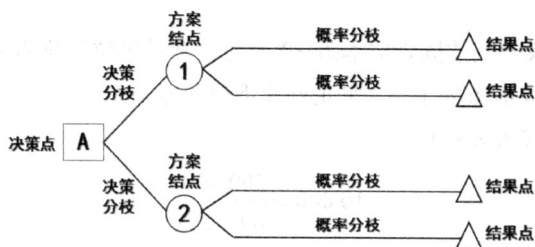

图 3-3　决策树

运用决策树进行计量决策，需要掌握几个关键步骤。

（1）画决策树。从左到右的顺序画决策树，此过程本身就是对决策问题的再分析过程。

（2）计算期望值。首先逆向进行，按从右到左的顺序计算各方案的期望值，期望值的计算是从右到左沿着决策树的反方向进行计算的。其次，用方案在各自然状态下的损益值分别乘以各自然状态的出现概率，然后相加。需要时，还需计算各方案的预期净收益，即用各方案的期望收益值减去该方案所需的投资。最后，将结果写在相应的方案结点上方。

（3）剪枝确定行动方案。比较各方案的预期净收益，选择行动方案，同时在淘汰方案的决策分支上进行剪枝（用//表示）。

例 3-5：某企业为提高效率，针对未来五年不同的市场需求进行预测，拟定了三种方案，其中方案 1 需投资 200 万元，方案 2 需投资 150 万元，方案 3 需投资 100 万元，年收益值（单位：万元）如表 3-2 所示。请用决策树法分析哪个方案更好？

表 3-2　　　　　　　　　　　　　　各方案年损益值

方案	市场需求及方案损益值（万元）		
	高（需求概率 0.4）	中（需求概率 0.3）	低（需求概率 0.3）
方案 1	200	160	−40
方案 2	150	90	10
方案 3	100	40	20

解：根据题目内容绘制决策树，如图 3-4 所示。

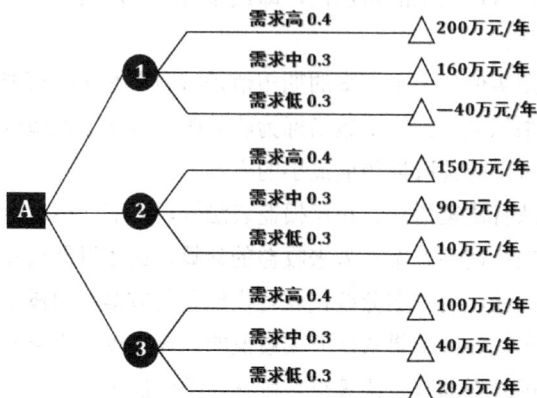

图 3-4　某企业市场需求决策树

计算各方案的期望值：

方案 1：（200×0.4+160×0.3-40×0.3）×5-200=380（万元）。

方案 2：（150×0.4+90×0.3+10×0.3）×5-150=300（万元）。

方案 3：（100×0.4+40×0.3+20×0.3）×5-100=190（万元）。

比较方案 1、方案 2 和方案 3 的期望值，最终选择期望值较大的方案 1，对方案 2 和方案 3 进行剪枝。完成后的决策树如图 3-5 所示。

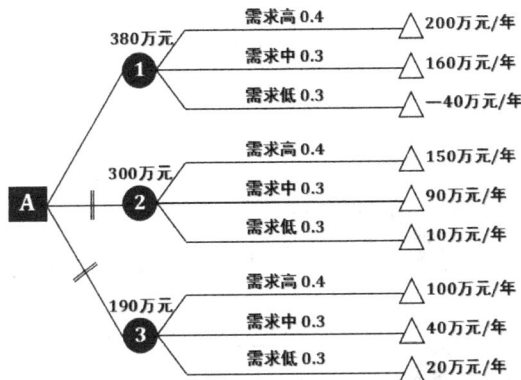

图 3-5 某企业市场需求最终决策树

例 3-6：某企业为扩大某产品的生产，拟建新厂。根据市场预测，产品销路好的概率为 0.7，销路差的概率为 0.3，有以下 3 种决策方案可供企业选择：

方案 1：新建大厂，这需投资 300 万元。据估计，在销路好的情况下，每年可获利 100 万元；在销路差的情况下，每年会亏损 20 万元。大厂的服务期为 10 年。

方案 2：新建小厂，这需投资 140 万元。据估计，在销路好的情况下，每年可获利 40 万元；在销路差的情况下，每年仍可获利 30 万元。小厂的服务期也为 10 年。

方案 3：先建小厂，3 年后若销路好再选择是否扩建。扩建需要追加投资 200 万元，厂子的服务期为 7 年，估计销路好扩建的情况下，每年可获利 95 万元。

请问，哪种方案最有利？

解：根据题目内容绘制决策树，如图 3-6 所示。

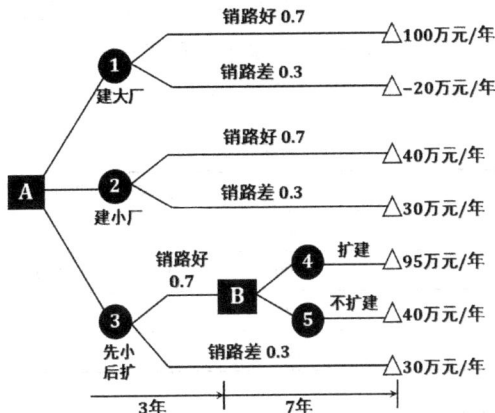

图 3-6 某产品生产及建厂决策树

计算决策点 B 中各方案的期望值：

方案 4：95×7-200=465（万元）。

方案 5：40×7=280（万元）。

比较方案 4 和方案 5 的期望值，最终选择期望值较大的方案 4，即决策点 B 选择扩建。

继续计算方案 1、方案 2、方案 3 的期望值：

方案 1：（100×0.7-20×0.3）×10-300=340（万元）。

方案 2：（40×0.7+30×0.3）×10-140=230（万元）。

方案 3：（40×3+465）×0.7+30×0.3×10-140=359.5（万元）。

比较方案 1、方案 2 和方案 3 的期望值，最终选择期望值较大的方案 3。完成后的决策树如图 3-7 所示。

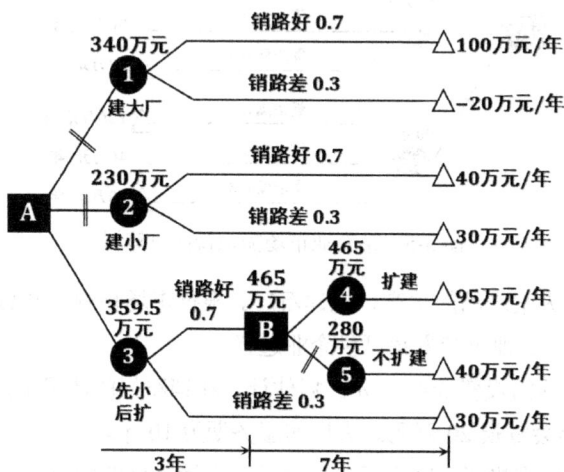

图 3-7　某产品生产及建厂最终决策树

3. 不确定型决策方法

不确定型决策的自然状态的概率事先是无法确定的，但每种可行方案在不同自然状态下的损益值是可以估算的。对于这类问题的决策，主要取决于管理者的素质、经验和决策风格等，没有一个完全固定的模式可循，对于同一个决策问题，不同的管理者可能会采用不同的处理方法。以下用同一例题介绍 3 种分析和处理不确定型决策问题的方法，分别是乐观法、悲观法和后悔值法。

例 3-7： 某企业为扩大生产，提高产量，拟定了三种备选方案：方案 A 新建装配车间，方案 B 改扩建装配车间，方案 C 联合协作；三种方案在未来需求状况不同时的损益值如表 3-3 所示。

表 3-3　　　　　　　　　　　　　　各方案年损益值

方案	产品需求不同时的损益值（万元）		
	高	中	低
方案 A 新建装配车间	200	100	-10
方案 B 改扩建装配车间	170	140	20
方案 C 联合协作	100	80	40

（1）乐观法（大中取大法）

乐观法也被称为大中取大法，是基于管理者对未来持比较乐观的态度，认为未来会出现最好的自然状态，所以不论采取何种经营方案都能取得该经营方案的最好效果，因此在决策时就可以首先找出各经营方案在各自最好自然状态下的损益值，然后进行比较，找出在最好自然状态下能够带来最大损益值的经营方案作为决策方案。

乐观法的分析步骤如下。

首先，求出每个方案在各自然状态下的最大损益值。

Max A={200，100，-10}=200，

Max B={170，140，20}=170，

Max C={100，80，40}=100。

然后，比较得出最大损益值中的最大值。

Max{200，170，100}=200，对应的方案 A 是选择的决策方案。

（2）悲观法（小中取大法）

悲观法也称为小中取大法，是基于管理者对未来持比较悲观的态度，认为未来会出现最差的自然状态，所以不论采取何种经营方案，均只能取得该经营方案的最小损益值，因此在决策时就可以首先找出各经营方案在各自然状态下的最小损益值，即与最差自然状态相应的损益值，然后进行比较，找出在最差自然状态下仍能够带来最大收益或最小损失的经营方案，并把它作为决策方案。

悲观法的分析步骤如下。

首先，求出每个方案在各自然状态下的最小损益值：

Min A={200，100，-10}=-10，

Min B={170，140，20}=20，

Min C={100，80，40}=40。

然后，比较得出最大损益值中的最大值：

Max{-10，20，40}=40，对应的方案 C 是选择的决策方案。

（3）后悔值法（大中取小法）

后悔值法又称为大中取小法、最小化的最大后悔值法，是管理者在决策并组织实施后。如果遇到的自然状态表明采用另外的经营方案会取得更好的效果，企业无形中就遭受了损失，那么管理者将为此而感到后悔。这个方法的原则是：力求使后悔值最小。根据这个原则，在决策时首先计算出各经营方案在自然状态下的后悔值（用经营方案在某自然状态下的损益值与该自然状态下的最大损益值相比较的差额），然后找出每种经营方案的最大后悔值，并据此对不同的经营方案进行比较，选择最大后悔值最小的经营方案作为决策方案。

后悔值法的分析步骤如下。

首先，找出每一种自然状态下的最大值：

Q1=Max 高={200，170，100}=200，

Q2=Max 中={100，140，80}=140，

Q3=Max 低={-10，20，40}=40。

然后，求出每一种自然状态下每个方案的后悔值。

后悔值=各自然状态下的最大值-方案在该自然状态下的损益值

得到表 3-4 所示的数值：

表 3-4   各方案在每一种自然状态下的后悔值

方案	在各状态下，各方案的后悔值（万元）		
	高	中	低
方案 A 新建装配车间	0	40	50
方案 B 改扩建装配车间	30	0	20
方案 C 联合协作	100	60	0

根据表中数据，求出每个方案的最大后悔值：

Max A={0，40，50}=50，

Max B={30，0，20}=30，

Max C={100，60，0}=100。

最后，求出最大后悔值中的最小值：

Min{50，30，100}=30，对应的方案 B 是选择的决策方案。

本章小结

决策是指为了实现某一特定目标，借助于一定的科学手段和方法，从两个或两个以上的可行方案中选择一个满意方案的分析判断过程。决策具有超前性、目标性、选优性、可行性、过程性、科学性等特性。决策必须遵循满意原则、分级原则、集体和个人相结合的原则、整体效用原则、定性分析与定量分析相结合的原则、预测与反馈原则。决策按照其作用分为战略决策、管理决策和业务决策；按所解决问题的性质分为程序化决策和非程序化决策；按决策问题的条件分为确定型决策、风险型决策和不确定型决策。决策过程分为诊断活动、设计活动、选择活动、执行和评估活动。决策方法包括定性决策和定量决策两种方法。

扩展阅读

一个关于华为的销售故事

华为技术有限公司是一家生产销售通信设备的民营通信科技公司，于 1987 年正式注册成立，总部位于中国深圳市龙岗区坂田华为基地。今天，华为已是全球领先的信息与通信技术解决方案供应商，专注于信息通信技术（Information Communications Technology，ICT）领域，坚持稳健经营、持续创新、开放合作，在电信运营商、企业、终端和云计算等领域构筑了端到端的解决方案优势，为运营商客户、企业客户和消费者提供有竞争力的 ICT 解决方案、产品和服务，致力于把数字世界带入每个人、每个家庭、每个组织，构建万物互联的智能世界。目前，华为约有 18 万名员工，业务遍及全球 170 多个国家和地区，服务全世界三分之一以上的人口。

资料链接

阅读文献资料
一个关于华为的
销售故事

华为的发展历程中不乏正确决策的支持，阅读"一个关于华为的销售故事"，了解华为公司在销售活动中的战略决策，从决策原则的角度分析其决策的合理性，思考华为公司在销售过程中是如何引导消费者的购买决策，又是如何突破管理者的理性限制的。

本章复习题

一、名词解释

决策　　　　　　　　非程序化决策　　　　　　风险型决策

定性决策方法　　　　定量决策方法　　　　　　期望值

二、单项选择题

1．决策遵循的原则是（　　　）。

　　A．最优原则　　　　B．实用原则　　　　C．科学原则　　　　D．满意原则

2．（　　　）属于组织的高层决策，是组织高层领导者的一项主要职责。

　　A．程序化决策　　　B．风险型决策　　　C．战略决策　　　D．战术决策

3．有一种说法认为"管理就是决策"，这实际上意味着（　　　）。

　　A．对于管理者来说，只要善于决策就一定能够获得成功

　　B．管理的复杂性和挑战性都是由于决策的复杂性导致的

　　C．决策能力对于管理的成功具有特别重要的作用

　　D．管理首先需要的就是面对复杂的环境做出决策

4．决策过程的起点是（　　　）。

　　A．良好的组织结构　　　　　　　B．收集信息

　　C．识别目标　　　　　　　　　　D．诊断问题

5．通常情况下，与个体决策相比，群体决策的效率相对（　　　），质量（　　　）。

　　A．较高，较高　　　B．较高，较低　　　C．较低，较高　　　D．较低，较低

6．下列原则中，头脑风暴法尤其不能违背的原则是（　　　）。

　　A．无批评原则　　　B．系统原则　　　C．灵活性原则　　　D．客观原则

7．盈亏平衡分析是用来研究下列哪几种量之间的关系的？（　　　）

　　A．产量、成本、利润　　　　　　B．产量、利润、价格

　　C．产量、固定成本、变动成本　　D．产量、成本、价格

8. 以下属于定量决策方法的是（　　　）。

    A．后悔值法　　　B．德尔菲法　　　C．头脑风暴法　　　D．名义小组法

9. 对于风险型决策，常用的决策方法是（　　　）。

    A．决策树法　　　B．德尔菲法　　　C．量本利分析法　　D．后悔值法

10. 风险型决策和不确定型决策的主要区别在于（　　　）。

    A．风险的大小　　　　　　　　　　B．环境的稳定性

    C．风险的可控程度　　　　　　　　D．是否确定客观概率

11. 采用匿名通信和反复征求意见的决策方法称为（　　　）。

    A．专家会议法　　B．头脑风暴法　　C．德尔菲法　　　D．名义小组法

12. 管理者对未来的自然状态不能做出肯定的判断，也无法确定有多少种自然状态及每种自然状态发生的概率，此时所做的决策是（　　　）。

    A．风险型决策　　B．确定型决策　　C．不确定型决策　　D．非程序化决策

三、问答题

1. 什么是决策？决策有哪些重要的作用？

2. 决策的类型有哪些？

3. 决策过程分几个步骤？具体内容有哪些？

4. 试比较个体决策和群体决策的特性并说明。

5. 简要说明德尔菲法。

6. 简要说明头脑风暴法。

四、计算题

1. 某企业生产某种产品，销售单价为 650 元。2017 年销售量为 48 000 台，固定成本为 800 万元，变动成本为 1 200 万元。求盈亏平衡产量。如果该企业想要盈利 450 万元，应该销售多少台该产品？

2. 某民办高校每年固定办学费用为 900 万元，每位学生每年的变动成本为 0.7 万元，每位学生每年的学费为 1 万元。该校保本情况下在读学生数应该是多少？若该校要获得年利润 900 万元，则该校的在读学生数又应该为多少人？

3. 某公司为开发新产品，扩大产品出口，设计了三种方案，根据市场调查，未来出现产品销路好的概率为 0.7，销路差的概率为 0.3。三种方案内容如下。

方案一是新建较大工厂，需要投资 450 万元，销路好时可每年盈利 150 万元；如果销路差则每年亏损 30 万元。大厂服务期为 10 年。

方案二是新建一小工厂，需要投资 210 万元，如果销路好可每年盈利 60 万元；如果销路差，每年仍可盈利 15 万元。小厂服务期也为 10 年。

方案三是先建小工厂，如果前三年销路好，则选择是否进行扩建，扩建需追加投资 240 万元。扩建后可使用 7 年，此 7 年中，销路好的概率为 0.9，销路差的概率为 0.1，每年收益与建大厂相同。

用决策树的方法对三种方案进行选择。

4. 分别用乐观法、悲观法、后悔值法对表 3-5 中的方案进行选择。

表 3-5 各方案损益值

方案	需求高	需求中	需求低
方案 A 装配新设备	-40 万元	30 万元	120 万元
方案 B 扩张市场	-30 万元	65 万元	85 万元
方案 C 联合经营	15 万元	25 万元	35 万元

案例分析

从引滦看决策

1981年5月，中央决定：密云水库今后不再为天津供水，它的任务是确保首都北京的用水。天津市用水要靠滦河下游的潘家口水库解决。潘家口水库的第一任务是确保天津用水，第二是确保唐山用水，第三是供给农业用水。

潘家口水库位于河北省的迁西县境内，距离天津市区尚有二百公里之遥。通过什么路线，把水引到天津？有如下两个方案。

第一个，"南线方案"，即引水河道由水库出发，一直向南，经迁安县、滦县，直奔唐山，再由唐山，把水引到天津市区。

第二个，"北线方案"，即引水河道由水库出发，向西穿过燕山山脉的几座山到遵化县，输入于桥水库，然后利用旧有的蓟运水道，再加新开挖的引水渠道，把水引到天津市区。

两个方案，各有优劣。

"南线方案"，一个工程可以同时解决天津、唐山以及河北省沿水道地区的用水问题，从总的来看，国家可以减少投资。而且，南线工程已于1975年上马，施工已进行了5个年头，如果再投入一些力量的话，工程可较早竣工，有利于解决天津的燃眉之急。正是考虑上述优点，上级有关主管部门倾向于这个方案。当天津市连续呼喊水源告急的时候，1.65亿元的投资追加给了南线工程，打算以此来解决天津供水问题。

"北线方案"与"南线方案"相比，正是在于上述几个方面有"懈"可击。天津市单独引水投资要增加一些。最令人担心的是工程施工困难，光勘测、设计至少要花一年的时间。而要打通施工难度极大的引水隧洞，再加上各种配套工程，至少要5年的时间。3年完成，将是个奇迹……

引滦究竟走南线还是走北线？这个问题，事实上从1973年起，就开始讨论了。天津市委领导有同意南线的，也有同意北线的。同意南线方案的认为，与唐山合用一个水道，对天津来说虽然不那么十分有保障，因为它处在最下游，但到时自然有办法，天津这样的大城市，国家不会不管。同时认为，南线工程已经上马，事情已成定局，不好再改变了。

1981年，由陈伟达、张在旺、李瑞环等同志组成的天津市领导班子，坚决主张落实"北线方案"。"北线方案"确实存在缺点，但这个方案具有以下优点。

（1）因为可以利用旧有的河道，投资可以节省；

（2）这条线占地少，拆迁少；

（3）沿线有公路、有电源，施工方便；

（4）对于处于最下游的天津来说，这个方案保障了它拥有自己专用的供水水源。

怎样比较这两个方案？把各自的优缺点并列出来，然后以简单的数学方法，计算哪一个优点条数多，缺点条数少，就选哪一个，这样当然不行。各个优缺点的分量和地位不是同等的，只有用决策的战略目的来衡量它，才可能做出正确的估价。当时，天津市领导班子正是抓住了战略目的这个核心问题，来分析这两个方案的。

"引滦入津"的根本目的是确保天津用水。"南线方案"，自然有许多吸引人的优点，但最主要是不能做到"确保"。对此，天津有切身体会：大旱的时候，从密云水库放下30个流量的水给天津，可是，等水到了天津市，只剩下0.9个流量了！"理论"数字和实际数字相差如此悬殊，使人认识到水资源在使用上有其特殊的规律。难怪李瑞环当时这样说："不上北线，我们就会端着金饭碗要饭吃！"

正是出于上述考虑，天津市领导班子坚定地选择了北线方案，上报中央，并获得了批准。

这个决策的成功，主要在于他们抓住了决策的战略目的。做出某个决策，我们必须对其目的十分明确，不然就会偏离方向。

资料来源《决策与信息》。

思考题：

1. 通过引滦工程，你认为决策应该包含什么样的内容？

2. 你认为"做出某个决策，我们必须对其目的十分明确，不然就会偏离方向"的说法有道理吗？为什么？

学习目标

- 掌握计划的含义和作用
- 理解计划的种类和特征
- 掌握计划的编制程序和工作原理
- 掌握滚动计划法和目标管理法

关键词

计划的含义和作用　　计划的种类和特征　　计划的编制程序

计划的工作原理　　滚动计划法　　目标管理法

引导案例

成功的道路是目标铺出来的

心理学家曾经做过这样一个实验：组织三组人，让他们分别向着10千米以外的三个村子进发。

第一组人既不知道村庄的名字，又不知道路程有多远，只知道跟着向导走。刚走出两三千米，就开始有人叫苦；走到一半的时候，有人几乎愤怒了，他们抱怨为什么要走这么远，何时才能走到头，有人甚至坐在路边不愿走了；越往后走，他们的情绪也就越低落。

第二组人知道村庄的名字和路程的距离，但路边没有里程碑，他们只能凭经验来估计行程。走到一半的时候，大多数人想知道已经走了多远，有人说："大概走了一半的路程。"于是，大家又簇拥着继续向前走。当走到全程四分之三的时候，大家的情绪开始低落，觉得疲惫不堪，而路程似乎还很长。当有人说"快到了！快到了！"时，大家又振作起来，加快了行进的步伐。

第三组人不仅知道村庄的名字、路程的距离，而且公路旁每一千米就有一块里程碑。人们边走边看里程碑，每缩短一千米大家便有一小阵的快乐。行进中，他们用看里程碑的快乐来消除疲劳，用坚定的步伐丈量行走的路程，所以很快就到达了目的地。

这使人联想到罗斯福总统的夫人与萨尔洛夫将军的一次对话。罗斯福总统的夫人在本宁顿学院念书的时候，打算在电信业找一份工作，以补助生活。她的父亲为她引见了自己的一位好朋友——当时担任美国无线电公司董事长的萨尔洛夫将军。萨尔洛夫将军热情地接待了她，并认真地问："想做哪一份工作？"她回答说："随便吧。"萨尔洛夫将军神情严肃地对她说："没有任何一份工作叫'随便'。"片刻之后，萨尔洛夫将军目光逼人，以长辈的口吻提醒她："成功的道路是目标铺出来的。"

【案例启示】　当人们的行动有了明确的计划和目标，并能根据计划把行动与目标不断地加以对照，进而清楚地知道自己的行动与目标之间的距离时，人们行动的动机就会得到维持和加强，就会自觉地克服一切困难，努力达到目标。

"凡事预则立，不预则废。"组织中的任何一项管理活动都需要按计划执行，否则就是盲目的行动，组织目标也就难以实现。

第一节 | 计划的含义、种类与特征

一、计划与计划工作的含义

计划职能是管理的首要职能，它作为一条主线，贯穿于管理的全过程。

计划是指对未来活动所做的事先安排和部署，也就是预先决定为什么做、做什么以及如何去做。计划工作有广义和狭义之分。广义的计划工作是指制订计划、执行计划和检查计划 3 个阶段的工作过程。狭义的计划工作是指制订计划，即根据组织内外部环境，权衡客观需要和主观可能，通过科学的预测，提出在未来一段时期内组织所需达到的具体目标及实现目标的方法。

对计划的一个综合性的定义是：计划是指组织根据环境的需要和自身特点，确定其在某一特定时期内的目标，并通过全局战略和具体行动方案的制订、执行和监督来协调、组织各类资源以顺利达到预期目标的过程。从这个定义中，我们可以分析出计划职能的三方面含义：计划可以定义组织的目标；计划可以制订全局战略，以实现这些目标；计划可以编制全面、具体的行动方案，以综合协调各种活动。

资料链接

观看教学视频
计划的内容
和影响因素

二、计划的作用

有意识、有目的的活动是组织活动的基本特征。有意识的活动表现为活动之前人们会自觉地进行安排与部署。无论安排与部署是简单还是复杂，都是计划职能的具体体现。计划职能作为管理的首要职能，还指任何一个管理者，不论他居于什么层次，在什么样的部门工作，都必须做好计划，否则其工作就无法开展，即使展开了，也将会是一团糟。孔茨在其编著的《管理学》中对"计划在管理中的首要地位"的描述如图 4-1 所示。

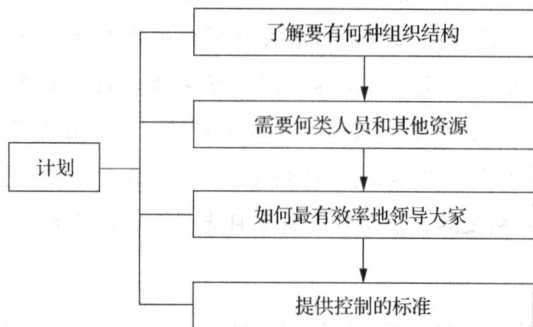

图 4-1   孔茨在其编著的《管理学》中对"计划在管理中的首要地位"的描述

计划的作用具体表现在以下几个方面。

1. 计划是管理活动的依据

计划是管理工作的基础，是管理者行动的依据。管理者要根据计划分派任务并且确定下级的权力和责任，促使组织中全体人员的活动方向趋于一致，从而形成一种复合的组织行为，以保证达到计划所设定的目标。例如，企业要根据年度生产经营计划安排各月的生产任务，并进行新产品开发和技术改造。

2. 计划是合理配置资源、减少浪费、提高效益的手段

计划工作的重要任务是合理配置组织的有限资源，使未来的组织活动有序、均衡发展。计划有助于消除不必要活动所带来的浪费，有助于避免在今后的活动中由于缺乏依据而进行轻率判断所造成的损失。通过计划对组织的资源进行优化配置是最大的节约，也是最重要的节约。不做预算，不进行成本费用分析，即使组织目标得以实现，也会因为成本失控而显得不合理、不合算。同时由于有了计划，组织中各成员的努力将合成一种组织效应。这将大大提高工作效率，从而带来经济效益。

3. 计划可以降低风险、掌握主动、消除未来的不确定性

未来的情况是不确定的，是不断变化的，计划是预期这种变化并且设法消除变化对组织所造成不良影响的一种有效的手段。未来，资源价格可能会变化，竞争者可能会推出新的产品和服务，国家对企业的方针和政策、顾客的意愿和消费观念也在不断变化。对此，如果没有进行预先估计，就可能会导致组织行为失效，给组织带来各种风险。计划作为对组织未来活动的一种筹划，必然会对未来的各种情况进行预测，针对各种变化因素制订各种应对措施，以最合理的方案达成目标的系列活动，从而使组织未来活动的风险和不确定性大大降低。

4. 计划可以为控制提供标准

计划的重要内容是确立组织目标，实现组织目标的活动会受到多种因素的影响。在一些没有预见到的因素的影响下，组织行动可能会偏离计划轨道。这些偏差要靠管理控制来纠正。纠正偏差需要标准。这种标准只能是组织的计划，没有计划显然是无法实施控制的。没有控制，组织目标也就难以实现。

课间阅读

你要到哪里去

童话故事《爱丽丝漫游奇境记》的主人公是一个名叫爱丽丝的小姑娘，她在一个很奇妙的地方流连忘返，结果迷路了。她很着急，哭了起来。这时走过来一只兔子，小姑娘就向这只兔子求助，说："我迷了路，请你告诉我，我应该怎么走？"兔子说："你怎么走并不重要，重要的是你要到哪里去。你如果不知道自己要到哪里去，知道怎么走又有什么意义呢？"兔子的回答很有哲理，成为管理学中的一个经典范例。

三、计划的种类

计划是对未来行动的事先安排。计划可分为很多种，可以按不同的标准进行分类（见表4-1）。不同的分类方法有助于我们全面地了解计划的各种类型。

表 4-1 计划的分类

分类标准	类型
形式	宗旨、目标、战略、政策、程序、规则、规划和预算
职能	销售计划、生产计划、财务计划、新产品开发计划、人事计划等
广度	战略性计划和作业性计划
时间跨度	短期计划、中期计划和长期计划
明确性	具体计划和指导性计划

1. 按计划的形式分类

计划的形式分类也可以称为计划的内容，主要包括以下几类。

（1）宗旨

任何一个组织都应该具有自己的目的或宗旨。宗旨主要说明组织是干什么的和应该干什么。例如，一个工商企业的基本宗旨是向社会提供有经济价值的商品或服务，法院的宗旨是解释和执行法律，大学的宗旨是培养高级人才等。总之，明确的目的或宗旨是制订有意义的目标所必需的。

很多企业成功的原因首先在于有明确的宗旨。例如，在电子计算机芯片行业中首屈一指的英特尔公司就有着明确的宗旨："英特尔公司的目标是在工艺技术和营业这两方面都被认定是最好的，是领先的，是一流的。"著名的日本索尼公司的宗旨是："索尼是开拓者，永远向着那未知的世界探索。"这表明了索尼公司绝不步别人后尘的意志。

（2）目标

目标是组织在一定时期内要达成的具体成果，是为了实现组织的目的或宗旨而提出的。目标不仅是计划工作的终点，而且是组织工作、人员配备、指导与领导工作、控制活动所要达到的结果。

（3）战略

战略是为实现组织长远目标所选择的发展方向、所确定的行动方针和资源分配方案的一个总纲。战略是指导全局和长远发展的方针，不是要具体地说明企业如何实现目标，它的重点是指明方向和资源分配的优先次序。"战略"一词原为军事用语，当我们将其引用到管理学中后，它仍然含有对抗的含义。所以，组织在制订战略时不可能是"闭门造车"，要仔细研究组织的环境及其他组织（特别是竞争对手）的情况，以取得优势地位，获得竞争胜利，实现组织目标。例如，百年竞争中的两个主角——可口可乐公司和百事可乐公司，它们在制订各自的战略时必定要先研究对方的战略。

（4）政策

政策是指在决策或处理问题时用来指导、沟通思想活动的方针和一般规定。政策指明了组织活动的方向和范围——鼓励什么和限制什么，以保证行动同目标一致，从而有助于目标的实现。明文规定的政策通常会被列入计划；而一项重大的政策，往往单独发布。政策有助于将一些问题事先确定下来，可避免重复分析，并可给其他派生的计划一个全局性的概貌，从而使主管人员能够控制住全局。制订政策还有助于主管人员把职权授予下级。例如，上级主管部门对企业更新改造项目的立项审批权一般规定一个限额，这是一种政策。它把处于规定限额以下的更新改造项目的立项审批权下放给企业，那些超过限额的项目才报上级主管部门审批。值得一提的是，政策必须保持一贯性和完整性，这样才能使政策深入员工的思想，形成一种持久作用的机制。如果政策多变、前后不连贯，则会导致员工采取追求眼前利益的短期行为，即所谓"政变，民多惑"。

（5）程序

程序规定了如何处理那些重复发生问题的方法、步骤。通俗地讲，程序就是一种工作步骤，即办事手续。程序的实质是对所要开展的活动规定时间顺序，是行动指南，而非思想指南。制订程序的目的是减轻主管人员决策的负担，明确各工作岗位的职责，提高管理活动的效率和质量。程序是对大量日常工作过程及工作方法的提炼和规范。例如，组织的上层主管部门应有"重大决策程序""预算审批程序""会议程序"等，组织的中层职能管理部门应有各自的业务管理程序。通常来讲，越是基层，所规定的程序越细，程序数量越多。例如，制造企业的工艺路线就是一种程序，它明确规定了某个零件的加工顺序、使用的设备、加工方法等，对于保证零件的质量水平起着关键作用。

（6）规则

规则也称为规章，是一种最简单的计划，规定了在某种情况下允许或不允许采取某种特定的行动，如"上班不允许迟到""销售人员规定范围外的费用开支需由副总经理核准"等。规则常常与政策和程序相混淆，要特别注意区分。规则与政策的区别在于规则在应用中不具有自由处置权；规则与程序的区别在于规则不规定时间顺序，可以把程序看成一系列规则的总和。规则和程序，就其实质而言，都用于直接指导行动本身，限制员工的自由处理权。所以，有些组织只是在不希望它的员工运用自由处理权的情况下才会采用。

（7）规划

规划是为了实现既定目标、政策、程序、规则、任务分配、执行步骤、使用的资源等而制订的综合性计划。规划有大小之分，大的如国家科学技术发展规划，小的如企业中质量管理小组的活动规划等。规划也有长远和近期之分，如国民经济发展的5年长远规划和企业职工近期培训规划等。

大的规划往往会派生出许多小的规划，每个小的派生规划都会对总规划产生影响。它们相互依赖，互相影响。由于计划工作的质量总是取决于薄弱环节，所以小规划的不当或执行不周会影响整个规划。甚至一个表面看起来不重要的程序或规则如果考虑不全面，也会使一个重要的规划失败。例如，我国过去在基本建设中曾提倡过一种"边勘测、边设计、边施工"的基本建设程序，其导致了许多基本建设规划和工程实施的失败或返工。因此，规划工作的各个部分必须彼此协调。

（8）预算

预算作为一种计划，是一份用数字表示预期结果的报表，也可称之为"数字化"的计划。例如，企业中的财务收支预算可称为"利润计划"或"财务收支计划"。预算可以帮助企业各级管理部门的主管人员从企业经营的角度全面、细致地了解企业经营管理活动的规模、重点和预期成果。例如，某企业的财务预算包括利税计划、流动资金计划、财务收支计划、财务收支明细计划和成本计划等。其中，财务收支明细计划详细地规划了企业各管理部门主要收支项目的金额。预算也是一种控制手段。预算工作的主要优点是促使人们制订详细的计划，平衡各种计划。由于预算要用数字来表现，所以它能使计划工作做得更细致、更精确。

2. 按计划的职能分类

根据企业各部门管理职能的不同，计划可分为销售计划、生产计划、供应计划、新产品开发计划、财务计划、人事计划、后勤保障计划、人员培训计划等。这些职能计划通常是企业相应职能部门编制和执行的计划，与组织中按职能划分管理部门的组织结构体系相对应。将计划按职能进行分类，有助于人们更加精确地确定主要作业领域之间相互依赖和相互影响的关系，有助于估计某

资料链接

观看教学视频
计划的类型
和表现形式

个职能计划执行过程中可能出现的变化及对全部计划的影响，有助于将有限的资源更合理地在各职能间进行分配。

3. 按计划的时间跨度分类

按照计划的时间跨度，计划可分为短期计划、中期计划和长期计划。短期计划是指 1 年以内的计划（包括 1 年），长期计划一般为超过 5 年的计划（包括 5 年），中期计划则介于两者之间。"人无远虑，必有近忧。"大量研究表明，长期计划越来越受到企业的重视。那些有长期计划的公司，其成就普遍胜过没有长期计划或只有一些非正式长期计划的公司。如果一个企业在新产品开发、技术开发、市场开发、人才开发等方面没有长期计划，其经营迟早会陷入困境。

4. 按计划的广度分类

按照计划的广度，计划可分为战略性计划与作业性计划。应用于组织整体的、为组织设立总体目标和寻求组织在环境中地位的计划，称为战略性计划。而规定总体目标如何实现的细节性计划则称为作业性计划。战略性计划趋向于覆盖较长的时间期限，一般为 5 年甚至更长的时间。它涵盖较广的领域，并不规定计划的具体细节。作业性计划一般是指较短时间的计划，如月度计划、周计划、日计划等。战略性计划的一个重要任务是设立目标；而作业性计划则根据确定的目标制订工作流程，划分合理的工作单位，分派任务和资源，确定权力和责任。

5. 按计划的明确性分类

按照计划的明确性，计划可分为具体计划与指导性计划。具体计划有明确的目标，不存在模棱两可、容易误解的问题。指导性计划只规定一些一般性方针，它指出重点，但不把管理者限定在具体的目标或特定的行动方案上。例如，一个增加利润的具体计划会明确规定在未来一年内成本要降低 4%，销售额要增加 6%；而指导性计划只提出未来一年内利润增加 5%～10%。

四、计划的特征

1. 预见性

预见性是计划最明显的特征之一。计划不是对已经发生事实的描述，而是在行动之前对行动的任务、目标、方法、措施所做出的预见性判断。这种预见性判断的依据是上级部门的规定和指示、本单位的实际条件、过去的成绩和不足、今后发展趋势的预测等，而不是盲目的、空想的。可以这样说，预见是否准确决定了计划工作的成败。

2. 目的性

计划工作旨在促使组织目标的实现。确定目标是计划工作的首要任务，任何组织或个人制订计划都是为了有效地达到某种目标。在计划工作开始之前，这种目标还不是十分具体，计划就是开始于这个不具体的目标。例如，某企业的经理希望明年的销售额和利润额有较大幅度的增长就是一个不具体的目标，要依此制订一个具体的目标，如销售额增长30%，利润额增长 15%。

资料链接
观看教学视频
计划的定义和特征

3. 普遍性

首先，计划的内容带有普遍性。计划工作涉及组织管理的各个层次，虽然计划工作的特点和范围随各级主管人员的层次、职权不同而不同，但计划工作是每位管理者都无法回避的职能工作，只不过不同层次管理者所从事的计划工作的侧重点和内容有所不同：高层管理者往往侧重于制订战略计划，而具体的计划由下级完成；较低层次的管理者侧重于制订作业计划。

其次，制订计划的人也带有普遍性。现代组织的管理工作纷繁复杂，即使最聪明、最能干的领导人也不可能包揽全部的计划工作，因此所有人都要做计划。

最后，授权下级制订某些计划有助于调动下级参与组织管理的积极性，进一步挖掘下级的潜力。因此，计划工作是各级管理人员的一个基本职能，具有普遍性。

4. 有效性

有效性是指计划的目标要准确，计划具有可行性。计划的目标不能太低，要有一定难度；计划的目标也不能太高，让人望而却步。如果目标定得过高，措施无力实施，则这个计划就是"空中楼阁"；反之，如果目标定得过低，实施虽然很容易，但并不能取得有价值的成就，也算不上具有可行性。所以，可将最合理可行的目标形象地比喻为"跳起来摘果子"，大多数人经过努力都可以实现。

有效性还指计划的目标要具体、明确，尽可能量化，实现计划的方法、手段要可操作。另外，制订的计划要经济，不要超出自身的实力范围，且效益要好。

5. 严肃性

在计划的制订、执行和修改上都要强调严肃性。制订计划时要严肃，态度要认真，程序要严密，方法要科学，投入要充分；计划一经通过、批准或认定，在其所指向的范围内就具有了约束作用，在这一范围内无论是集体还是个人，都必须按计划的内容开展活动，不得违背和拖延。计划不是不可修改，但不能随便修改，要有一定的程序、手续、制度。

6. 灵活性

计划是在对未来认识的基础上制订的，而未来的状况是不断变化的，我们的认识也不是完全正确的，因此计划应具有灵活性。这就要求做到：首先，计划指标要有一定的幅度；其次，要制订应急备用计划；最后，要建立计划调整机制。

课间阅读

人类第一次登月

1969年7月20日，随着"休斯敦，川奎特基地，'鹰号'已经着陆了"声音的传来，人类第一次登月成功。这一成功盛举背后的故事令人难以置信，看起来十分顺利的飞行，如果完全按照计划飞行，则会面临一场巨大的灾难。

把三名宇航员送入太空，其中两名宇航员驾驶太空飞船在月球上着陆，技术专家和飞行控制人员对这一过程中每一个细节都制订了非常详细而周密的计划。但当尼尔•阿姆斯特朗和巴兹•阿尔顿驾驶小型极易损坏的"鹰号"太空飞船向月球表面降落的时候却出了错，警报突然响了——一个"1202"警报。此时距离在月球表面着陆只剩下8分钟，除了26岁的技术专家史蒂夫•比尔斯，指挥中心没有一个人知道"1202"意味着什么。整个太空项目组只能等待，看史蒂夫•比尔斯是否会放弃月球着陆。史蒂夫•比尔斯认为问题是由于信息太多，飞船上的计算机不能处理而引起的。只要计算机不完全关闭，他们就能成功地在月球上着陆。尽管响了警报，但指挥中心还是按计划向"鹰号"发出了继续着陆的信号。

当"鹰号"距离月球表面只有5 000英尺（1英尺=0.3048米），且以100英尺/秒的速度飞向月球时，另一个问题出现了。这时由指挥中心的计算机引导飞船进入着陆区，但当尼尔•阿姆斯特朗从飞船窗口看向月球表面的时候，没有看到任何事先研究月球表面时所接触的东西。计算机制导系统正引导"鹰号"进入一个岩石地带，这与事先计划完全不符。如果着陆在大众汽车那么大的岩石上，精密的月球着陆器肯定会粉身碎骨。在离月球表面350英尺时，尼尔•阿姆斯特朗没有与休斯敦指挥部说一句话，就直接手动操纵飞船寻找着陆地点。指挥中心的工程师和技术人员只能坐着，不能给予任何帮助。当尼尔•阿姆斯特朗离月球表面越来越近时，他能看到的还只是岩石。

同时，在休斯敦，计算机上显示"鹰号"着陆油箱里的燃料已经很少了。指挥中心的决定是，如果"鹰号"不能在60秒之内着陆，登月行动即告失败。25秒，20秒……尼尔•阿姆斯特朗离月球表面只有100英尺了，这时他找到了一个着陆地点，如果他能及时降落到那里的话似乎是安全的。很快，通信系统中传来尼尔•阿姆斯特朗平静、镇定、冷静的声音："休斯敦，川奎特基地，'鹰号'已经着陆了。"

实践证明，再详细的计划在执行过程中也必须根据实际情况进行调整，不能机械地按照计划行事。

第二节 计划的编制程序、原理

一、计划的编制程序

计划职能是管理的基本职能。由于环境是动态变化的，管理活动也在不断地变化和发展，计划是行动之前的安排，因此计划工作过程是一种连续不断的循环过程，良好的计划必须有充分的弹性。计划的编制程序一般包括估量机会、确定目标、确定前提条件、确定备选方案、评价备选方案、选择可行方案、拟订派生计划和编制预算。

1. 估量机会

估量机会在实际计划工作开始之前就着手进行，是对将来可能出现的机会加以估计，并在清楚、全面地了解这些机会的基础上，进行初步探讨。组织的管理者要充分认识到自身的优势、劣势，分析面临的机会和威胁，摆正自己的位置，明确组织希望解决什么样的问题，为什么要解决这些问题，期望得到什么等。虽然估量机会要在实际编制计划之前进行，不是计划工作的组成部分，但却是计划工作的真正起点，在估量机会的基础上才能确定可行性目标。

2. 确定目标

人们在旅行之前都必须明确目的地，同样计划工作的第一个步骤就是为整个计划确立目标，即计划预期的成果。除此之外，还要确定为取得这一成果需要做哪些工作，重点在哪里，如何运用战略、程序、规章、预算等计划形式来完成工作任务等。目标的选择是计划工作中极其关键的内容，很难想象一份成功的计划会在选定目标上存在偏差。在目标的制订上，首先，要注意目标的价值。各类计划设立的目标应对组织的使命和总目标有明确的价值并与之相一致，这是对计划目标的基本要求。其次，要注意目标的内容及其优先顺序。在一定的时间和条件下，几个共存目标各自的重要性可能是不同的，不同的目标在组织中的优先顺序将导致不同的行动内容和资源分配的先后顺序。

因此，恰当地确定哪些成果应首先取得，即哪些是优先目标，是目标确定过程中的重要工作。最后，目标应有明确的衡量指标，不能含糊不清，应尽可能地量化，以便度量和控制。

3. 确定前提条件

计划工作的前提条件是计划工作的假设条件，也就是执行计划时的预期环境。确定前提条件，就是对组织未来的内外部环境和所具备的条件进行分析和预测，弄清计划执行过程中可能存在的有利条件和不利条件。确定计划的前提条件主要靠预测，但未来的环境多种多样、错综复杂，影响因素很多。这些因素中有的可以控制，如开发新产品、开发新市场、资源分配等；有的不能控制，如宏观环境、政府政策等。一般来说，不可控因素越多，预测工作的难度就越大，对管理者的素质要求就越高。

4. 确定备选方案

在计划的前提条件明确以后，就要开始着手寻找实现目标的方案和途径了。完成某一项任务会有很多种方法，即每一项行动都有"异途"存在。所谓"异途"，就是指不同的途径、不同的解决方式和方法。备选方案应质量优良，要发掘多种高质量的方案，就必须集思广益、开拓思路、大胆创新，但同样重要的是要进行初步筛选，减少备选方案的数量，以便对一些最有希望的方案进行仔细分析比较。

资料链接
观看教学视频
计划编制的原则
和程序

5. 评价备选方案

评价备选方案就是要根据计划目标和前提来权衡各种因素，比较各个方案的优点和缺点，对各个方案进行评价。各种备选方案一般各有其优缺点。例如，有的方案利润多，但支出多，风险高；有的方案利润少，但收益稳定，风险低；有的方案对长远规划有益；有的方案对眼前有利。这就要求管理者根据组织目标，结合自己的经验和直观判断对方案做出评价。在分析时可借助数学模型和计算机手段，要做到定性分析和定量分析相结合，才能选择一个最合适的方案。

6. 选择可行方案

选择可行方案就是选择行为过程，正式通过方案。选择可行方案是计划工作最关键的一步，也是抉择的实质性阶段。在做出抉择时，应当考虑可行性、满意度和可能效益三方面结合得最好的方案。有时我们在评选中会发现一个最佳方案，但更多的时候可能会发现有两个或多个方案是合适的。在这种情况下，管理者应决定首先采用哪个方案，然后将其余方案细化和完善，作为后备方案。

7. 拟订派生计划

派生计划是指总计划以下的分计划，其作用是支持总计划的贯彻落实。一个基本计划总是需要若干个派生计划来支持，只有在完成派生计划的基础上才可能完成基本计划。

8. 编制预算

计划工作的最后一步是编制预算，使计划数字化，即将选定的方案用数字更加具体地表现出来，如收入和费用总额、取得的利润和发生的亏损等。编制预算可对组织各类计划进行汇总和综合平衡，控制计划的完成进度，这样才能保证计划目标的实现。

二、计划工作的原理

计划工作是管理活动的重要内容，具有指导性、科学性及预见性的特点。计划工作的每一项内容、每一个环节在具体操作时是复杂、困难的。为了做好计划工作，必须注意学习和运用以下基本原理。

1. 限定因素原理

限定因素是指妨碍目标得以实现的因素。计划工作中，在其他因素不变的情况下，抓住限定因素就能实现期望目标。也就是说，在影响计划目标实现的诸多因素中，如果具备其他各种因素相对稳定不变的前提，那么计划工作者可以抓住影响计划目标实现的关键性因素，解决主要矛盾，来确保计划目标实现。因此，所谓限定因素原理，是指在计划工作中越是能够了解和找到对达到所要求目标起限制性和决定性作用的因素，就越能准确、客观地选择可行方案。

资料链接
观看教学视频
计划工作的原理

限定因素原理是计划工作中正确分析问题、认识问题和解决问题的核心。应用该原理的关键在于抓住计划工作的核心问题，尽可能地找出和解决其中的限定性或策略性因素。只有这样，才能收到事半功倍的效果，从而推动计划目标的顺利实现。

2. 许诺原理

在计划工作中，确定合理的计划期限是有规律可循的。用较长的计划期限完成一项轻而易举就能完成的任务，或者用很短的时间完成一项艰巨又复杂的工作，显然都是不合理的工作方法。合理计划期限可以用许诺原理来确定。

所谓许诺原理，是指任何一项计划都是对完成某项工作做出的许诺。许诺越多，所需要的时间就越长，实现目标的可能性也就越小。按照许诺原理的要求，计划工作许诺的任务不能太多。因为许诺越多，计划期限就越长，这期间的不确定性就越大，耗费也就越大，真正实现计划目标的把握就越小。因此，在计划工作中选择合理的计划期限十分重要，要注意在长期计划和短期计划之间进行协调和衔接。可以将长期计划分解为短期计划，逐期实现短期计划，最终实现长期计划。

3. 灵活性原理

所谓灵活性原理，是指计划工作中体现的灵活性越强，未来意外事件引起损失的危险性就越小。灵活性原理要求制订计划时要有灵活性，即有弹性，要留有余地。只有这样，在执行计划时一旦出现意外情况，就可以修正方向，不必因此花费过高的代价。

在管理活动中运用灵活性原理的目的在于"以万变应千变"，更加充分地发挥管理者的主观能动性。例如，企业在制订经营计划时，可运用灵活性原理而采取弹性计划，即设计应对不同情况、反映不同费用和盈利水平的设计方案。在具体执行过程中，如果因内外情况变化而导致执行方案的实际价值降低，就应推出另一个备选方案作为执行方案。对于各种管理规范、管理活动，限定一个有一定幅度的控制界限，允许在执行或者实施过程中在此幅度内上下波动，超过了这一界限就要马上纠正偏差，这也属于具有灵活性的管理。企业实行多元化经营，多方面扩大经营范围和经营品种，以便及时发现和利用市场机会，充分利用企业资源并减少经营风险，这是在经营中灵活性原理的具体体现。

4. 改变航道原理

改变航道原理是指计划工作对未来承诺得越多，主管人员定期检查现状和预期前景，以及为保证达到目标而重新制订工作计划就越重要。计划制订出来以后，组织管理活动就要按照计划设定的轨道来运行。所以，各种活动必然会受到计划的约束。必要的时候，应当根据新情况、新问题对计划进行检查和修正。由于计划是面向未来的，而未来又充满了不确定性，意料之外的情况随时都会发生，因此制订出来的计划不能也没有必要一成不变。

计划赶不上变化，这是客观情况。如果我们将计划工作者比作舵手，将计划比作航线，那么舵手需要经常检查核对航线，为了顺利航行，当遇到情况时绕道而行也是理所当然的事情。计划工作者根据情况的变化调整或重新制订计划的工作原理就可以称为改变航道原理。

改变航道原理与灵活性原理是有区别的。灵活性原理是使计划本身具有适应性，而改变航道原理则是使计划在执行过程中具有应变能力。所以，计划工作者不仅要制订弹性计划，而且在执行过程中还要不断检查计划，在必要的时候修改计划，以利于达到预期目标。

课间阅读

艾默生电气公司提高管理效率的奇招

美国管理学家哈林顿·艾默生被誉为"效率工程师"。艾默生在节约时间和降低成本方面成绩斐然，他创办的艾默生电气公司曾被美国杂志评为经营管理最有效率的5家公司之一。

该公司制订了内部和外部两方面周密的计划。这种计划不但力求提高公司的销售额和利润额，还促使公司的生产水平每年都有所提高。该公司还建立了一套内部管理制度，使公司在竞争中用降低价格的办法来增加销售额，同时维持良好的质量和较高的利润率。

该公司的计划从事业部开始做起，每个事业部的经理都必须为本事业部的每条生产线制订出1～5年的增长计划。其内容包括利润额、国内市场销售量的增加额、新产品的开发、国际市场和政府部门业务的开拓等。每次高层管理会议都会对全公司的工作进行周密策划和深入讨论，一旦在会议上制订出某些产品的制造方案，就会成为各事业部的共同准则。

这些周密的计划、管理制度及有效的高层管理会议正是"效率工程师"艾默生提高经营管理效率的秘诀。

第三节 计划编制的方法

计划制订效率的高低和质量的好坏在很大程度上取决于计划编制方法的选择。一种好的计划编制方法可以使计划工作事半功倍，反之则事倍功半。下面介绍两种常用的现代计划编制方法：滚动计划法和目标管理法。

一、滚动计划法

1. 滚动计划法的概念

滚动计划法是按照"近细远粗"的原则制订一定时期内的计划，然后按照计划执行情况和环境变化调整和修订未来的计划，并逐期向前滚动，将短期计划、中期计划和长期计划有机结合起来的一种计划方法。

滚动计划法是一种动态编制计划的方法，它能够根据变化了的环境及时调整和修正组织计划，体现了计划的动态适应性。而且，它可将中、长期计划与年度计划紧密衔接起来，能根据年度计划执行情况分析短期计划中的问题并找出原因，以在中、长期计划编制时加以克服，从而保证了中、长期计划的经济性和科学性。

滚动计划法既可用于编制长期计划，又可用于编制年度、季度生产计划和月度生产作业计划。不同计划的滚动期不一样，一般长期计划按年滚动，年度计划按季滚动，月度计划按旬滚动等。

2. 滚动计划法的编制方法

滚动计划法的编制方法是：在已编制出的计划的基础上，每经过一段固定的时期（如一年或一个季度，这段固定的时期被称为滚动期），便根据变化了的环境条件和计划的实际执行情况，从确保实现计划目标的角度出发，对原计划进行调整。每次调整时，保持原计划期限不变，而将计划期顺序向前推进一个滚动期。

在执行滚动计划法时，其基本做法是：先执行近期计划，等近期计划执行完毕后，根据上期计划执行的结果和产生条件、市场需求的变化以及经营方针的调整，对原计划进行必要的调整和修订，并将计划期顺序向前推进一期。如此不断滚动、不断延伸。

例如，某企业在 2013 年年底制订了 2013—2017 年的 5 年计划，如果采用滚动计划法，到 2013 年年底，根据当年计划的实际完成情况和客观条件的变化，对原来的 5 年计划进行必要的调整，在此基础上编制 2014—2018 年的 5 年计划。其余以此类推（如图 4-2 所示）

3. 滚动计划法的优点

滚动计划法虽然使得计划编制工作的工作量加大，但在计算机已被广泛应用的今天，其优点还是十分明显的。

第一，把计划期内各阶段及下一个时期的预先安排有机衔接起来，且定期进行调整补充，从方法上解决了各阶段计划的衔接和符合实际的问题。它是一种主动调整计划的方法，能使组织始终有一个较为切合实际情况的长期计划作为行动指导。

第二，较好地解决了计划的相对稳定性和实际情况多变性间的矛盾，可使计划更好地发挥其指导生产实际的作用。

需要指出的是，滚动间隔期的选择要适应企业的具体情况。如果滚动间隔期偏短，则计划调整较频繁，好处是有利于计划符合实际，缺点是降低了计划的严肃性。一般情况下，生产比较稳定的大批量生产企业宜采用较长的滚动间隔期，生产不太稳定的单件小批量生产企业则可考虑采用较短的滚动间隔期。

图 4-2 所示为滚动计划法的示例。

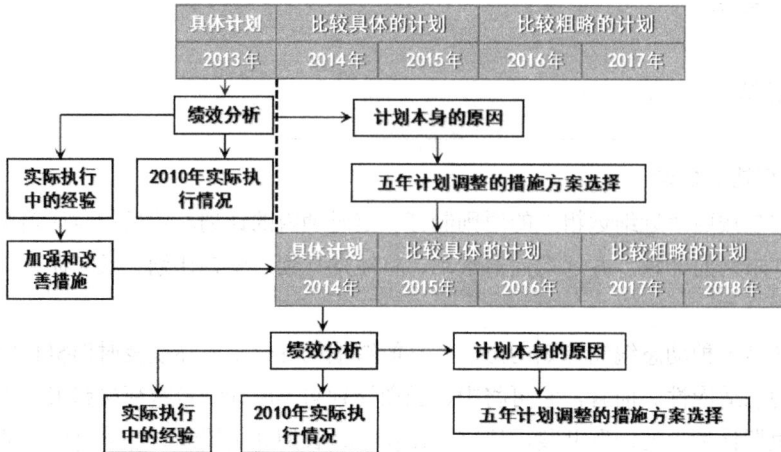

图 4-2　滚动计划法示例

二、目标管理法

1. 目标管理的含义

目标管理是美国管理大师德鲁克在 1954 年出版的《管理的实践》一书中首先提出来的。该书认为："企业的目的和任务必须转化为目标。企业如果无用来指导职工生产和管理活动的总目标及与总目标相一致的分目标，则企业规模越大，人员越多，发生内耗和浪费的可能性就越大。"概括地说，目标管理的含义是组织的各级管理人员根据组织的需要，共同确定未来一段时期内所要达到的总目标，然后将总目标层层分解落实，以至于组织中的各级各类人员都有自己明确的目标，并以此作为考核工作的依据。即让企业的管理人员和普通员工亲自参与工作目标的制订，由下级与上司共同确定具体的绩效目标，在工作中实行"自我控制"，并努力完成工作目标的一种管理制度。

目标管理体现了现代管理的哲学思想，是领导者与下属之间双向互动的过程。应用目标管理法时，员工与主管共同协商制订个人目标，个人目标依据企业战略目标及相应的部门目标而定，并与它们尽可能一致。该方法将可观察、可测量的工作结果作为衡量员工工作绩效的标准，将制订的目标作为对员工考评的依据，从而使员工个人的努力目标与组织目标保持一致，减少了管理者将精力放到与组织目标无关工作上的可能。

2. 目标管理法的原则

第一，企业的目的和任务必须转化为目标，并且要由单一目标评价转变为多目标评价。

第二，必须为企业各级各类人员和各个部门规定目标。如果一项工作没有特定的目标，这项工作就做不好，部门及人员间也就不可避免地会出现"扯皮"问题。

第三，目标管理的对象包括从领导者到普通员工的所有人员，大家都要被"目标"所管理。

第四，实现目标与考核标准一体化，即按实现目标的程度实施考核，由此决定晋升、奖惩和工资水平的高低。

第五，强调发挥各类人员的创造性和积极性。每个人都要积极参与目标的制订和实施。领导者应允许下级根据企业的总目标设立自己的目标，以满足"自我成就"的要求。

第六，任何分目标都不能离开企业总目标各行其是。在企业规模扩大或成立新的部门时，各部门有可能会片面追求各自的目标，而这些目标未必有助于实现企业的总目标。所以，分目标必须依据总目标设立，以实现目标的综合平衡。

3. 目标管理法的特点

资料链接

观看教学视频目标管理法和滚动计划法

（1）参与管理

目标管理法提倡自主、平等和参与的管理思想，不主张管理者独断专行。其主张目标的实现者同时也是目标的制订者，主张由上下级共同商定目标。因此，组织应该具备民主、平等、参与和宽松的组织氛围与文化。

（2）自我控制

目标管理法用"自我控制式管理"代替"强制性管理"，使工作人员能够控制他们自己的行为绩效。这种自我控制可以成为更强劲的动力，激励他们尽自己最大的力量把工作做好，而不仅仅是"过得去"就行了。

同时，目标管理并不主张对员工进行怀疑和压制。正如德鲁克认为的那样，员工是愿意负责的，是愿意在工作中发挥自己的聪明才智和创造性的。"如果我们控制的对象是一个社会组织中的'人'，则我们应'控制'的必须是行为的动机，而不应是行为本身。"也就是说，必须用对动机的控制来达到对行为的控制。

（3）权力下放

集权和分权间的矛盾是组织的基本矛盾之一，唯恐失去控制是阻碍大胆授权的主要原因之一。授权是组织领导自信和对员工信任的表现，因为只有宽容而自信的领导才敢于授权，才会给予下属充分的信任。

推行目标管理有助于权力下放，有助于在保持有效控制的前提下调动员工的想象力和创造力，发挥其主观能动性。

（4）绩效反馈

采用传统的管理方法评价员工的表现，往往容易根据印象、本人的思想和对某些问题的态度等定性因素来评价。实行目标管理后，由于有了一套完善的目标考核体系，故能够按员工的实际贡献大小对其进行如实评价。目标管理还力求组织目标与个人目标更密切地结合在一起，以增强员工在工作中的满足感。这对于调动员工的积极性，增强组织的凝聚力可起到很好的作用。

4. 目标管理法的实施过程

目标管理法的实施一般经过以下4个步骤。

（1）目标制订

目标制订要符合SMART原则（见图4-3）。其中，"S"是指目标必须是具体的，"M"是指目标必须是可以衡量的，"A"是指目标必须是可以达到的，"R"是指目标必须和其他目标具有相关性，"T"是指目标必须具有明确的时间期限。为贯彻以上原则，制订目标时应充分沟通，"自上而下"与"自下而上"相结合。

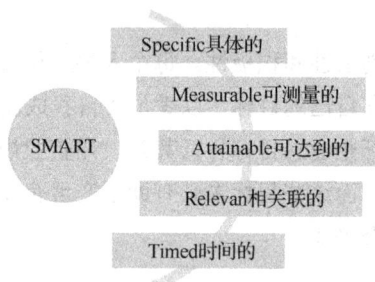

图4-3　SMART原则

（2）目标分解与授权

目标分解的过程就是目标授权的过程。有多大的目标就应有多大的权力，也就应该有多大的物质利益和精神荣誉。目标应该等于权力，并且目标和权力都应该略大于人的能力。

（3）目标执行

目标执行主要靠执行者的自我控制。如果在明确了目标之后，上级主管人员还像从前那样事必躬亲，便违背了目标管理的主旨，不能获得目标管理的效果。因此，上级应赋予下属充分的职权，让他们实现自我控制，为完成自己的目标而不懈努力。

（4）目标检查与评价

对各级目标的完成要事先规定出期限，定期进行检查。检查方法可灵活地采用自检、互检和责成专门的部门进行检查。检查的依据就是事先确定的目标。最终结果应当根据目标进行评价，并根据评价结果进行奖罚。达到预定的期限后，下级首先进行自我评估，提交书面报告，然后上下级一起考核目标完成情况，决定奖惩，同时讨论下一阶段目标，开始新的循环。如果目标没有完成，就分析原因，总结教训，切忌相互指责，以保持相互信任的气氛。

5. 目标管理法的优缺点

（1）目标管理法的优点

目标管理法的评价标准直接反映了员工的工作内容，结果易于观测，所以很少出现评价失误，也适合对员工提出建议，进行反馈和辅导。由于目标管理的过程是员工共同参与的过程，因此员工工作积极性大为提高，增强了责任心和事业心。

（2）目标管理法的缺点

目标管理法没有在不同部门、不同员工之间设立统一目标，因此难以对员工和不同部门之间的工作绩效进行横向比较，不能为以后的晋升决策提供依据。

本章小结

计划是指组织根据环境的需要和自身特点确定其在某一特定时期内的目标，并通过全局战略和具体行动方案的制订、执行和监督来协调、组织各类资源，以顺利达到预期目标的过程。计划具有预见性、目的性、普遍性、有效性、严肃性、灵活性等特征。计划工作的编制程序一般包括估量机会、确定目标、确定前提条件、确定备选方案、评价备选方案、选择可行方案、拟订派生计划和编制预算。计划应该遵循限定因素原理、许诺原理、灵活性原理、改变航道原理等。本章介绍了两种常用的现代计划方法：滚动计划法和目标管理法。

扩展阅读

对计划理解的演进

在日常工作和生活中，经常会听到"计划"这个词。可以说，计划无处不在。"凡事预则立，不预则废。"如果行动之前能对将要开展的活动进行周密的计划，对要做什么及如何做都了然于心，那么我们就能以更大的信心和把握投入到活动的运作之中，最后成功的概率也会更大。《孙子兵法·虚实》提出："策之而知得失之计，作之而知动静之理，形之而知死生之地，角之而知有余不足之处。"计划可以预测未来，指明行动方向，减少变化的冲击，所以在组织管理中计划有着举足轻重的作用。计划，起源于远古，经过几千年的发展，才有了今天我们了解的计划工作。

资料链接

阅读文献资料
对计划理解的演进

阅读"对计划理解的演进"全文，了解对计划理解的演进过程。

本章复习题

一、名词解释

计划　　　　　　　预算　　　　　　　长期计划

具体性计划　　　　指导性计划　　　　改变航道原理

滚动计划法　　　　目标管理

二、单项选择题

1. 根据计划的明确程度，可以把计划分为（　　）。

    A. 长期计划和短期计划　　　　　　B. 指导性计划和具体计划

    C. 战略计划和作业计划　　　　　　D. 财务计划和生产计划

2. 以货币和数量表示的计划是（　　）。

    A. 规划　　　　　B. 规则　　　　　C. 预算　　　　　D. 程序

3. 战略计划一般是由（　　）制订的。

    A. 中层管理者　　B. 高层管理者　　C. 基层管理者　　D. 普通员工

4. 某企业在推行目标管理中提出如下目标：质量上台阶，管理上水平，效益创一流，人人争上游。对此，你的评价是（　　）。

    A. 目标缺乏鼓舞性　　　　　　　　B. 目标表述不清楚

    C. 目标无法考核　　　　　　　　　D. 目标设定得太高

5. 计划工作的真正起点是（　　）。

    A. 确定目标　　　B. 估量机会　　　C. 认清前提　　　D. 拟订可行方案

6. 在管理中，计划工作应该是一项（　　）。

    A. 高层管理人员所承担的工作

    B. 高层和中层管理人员所承担的工作

    C. 高层管理人员和参谋人员所承担的工作

    D. 每个管理人员都可能要从事的工作

7. 滚动计划法的主要特点是（　　）。

    A. 按前期计划执行情况和内外环境变化定期修订已有计划

    B. 不断逐期向前推移，使短、中期计划有机结合

    C. 按远粗近细的原则来制订，避免对不确定的远期计划做过早、过死板的安排

    D. 以上三方面都是

8. 企业经营环境变化速度的加快，使得企业中长期计划制订的难度不断加大，并且需要不断调整。因此，有人提出以下几种建议，以应对不确定且经常出现重大突发事件的经营环境。你最赞同（　　）。

    A. 计划一旦制订就应该保持其严肃性，可采取以不变应万变的做法

    B. 一旦环境发生了变化，就应该主动放弃原计划而制订新计划

    C. 通过动态调整计划来适应新环境，以保持中长期计划的灵活性

    D. 在保持原计划不变的同时，根据突发情况另外制订应急计划

9. 在很多管理者中流传着"计划赶不上变化"的说法。下面的诸多观点中，你认为最有道理的是（　　）。

　　A. 变化快要求企业只需要制订短期计划

　　B. 计划制订出来之后，在具体实施时要进行大的调整，因此计划的必要性不大

　　C. 尽管环境变化速度很快，但还应该像以前一样制订计划

　　D. 变化的环境要求制订的计划更倾向于短期和指导性相结合的计划

10. 目标管理中，目标的制订应该让员工能够回答"在期末，我如何知道目标已经完成了"。这是指目标应具有（　　）。

　　A. 信息反馈性　　　B. 可接受性　　　C. 挑战性　　　D. 可考核性

三、问答题

1. 简述计划工作的含义。

2. 如何理解"计划在管理职能中的首要地位"？

3. 计划的作用表现在哪些方面？

4. 说明计划的编制程序。

5. 计划有哪些分类标准？各标准下计划的形式有哪些？

6. 什么是滚动计划法？简要说明方法的使用过程。

7. 什么是目标管理法？说明目标管理法的实施过程。

8. 传统的目标设定和目标管理有何不同？

案例分析

宏远实业发展有限公司

进入12月以后，宏远实业发展有限公司（以下简称"宏远公司"）的总经理顾军一直在想着两件事。一是年终已到，应抽时间开个会议，好好总结一下一年来的工作。今年外部环境发生了很大的变化，尽管公司想方设法拓展市场，但困难重重，好在公司经营比较灵活，这一年总算摇摇晃晃走过来了。现在该好好总结一下，看看问题到底出在哪儿。二是好好谋划一下明年怎么办，更远的该想想以后5年乃至10年该怎么干。上个月顾总从事务堆里抽出身来，到淮海大学去听了两次关于现代企业管理的讲座，教授的精彩演讲对他触动很大。公司成立至今，转眼已有10多个年头了。10多年以来，公司取得过很大的成就，靠运气，靠机遇，当然也靠员工的努力。细细想来，公司的管理全靠经验，特别是靠顾总自己的经验，遇事都由顾总拍板，从来没有通盘的目标与计划，因而常常是干到哪儿是哪儿。可现在公司已发展到有几千万元资产、三百人，再这样下去可不行了。顾总每想到这些，晚上就睡不着觉。到底该怎样制订公司的目标与计划呢？这正是最近顾总一直在苦苦思考的问题。

宏远公司是一家民营企业，是改革开放的春风为它的建立和发展创造了条件。对此，顾总常对职工讲，公司之所以有今天，一靠他们三兄弟拼命苦干，但更主要的是靠改革开放带来的机遇。15

年前，顾氏三兄弟来到省里的工业重镇A市，当时他们口袋里只有父母给的全家的积蓄：800元。顾氏三兄弟决心用这800元钱创一番事业，摆脱祖祖辈辈"日出而作，日落而归，脸朝黄土背朝天"的农民生活。到了A市后，顾氏三兄弟在一处棚户处落脚，每天分头出去找营生。在进城后的一年间，他们收过废品，贩过水果，打过短工，但他们感到这都不是他们要干的。老大顾军经过观察和向人请教，发现A市的建筑业发展很快——城市要建设，老百姓要造房子，所以建筑公司任务不少，但当时由于种种原因，建筑材料常常短缺，因而建筑公司也失去了很多工程。顾军得知，建筑材料中的水泥、黄沙都很短缺，他想到在老家镇边上，他表舅开了家小水泥厂，生产出的水泥在当地销不完，因而不得不减少生产。他与老二、老三一商量，决定做水泥生意。他们在A市找需要水泥的建筑队讲好价，然后到老家租车把水泥运出来，去掉成本，每袋能净得几块钱。利虽然不厚，但积少成多，一年下来，他们挣了几万元。在当时的中国，"万元户"可是个令人羡慕的称呼。当然这一年中，顾氏三兄弟也吃了很多苦，顾军一年里住了两次医院：一次是劳累过度晕在路边，被人送进医院；一次是肝炎住院，医生的诊断结果是营养严重不良引起抵抗力差。虽然如此，看到一年来的收获，顾氏三兄弟感到第一步走对了，决心继续走下去。他们又干了两年贩运水泥的活，那时他们已有一定的经济实力了，同时又认识了很多人，有了一张不错的关系网。顾军在贩运水泥过程中，看到改革开放后A市建筑业发展迅猛，建筑队的活多得干不过来。他想，家乡也有木工、泥瓦匠，何不把他们组织起来，建个工程队，到城里来闯天下呢？三兄弟一商量，说干就干，没几个月就组织了一个工程队，水泥照样贩，这也算是两条腿走路了。

一晃15年过去了，贩运水泥起家的顾氏三兄弟今天已是拥有几千万元资产的宏远公司的老板了。公司现有一家贸易分公司、一家建筑装饰公司和一家房地产公司，有员工近300人。老大顾军任公司总经理，老二、老三任副总经理兼下属公司的经理。顾军老婆的叔叔任财务主管，表舅的大儿子任公司销售主管。总之，公司的主要职位都是家族里面的人担任，顾军具有绝对权威。

公司总经理顾军当初到A市时只有24岁，他在老家读完了小学，接着断断续续花了6年时间才读完初中，原因是家里穷，又遇上了水灾，两度休学，但他读书的决心很大，一旦条件许可，他就去上学，而且边读书边干农活。15年前，他带着两个弟弟离开农村进城闯天下。他为人真诚，好交朋友，又能吃苦，因此深得弟弟们的敬重，只要他讲如何做，弟弟们都会去拼命干。正是在他的带领下，宏运公司从无到有，从小到大。现在在A市，顾氏三兄弟的宏远公司已是大名鼎鼎了。特别是顾军代表宏远公司一下子拿出50万元捐给省里的贫困县建希望小学后，民营企业家顾军的名声更是非同凡响了。但顾军心里明白，公司这几年日子也不太好过。特别是今年，建筑装饰公司业务还可以，但由于成本上升，创利水平已不能与前几年同日而语了，只能维持略有盈余。同时，建筑市场竞争日益加剧，公司的前景难以预料。贸易公司能勉强维持已是大吉了，今年做了两笔大生意，挣了点钱，其余的生意均没有成功，仓库里还积压了不少货，无法出手。房地产公司更是一年不如一年。当初刚开办房地产公司时，由于时机抓准了，开发了两个楼盘，着实赚了一大笔，这为公司的发展立了大功。可是好景不长，房地产市场疲软，生意越来越难做。好在顾总当机立断，微利或持平地把积压的房屋作为动迁房脱手了，否则后果真不堪设想。即使这样，现在还留着的几十套房子也把公司压得喘不过气来。

面对这些困难，顾总一直在想如何摆脱现在这种状况，如何发展。发展的机会也不是没有。上个月在淮海大学听讲座时，顾军认识了A市一家国有大企业的老总，交谈中他得知这家公司正在寻找在非洲销售他们公司当家产品——小型柴油机——的代理商，据说这种产品在非洲很有市场。这家公司的老总很想与宏远公司合作，利用民营企业的优势去抢占非洲市场。顾军深感这是个机会，但该如何把握呢？10月1日，顾总与朋友在一起吃饭，这位朋友告诉他，市里规划从明年开始做江海路拓宽工程，江海路在A市就像上海的南京路，两边均是商店。借着这一机会，好多大商店都想扩建商厦，但苦于资金不够。这位老乡问顾军有没有兴趣进军江海路，如想的话他可牵线搭桥。宏远公司下的贸易公司早想进驻江海路了，但苦于没机会。现在机会来了，且很诱人，但投入也不会少，该怎么办？随着改革开放的深入，住房分配制度将有一个根本性的变化，随着福利分房时代的结束，顾军想到房地产市场一定会逐步转暖。宏远公司下的房地产公司已有一段时间没正常运作了，现在是不是该动动了？

　　总之，摆在宏远公司老板顾军面前的困难很多，但机会也不少。新的一年到底该做些什么？怎么做？以后的5年、10年又该如何做？这些问题一直盘旋在顾总的脑海中。

　　思考题：

　　1．你如何评价宏远公司？如何评价顾总？

　　2．宏远公司是否应制订短、中、长期计划？为什么？

　　3．如果你是顾总，你该如何编制公司发展计划？

第五章 组织

学习目标

- 理解组织的含义，熟悉组织的基本类型
- 掌握组织设计的基本策略和基本原则
- 了解组织设计的内容，包括部门化、管理幅度与组织层次、组织权力体系
- 掌握组织结构的基本形式及其优缺点

关键词

组织　　组织设计　　部门化　　管理幅度与组织层次　　高耸式结构与扁平式结构

职权　　集权与分权　　授权　　直线制结构　　职能制结构　　直线职能制结构

事业部制结构　　矩阵制结构

引导案例

希尔顿酒店的成功秘诀

美国希尔顿酒店创立于1919年，现已遍布世界五大洲，成为全球规模最大的酒店之一。希尔顿酒店成功的秘诀在于以下两点。一是牢牢确立自己的企业理念，并把这种理念贯穿到每个员工的思想和行为之中。希尔顿酒店营造了"宾至如归"的文化氛围，注重企业员工礼仪的培养，并通过服务人员的微笑服务体现出来。其温暖细心的服务，让顾客始终有宾至如归的感觉。顾客每次入住时，新鲜出炉的特色曲奇都会伴随着最真挚的笑容送给顾客。酒店热情的服务、周到的安排，成为入住的顾客美好的回忆。希尔顿总公司董事长唐纳·希尔顿经常到分设在各国的希尔顿酒店视察业务，从这一洲飞到那一洲，从这一国飞到那一国，专程去看希尔顿的礼仪是否贯彻于员工的行动之中。二是希尔顿的发展经历了自建模式、管理合同和特许经营等几个阶段。管理模式的不断创新，迅速提高了品牌的国际影响力，拓展了集团的市场网络，有利于集中资源从事优势业务，提高集团利润水平。

【案例启示】 任何组织存续的关键都在于其是否具有较强的生命力。较强的生命力不仅来自于组织外部，组织内部结构效应、管理效应等构成的特色组织文化，也是滋生生命力的关键要素。希尔顿酒店成功的关键不仅在于组织文化的作用，还在于组织模式的不断创新。

第一节 | 组织概述

一、组织的含义

人类在适应、征服、改造自然的实践中早已意识到了集体的力量：集体活动可以实现人们单独

工作所无法实现的成果。无论是人类祖先的原始狩猎，还是后来中国万里长城与埃及金字塔的建造，抑或当代的曼哈顿工程、人类基因组计划的实施，无不证明了这一点。人类的大多数活动都是以某种方式有组织地开展的。

任何管理工作都是在某一特定的组织中进行并为该特定组织服务的。那么，到底什么是组织？关于这个问题，不少管理学家给出了自己的观点。韦伯说："组织是组织成员为追逐共同的目标和从事特定的任务或活动而联结起来的整体。"法约尔说："组织一个企业，就是为企业的经营提供所必需的原料、设备、资本、人员。"巴纳德认为："组织是一个合作系统，是两个或两个以上的人有意识地加以协调行为的系统。该系统包含四个要素：共同目标、人员、权利和责任关系、信息交流。"

组织的含义可以从两方面来理解：一是从名词的角度，组织就是指按一定规则建立起来的为实现一定目标而协同行动的人的集合体，如学校、公司、政府部门、医院等都是组织；二是从动词的角度，组织是指组织工作，即对人的集合体中各个成员的角色安排、任务分派。综合来讲，我们认为，组织是指为实现某一共同目标，经由分工、合作及不同层次的权力和责任制度而构成的人的集合。

1. 组织有一个共同的目标

任何组织都是为了某种目标而存在的。例如，一个国家的目标是发展社会生产力，提高人民生活水平；一个企业的主要目标是通过向社会提供产品和服务来获得盈利；一所大学的目标是培养满足社会需要的高层次人才。

2. 组织是实现目标的工具

组织是实现目标的工具。组织目标能否实现，关键在于组织内部要素之间的协调、配合程度。其中，很重要的一个方面就是组织结构是否合理有效。

3. 组织要有合理的分工与协作

一个企业为了实现经营目标，要有采购、设计、生产、销售、财务和人事等许多部门。每个部门都专门从事一种特定的工作，这是一种分工。分工有利于发挥每个部门的特长和优势，但在分工的基础上还要强调相互配合和协作。只有把分工与协作结合起来，才能提高组织的效率。任何组织为了达到预期的目标和效率，就必须进行分工协作，通过层次分工、部门分工、权责分工和各种协作，把组织各部分联系起来，形成一个有机的整体。

4. 组织的核心是人

组织的要素包括人、财、物、信息等。其中，人是起决定性作用的要素。人在组织中不仅是最重要的资源要素，还是组织的管理者，组织管理就是围绕组织中的人展开的。

5. 组织要与环境相适应

任何组织都是在一定的环境中生存和发展的。环境在给予组织资源和机会的同时，还给予组织许多限制和威胁。环境总是不断变化的，当环境变化影响到组织的生存与发展时，就必须对组织进行调整和变革。不适应环境变化的组织最终必然会失败。

二、组织的类型

1. 按组织的性质不同分类

（1）经济组织

经济组织是人类社会最基本的社会组织，担负着提供人们衣食住行和文化娱乐等物质生活资料的任务，执行的是社会经济职能，如生产组织、商业组织、金融组织、交通运输组织、建筑组织、服务组织等。

（2）政治组织

政治组织代表着不同阶级的利益和意志，为本阶级确立奋斗目标，制定方针政策，如政党组织和国家政权组织。

（3）文化组织

文化组织是以满足人们各种文化生活为目标，以文化活动为基本内容的社会团体，如学校、图书馆、影剧院、艺术团体等。

（4）群众组织

群众组织旨在团结各阶层、各领域里具有相关利益的成员，开展各种有益活动，推动社会进步，如工会、共青团、妇联、科协等。

（5）宗教组织

宗教组织是以某种宗教信仰为宗旨而形成的组织。其基本任务是协助党派和政府贯彻执行宗教信仰自由的政策，帮助广大信教者和宗教界人士提高爱国主义觉悟，代表宗教界的合法利益，组织正常的宗教活动。

2. 按组织形成的方式不同分类

（1）正式组织

正式组织是为实现一定目标，按照一定程序建立起来的，有明确职责和等级系列的组织。正式组织的活动以成本和效率为主要标准，要求组织成员为了提高活动效率和降低成本而确保形式上的合作，并通过对他们在活动过程中的表现给予正式的物质与精神的奖励或惩罚来引导他们的行为。因此，维系正式组织的主要原则是理性的原则。

（2）非正式组织

非正式组织是指人们在共同活动中，由于具有共同的兴趣和爱好，以共同利益和需要为基础自发形成的群体。非正式组织主要以感情上融洽的关系为标准，它要求其成员遵守共同的、不成文的行为规范。不论这些行为规范是如何形成的，非正式组织都能迫使其成员自觉或不自觉地遵守。对于那些自觉遵守和维护规则的成员，非正式组织会予以赞许、欢迎和鼓励；而那些不愿就范或犯规的成员，非正式组织则会通过嘲笑、讥讽、孤立等手段予以惩罚。因此，维系非正式组织的主要是接受与欢迎或孤立与排斥等感情上的因素。

3. 企业内部组织的划分

（1）作业组织

对生产作业活动加以组织是企业组织的最基本内容。生产作业活动以物质流为对象，通过人与机器的结合使用和协调配合，将原材料的输入转换为一定产品或服务的产出。

（2）管理组织

管理组织主要包括日常生产经营管理组织、创新管理组织和战略管理组织。它们是组织中脑力劳动与体力劳动、日常性活动与创新性活动，以及资本所有权与组织经营权相分离的产物。管理组织从单个管理者（管理活动内部不分工）到直线型简单组织（管理活动纵向分工），再到功能型组织（管理活动横向分工）乃至分部型组织（划分业务经营单位），形成相对独立于日常管理组织而存在的战略管理组织。

（3）财产组织

企业组织不仅是人与机器、原材料等生产要素相结合的结果，更是财力资源集结而成的经济实体。财产组织反映组织资本的来源、构成及组织治理结构问题，对管理组织尤其是战略管理组织来说，具有不容忽视的影响。

企业的作业组织、管理组织、财产组织在实践中是相互依存、相互促进的，共同形成了一个完整的组织体系。三者之间的关系如图 5-1 所示。

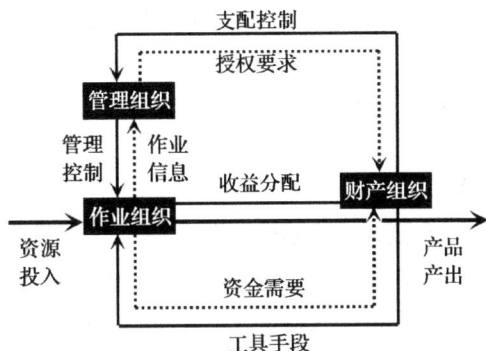

图 5-1　企业组织的构造体系

三、组织的职能

组织职能是指为了有效地实现共同目标和任务，管理者在组织内部各部门和员工间建立一种关系结构，合理地确定组织成员、任务及各项活动之间的关系，并对组织资源进行合理配置的过程。组织职能的基本内容如下。

1. 设计并建立组织结构

管理者应对为实现组织目标而开展的各种工作进行划分和归类，成立相应的职能部门，进行专业化管理，并根据适当的管理幅度来确定组织的纵向管理层次，最后形成一个完整的系统。

2. 适度分权和正确授权

分权是指决策指挥权在组织较低层次的分散，授权是指管理者把自己的职权授予下属。适度分权和正确授权有利于组织内各层次各部门为实现组织目标而协同工作。

3. 人员配备和人力资源开发

人员配备和人力资源开发主要包括人员的选聘、定岗、培训、考核、奖惩制度、激励措施等内容。

4. 组织文化的培育与建设

所谓组织文化，是指组织在长期的实践活动中形成的，为组织成员普遍认可和遵循的，具有本组织特色的价值观念、团体意识、行为规范和思维模式的总和。其基本要素包括组织精神、组织价值观和组织形象。组织职能可以为创造良好的组织氛围而进行团队精神的培育和组织文化的建设。

5. 组织运作和组织变革

组织运作的目的是使设计好的组织系统围绕目标有效地运转，包括制定、落实各种规章制度和

资料链接

观看教学视频
组织的含义和职能

建立组织内部的信息沟通模式。组织变革是对组织工作进行必要的调整、改革与再设计。

6. 组织与外部环境间的关系

组织的形态、功能、结构及管理活动通常会受到环境的各种影响，如何使组织行为与外部环境保持一致是组织职能的重要内容。

第二节 组织设计

一、组织设计的目的、任务和程序

1. 组织设计的目的和任务

组织设计是指对组织的结构和活动进行创构、变革和再设计。其目的是通过创建柔性、灵活的组织，动态反映外在环境变化的要求，并且能够在组织演化成长的过程中有效积聚新的组织资源要素，同时协调好组织中部门与部门之间、人员与人员之间的关系，使员工明确自己在组织中应有的权利和应承担的责任，有效地保证组织活动的开展，最终实现组织的目标。因此，组织设计的任务是构建清晰的组织结构，规划和设计组织中各部门的职能，确定组织中职权的活动范围并编制职务说明书等。

2. 组织设计的程序

无论是对新建组织进行结构设计，还是对原有组织进行结构调整与变革，组织设计的基本程序都是一致的，只是设计的动因和具体内容各有偏重。组织设计的基本程序如下。

（1）因素分析

组织的宗旨决定了组织的目标和任务，组织内部资源拥有状况和外部环境影响着组织结构的形式。充分了解和分析组织的状况，尤其是制约组织设计的因素，有助于在以后的工作中有的放矢，避免出现不符合实际的设计结果。

（2）职能分解与设计

将组织的任务目标层层分解，转化为各种职能活动，分析并确定完成组织任务目标所需要的基本职能和关键职能。在此基础上，明确纵向上、下级之间的关系和分解后职能部门之间的协作方式。

（3）组织结构设计

组织结构设计承担着协调组织各种职能间的分工协作关系，并通过职责职权关系和信息交流，横向、纵向地把各个部门连接起来的任务。这一设计是整个组织设计的主题。

（4）组织运行保障设计

根据组织结构的特点和要求确定相应的人员数量与人员结构，通过制定一套良好的组织运行机制来保证组织的良性循环，以确保组织设计意图得到贯彻落实。

（5）反馈与修正

组织设计过程是个动态过程，因此，还要将运行后的情况及时反馈，并根据反馈的信息及时修正组织设计。

从以上的设计程序中可以看出，在因素分析的基础上，经过职能分解、职能整合、组织结构设计，就已经完成了一般意义上的组织设计工作。但从动态发展的角度看，只有进行了运行保障系统的设计，才可能保证组织设计的实际运行；只有实际运行后不断进行反馈和修正，才能确保组织设计的科学有效。

课间阅读

帕金森定律

美国著名历史学家诺斯古德·帕金森通过长期调查研究，写了本名叫《帕金森定律》的书。他在书中阐述了机构人员膨胀的原因及后果。一个不称职的官员有三条出路：第一条是申请退职，把位子让给能干的人；第二条是让一位能干的人来协助自己工作；第三条是任用两个水平比自己更低的人当助手。这第一条路绝大多数人不愿走，因为那样会丧失许多权力；第二条路也不能走，因为那个能干的人会成为其对手；看来只有第三条路最适宜。于是，两个平庸的助手分担了他的工作，他自己则高高在上，发号施令。两个助手既然无能，就上行下效，再为自己找两个无能的助手。以此类推，就形成了一个机构臃肿、人浮于事、相互扯皮、效率低下的领导体系。

二、组织设计的影响因素

1. 组织目标

组织目标是开展组织工作的出发点。组织目标及其保证体系是建立组织机构的依据。例如，企业将"开发某一地区的市场"作为近期企业的主要目标，则在组织体系中可能会建立专门研究该地区的市场调研部，以及专门负责该地区营销活动的地区营销部。

2. 组织外部环境

组织结构的类型有很多，同一种组织结构在不同环境下效率可能会截然不同。在进行组织结构设计时，必须了解外部环境的变化对组织结构的影响。组织所处的环境可以分为微观环境和宏观环境。宏观环境影响着微观环境，并通过微观环境体现出对组织的强大制约力量。环境的变化是永恒的，不同的组织或组织在不同的时期所处外部环境是不同的。根据组织面临的环境的稳定性，可以将组织外部环境划分为以下三类。

① 稳定的环境。在稳定的环境中，社会政治、经济发展比较平稳，企业生产的产品市场供求关系变化不大，来自相同产品、相关产品的竞争也比较稳定。

② 变化的环境。在变化的环境中，社会政治、经济生活在加速变化，或技术创新步伐加快，或企业产品供求关系发生变化，或企业的竞争对手、顾客有一定的变化。

资料链接
观看教学视频
组织设计的目标及
影响因素

③ 激烈变化的环境。在激烈变化的环境中，企业所处的宏观和微观环境都处于动荡状态，企业所面临的市场具有极大的不确定性。

当外部环境变化不大时，组织结构可以体现较强的刚性；当外部环境变化较大时，组织结构应该弹性大一些，以应对外部环境不确定性所造成的生产不稳定。

3. 组织内部因素

以企业组织为例，不同行业的企业或同行业但资源拥有状况不同的企业，由于自身发展特点不同，其组织结构也是不同的。例如，企业生产可按照生产批量的变化分为单件小批量生产、一般批量生产及大批量生产。小批量生产企业具有差异化的特点，常常根据顾客的要求进行生产设计，对企业人员技术水平的要求较高，适合采用分权式的组织结构；大批量生产企业生产专业化程度较高，产品品种少，主要进行标准化生产，对职工技术要求相对较低，适合采用集权式的组织结构模式；一般批量生产的企业，其集权与分权程度介于上述二者之间，要结合企业的其他特点加以确定。

除此以外，组织拥有的资源数量与水平也影响组织结构的选择。例如，若企业的各种资源拥有量较大，企业生产规模大，管理层次较多，则适合采用分权式组织形式；若人员素质较高，也适合采用分权管理；若企业高级管理人员能力较强，则适合采用集权管理。

三、组织设计的基本策略

组织设计的基本策略有以下两种。

1. 功能导向型组织结构

功能导向型组织结构主要从功能的角度来设计组织，是将同一部门或单位中从事相同或相似工作的人集中在一起而构成的组织结构，如图 5-2 所示。

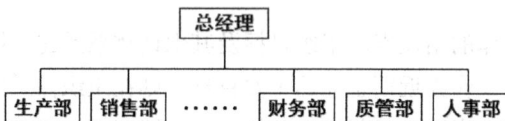

图 5-2　功能导向型组织结构

在功能导向型组织结构中，成员从事相同或相似的工作，以自身的专业能力与组织结为一体，具有专业分工细，组织效率高，强调专业技能和工作程序等特点。其成员都是某一方面的专业人员，因而对功能性部门的管理也应由该方面的专业人员来进行，否则将无法有效地行使指挥权。

2. 目标导向型组织结构

目标导向型组织结构是将实现同一目标的各方面成员集中在一起而形成的组织结构，如图 5-3 所示。

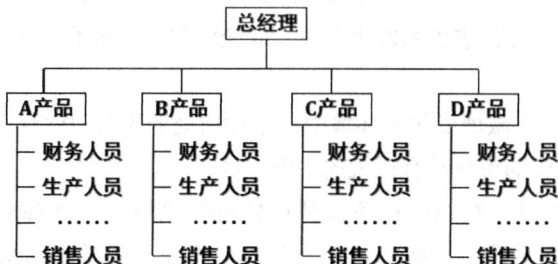

图 5-3　目标导向型组织结构

四、组织设计的基本原则

设计和建立合理的组织结构，根据组织外部要素的变化适时地调整组织结构，其目的都是更有效地实现组织目标。开展有效的组织设计工作应遵循以下基本原则。

1. 目标一致原则

首先，建立任何组织的先决条件是清楚、准确地了解组织目标对组织结构的整体设计、部门划分和职务设置的具体要求。只有在完成这一工作后，组织才能被设计。也只有如此，才能以最少的努力和消耗，建立一个能有效达到这些目标的组织。因此，组织目标是组织设计的最基本的依据。其次，组织是若干部门和单位组成的集合体，如果要实现组织的长期目标，部门的目标就必须是从整个组织的目标导出或派生的，而且每个部门的目标要与其他部门的目标协调一致，从而形成一个完整的相互支持的目标体系。

2. 分工协作原则

分工就是按照提高管理专业化程度和工作效率的要求，把组织的目标分成各级、各部门乃至个人的目标，明确其在实现组织目标过程中应承担的工作职责和职权。有分工就必须有协调，协调包括部门之间的协调和部门内部的协调。有效的组织结构设计和组织形式选择应该能够反映实现目标所必须完成的各项任务和工作的分工以及彼此间的协调。

课间阅读

分工与协作——1+1>2

大雁有一种合作的本能，它们飞行时呈V字形。这些大雁飞行时定期变换领导者，因为为首的大雁在前面开路，能帮助它两边的大雁形成局部的真空。科学家发现，大雁以这种形式飞行要比单独飞行多飞出12%的距离。

合作可以产生一加一大于二的效果。据统计，诺贝尔获奖项目中，因协作获奖的占三分之二以上。在诺贝尔奖设立的前25年，合作奖占41%，而现在则跃居80%。一个由相互联系、相互制约的若干部分组成的整体，经过优化设计后，整体功能会大于部分功能之和，产生1+1>2的效果。

3. 统一指挥原则

组织的各级机构以及个人必须服从一个上级的命令和指挥。只有这样，才能保证命令和指挥的统一，避免多头领导和多头指挥，使组织最高管理部的决策得以贯彻执行。按照统一指挥原则，指挥和命令如果能组织安排得当，就可做到政令畅通，提高管理工作的有效性，可有效避免"多头领导"和"政出多门"现象的发生。

实行统一指挥对部门多、层次多的企业尤为重要。部门和层次越多，就越需要步调一致，使企业形成统一的有机整体。贯彻统一指挥原则需要做到以下几点。

首先，在组织结构中必须存在一个由上及下的、垂直的、不间断的指挥系统，每个人只接受一个上级的命令和指挥，并对其负责。在必要情况下，允许被明确规定的越级指挥和交叉联系。

其次，组织中的人员各司其职，各负其责，清楚地了解对上或对下应向何人负责。各职务的责任和权力范围被明确划分。

此外，管理者要处理好权力集中与分散的关系。为了便于统一指挥，权力要适当集中，但不是说一切权力都集于一人，而是要把处理某项事务的权力尽可能划归某个人去执行。如果某些权力间出现不可避免的交叉情况，则要尽量划分各自支配的范围。

只有贯彻每个下级只对一个领导者负责的原则，组织中才不会发生领导混乱的局面，上下级才会对组织活动的最终成果有共同的责任感。

4. 适当的管理幅度原则

管理幅度是指一名管理者能够直接有效领导的下级的人数。它与组织的层次结构和部门划分密切相关。由于受到个人精力、体力、能力、时间、管理对象和环境条件等多方面因素的制约，任何一名管理者能直接有效地管理下级的人数都是有限度的。但是，这个有限度的人数因具体情况与要求的不同而没有统一的标准或确切的变化范围。

由于存在着有效的管理幅度，故对规模较大的组织就需要划分组织层次，以利于在统一领导下分级管理，提高管理效率。

在组织规模既定的情况下，有效管理幅度越大，管理层次就越少；相反，有效管理幅度越小，管理层次也就越多。管理幅度和管理层次二者反向相关。确定管理幅度时既要考虑充分发挥领导者的工作能力，又要注意使管理效率保持在最佳水平。

5. 权责对等原则

法约尔认为，责任与权力是两条平行线。有责无权、有权无责或职责与职权不对等都将严重影响组织的正常活动，造成管理工作的混乱。

当个人承担起完成某些工作的责任时，他必须被赋予履行责任所必须的权力。如果委派的责任大于授予的权力，则他将无法在有限的权力范围内尽到责任。如果正好相反，授予的权力大于委派的责任，那么就应该扩大责任范围。对承担完成某项工作的责任应该做两方面的理解：一方面它是指个人为完成该项工作所应尽的义务，另一方面则意味着个人要对工作结果负责。责任的两方面内容都需要有相应的权力做依托。

6. 因事设职与因人设职相结合原则

组织设计的根本目的是为了保证组织目标的实现，是使目标活动的每项内容都落实到具体的岗位和部门，即"事事有人做"，而非"人人有事做"。因此，从逻辑的角度来看，在组织设计的过程中，要充分考虑工作的特点和需要，要"因事设职，因职用人"。但这并不意味着组织设计中可以忽视人的因素，相反地，组织设计要保证"有能力的人有机会去做他们真正胜任的工作"，要根据员工的能力特点为其安排相应的工作职位，即"因人设职"。

当然，我们也要认识到，人之所以参加组织，不仅出于某种客观需要，而且希望通过工作来提高能力，展现才华，实现自我价值。为此，组织设计必须在保证有能力的人有机会去做他们真正胜任工作的同时，使员工的能力在组织中获得不断提高和发展。

7. 精干高效原则

任何一种组织结构形式都必须将精干高效原则放在重要地位，即在服从由组织目标所决定的业务活动安排的前提下，力求减少管理层次，精简管理机构和人员，充分发挥组织成员的积极性，提高管理效率，更好地实现组织目标。组织是否具备精干高效的特点，是衡量组织结构是否合理的主要标准之一。

五、组织设计的主要内容

1. 组织部门化

（1）部门

部门是指组织中的主管人员为完成规定的任务有权管辖的一个特定的领域，是按照一定的原则和方法把组织中的人和事划分成的便于管理的组织单位。

组织的部门设计一般是指对组织特定层次上的横向结构划分。在完成工作专业化设计后，要将独立的工作岗位按照某种逻辑合并成一个组织单元，如部门、科室、任务组等。部门设置的目的在于：确定组织中各项工作任务的分配和责任的归属，有效达到组织目标。

资料链接
观看教学视频
组织部门化

（2）部门化的基本形式

由于组织包括不同的层次，所以组织的部门设计实际上包含着对组织各层次部门的设计。部门化是组织部门设计的重要内容。所谓部门化，就是指依照一定的因素划分部门。部门化的主要方法如下。

① 职能部门化。

职能部门化是组织部门化设计中应用十分广泛的方法，是根据专业化分工的原则，以工作性质相同或相似的职能为基础来划分部门，如图 5-4 所示。例如，在企业组织中，按照生产、供应、销售、人事、财务、后勤等职能来划分部门。

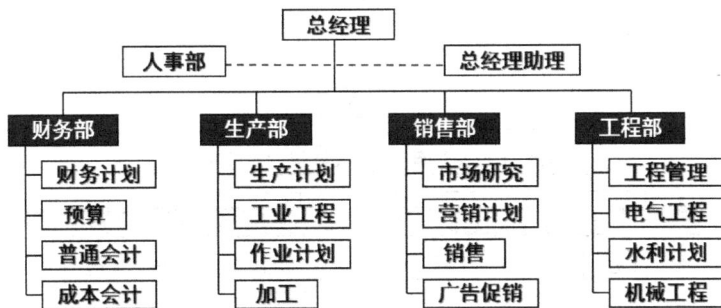

图 5-4　职能部门化

职能部门化的优点如下。首先，它遵循专业化分工原则，有利于提高部门的工作效率；其次，职能部门的工作重点突出，有利于部门目标的实现；最后，职能部门的主管只负责专业化分工后本部门的工作，维护了高层管理者的权威。但是这种划分使资源和职权过于集中，容易使各职能部门的专业人员产生"本位主义"思想，从而给各部门之间的横向协调带来一定的困难。

② 产品（服务）部门化。

产品（服务）部门化是指把生产同种产品（或提供同种服务）的人与事划分到同一部门，由一位部门经理全权负责和组织部门内的业务活动（如图 5-5 所示）。例如，制造业公司按照产品划分部门时，可以分为器械分公司、电子仪器分公司、工业工具分公司等。

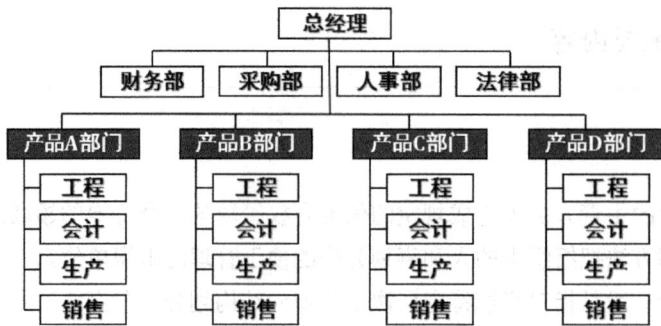

图 5-5　产品（服务）部门化

产品（服务）部门化的优点有：首先，贴近市场和顾客，既有利于产品和服务的改进与发展，又有利于提高产品质量的稳定性；其次，部门的注意力和精力集中在负责的产品系列上，能够发挥工作人员的专业技能，提高专用设备的使用效率；再次，部门利润明确，便于高层管理者掌握各种产品对组织总利润的贡献程度；最后，产品（服务）部门的主管人员属于综合管理人员，有利于组织培养经理型人才。但是，产品（服务）部门化容易产生"部门本位主义"，增加了高层主管协调和控制的难度；同时，部门间职能重复设置可能会增加管理成本。

③ 地域部门化。

地域部门化是指按组织活动的地理位置设计组织部门。当组织的活动区域分布于不同地区时，组织根据活动的特定区域把从事同一地区业务的人和事划归一个部门，即把该区域范围内组织的全部活动集中在一个部门中，由一位部门经理全权负责（如图 5-6 所示）。这种方法常用于设立企业组织的地区生产部门和地区销售部门。

图 5-6　地域部门化

地域部门化的优点有：首先，按地域划分部门形成了一个分权的组织结构，使区域性的部门能够相对独立地生产和经营，有利于调动基层管理部门的积极性；其次，有利于综合协调各个地区内部的各项工作，从而取得地方化经营的优势效益，如降低运输费用、缩短交货期等；再次，关注当地市场问题，有利于更好地满足区域市场的独特需求；最后，有利于培养具有综合管理能力和协调能力的管理者。但是，地域部门化形式下，各地域部门工作的独立性强，容易产生"部门本位主义"，使得高层对地方控制的难度较大；各个地域的机构重复设置，从而导致组织的总管理成本增加；另外，地域部门化需要更多的具有全面管理能力的人员。

④ 顾客部门化。

顾客部门化是指为了满足服务对象或顾客的需要，按服务对象或顾客的类型来划分各个部门（如图 5-7 所示）。这种方法一般适用于产品销售部门。

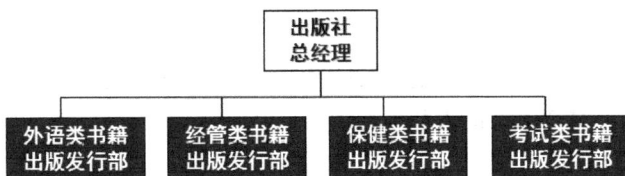

图 5-7　顾客部门化

顾客部门化的优点有：首先，组织活动的目的和对象明确，部门工作重点突出，有利于提高工作效率；其次，能使组织更深入地了解顾客需要，有针对性地开展营销活动，提高服务对象的满意度，组织的社会效益和市场效益也比较好；再次，组织可以针对不同顾客的爱好和标准开展生产、销售、服务等工作，有利于业务人员掌握服务技巧。顾客部门化的缺点有：第一，不同类型的顾客购买产品或接受服务的习惯及时间不一致，容易产生工作不协调的情况；第二，容易造成资源的分散使用和机构的重复设置，从而增加管理成本；第三，各类顾客的数量变化容易使专业化人员在某一时期得不到充分利用。

⑤ 生产流程部门化。

生产流程部门化是指由每个部门负责一个生产环节。这种划分部门的方法比较适用于企业的生产活动。例如，一个金属公司铝试管厂，生产部门由铸造部、锻压部、制管部、成品部、检验包装部 5 个部门组成，就是按生产流程设计的部门。其优点是使产品生产的各个环节自成系统，便于发挥专业化优势；其缺点是每个部门只了解自身情况，不了解其他部门情况，不利于部门间的配合，而且一旦某部门的生产出了问题，整个生产过程就要受到影响。

⑥人数部门化。

这是一种最原始、最简单的划分方法。人数部门化的特点是仅仅考虑人数，不考虑其他因素。随着现代科学技术的发展，这种方法的优势正逐渐丧失，仅在一定范围内存在，如军队中师、团、营、连的组建，学校的班级划分等就是采用的这种方法。

⑦ 时间部门化。

这种方法多见于服务性组织或某些生产性组织。出于某种原因，仅靠白天工作不能满足生产的需要，必须实行一种不间断工作的制度。例如，许多企业按早、中、晚三班制安排生产活动，部门设置就是三个。这种划分方法有利于组织连续、不间断地生产，有利于生产设备、设施的充分利用。但由于人们生理上的原因，晚班的效率可能不如白班，因此对晚班的管理应予以充分的考虑。

2. 管理幅度的确定

管理幅度又称管理跨度、管理宽度，是指管理者直接有效地指挥和控制下属人员的最大数量。管理幅度的产生基于管理者的精力、时间、能力的有限与组织事务或活动的繁多、复杂之间的矛盾。当一个组织的发展呈现出人数众多、业务繁杂的趋势时，一个管理者显然不能够有效地管理这个组织，于是便需要一定数量的相关人员来分担组织管理，这些直接被组织管理的人的数量便是管理幅度。

管理幅度不能太宽，要适当，否则不能保证管理者的有效控制。到底管理幅度以多宽为宜管理学界说法不一，有的观点认为中层管理 3～9 人为宜，有的观点认为管理者管理 8～12 人为宜。要确定适当的管理幅度不是一个简单的问题，一般要考虑下列一些因素。

（1）组织机构中的管理层次

一般来说，向高层次管理人员汇报的人数应尽可能少，如一个企业的经理所直接管理的人数要比基层的工段长或科室主任所管理的人数少得多。

（2）工作性质

上层管理者负责重大复杂问题的决策，直接管理的人数不宜太多。反之，处理日常简单事务的基层管理者可以多管理一些人。但这也不是绝对的，还要考虑所面对的工作或问题的熟练程度、常规化和专门化程度等因素。如果是常规化、专门化的工作或下属比较熟悉的工作，则管理幅度可以宽些；否则，就应减小管理幅度。

（3）管理者及其下属人员的素质和能力

人的素质和能力存在差异是客观存在的事实。素质高和能力强的管理者，在同层次、同工作性质的管理者之间就显得工作轻松、高效、弹性大。同样，素质高和能力强的下属人员，所需的指挥、监督、指导就要少一点。

（4）授权程度

有的管理者不会授权，因为他很不放心把权力交给下级，因而对每个下级的每种活动都要检查、核对，这样往往会产生较宽的管理幅度。反之，管理者下放权力，仅在一定程度上进行适当的监督，可使自身管理幅度缩小。

除此之外，管理幅度还受到工作计划的完善程度、组织内的信息沟通状况、工作相似性、工作环境的稳定程度、工作地点的接近程度、是否配备助理及助理的素质、主管人员非管理事务的多少等因素的影响。

一般认为，管理幅度宽的优点是可以减少管理层次和节约管理成本，提高组织效率；同时，由于管理层次少，信息传递的速度快，组织成员的满意度也高；缺点是难以保证对组织成员进行有效控制。而管理幅度窄的优点主要是能够保证对组织成员实施严格控制和有效控制。但其缺点也十分突出，即管理幅度过窄，管理层次必然增加，导致管理成本上升；信息传递速度由于组织层次增加而减慢，且容易被过滤，使组织的纵向沟通变得更加困难；容易造成对下属的控制过严，影响下属自主性和积极性的发挥。

现代管理理论和实践的发展趋势是拓宽管理幅度，理由是：在其他条件相同时，管理幅度越宽，组织的效率越高。许多公司为了在拓宽管理幅度时仍保证对组织成员实施有效控制，加大对员工培训的力度和投入，让员工掌握更多的工作技能，以解决管理幅度拓宽所带来的问题。

3. 管理层次的设定

管理层次是指组织最高领导者到基层工作人员之间隶属关系的数量，是组织纵向结构等级的数量。在组织规模不变的情况下，管理层次和管理幅度成反比，因此在设计管理层次时，常常与管理幅度联系在一起。一般来说，按管理层次的多少和管理幅度的宽窄，组织结构可以分为高耸式组织结构和扁平式组织结构。

高耸式组织结构也称锥形式结构、直立式结构，该结构的管理层次较多，管理幅度较窄，沟通渠道多。其优点是层级关系紧密，分工明确，管理者对每位下属能够进行充分有效的指导和监督。其缺点是管理层次多，信息逐层传递的速度慢，沟通时间长、效率低，从而增加沟通协调费用；由于管理过于严密，容易限制下属创造力的发挥；管理者地位相对低，也会影响下级的积极性。

扁平式组织结构则管理层次少，管理幅度比较大，沟通渠道少。其优点是由于管理层次少，管理成本低，信息传递速度快、效率高；成员有较大的自主性而满意度提高。其缺点是不能严密监督下级的工作，上下级协调性较差；同时，下级晋升的机会较少。

在管理层次的具体设计中，要兼顾两种结构之所长，避其所短。组织中管理层次的多少，应具体根据组织规模的大小、活动的特点及管理幅度而定。一般来说，组织的管理层次可以分为上层、中层、基层3个层次。上层管理者的主要任务是从组织整体和全局出发，对整个组织的发展方向和战略进行筹划，对组织实行统一指挥和管理，并制订组织目标及实现目标的一些大政方针。中层管理者的主要任务是负责分目标的制订，包括制订计划的实施方案、步骤和程序，按部门分配资源，协调下级的活动，评价组织活动的成果和制订纠正偏离目标的措施等。基层管理者的主要任务是按照规定的计划和程序监督和协调基层员工进行工作，完成上层部署的计划和任务。

资料链接
观看教学视频
管理层次

4. 组织的权力体系

（1）职权

职权是指组织设计中赋予某一管理职位做出决策、指导他人工作及发布命令的权力。职权划分是组织结构设计的内容之一。职权一般包括决策权、指挥权、监督权、奖惩权、服务权和咨询权等。职权是经由一定的正式手续而赋予某一职位的权力，与任职者无关。管理人员的职权是管理活动正常进行的保证。谁居于权力职位，谁就是管理者；反之，离开了权力职位，他就不再是管理者。同职权共生的是职责，凡权力行使的地方就有责任。所以，管理者在拥有管理权力的同时就肩负了相应的责任。

资料链接
观看教学视频
职权与权力

组织内的职权有三种，即直线职权、参谋职权和职能职权。

① 直线职权。

直线职权是指直线人员所拥有的做出决策、发布命令及执行决策的权力。直线职权一般由决策权、指挥权、监督权和奖惩权组成。它贯穿于从组织的最高层到最低层的上下级之间，形成一个指挥链。直线职权是一种最基本、最重要的职权，缺少了它的有效行使，整个组织的运转就会出现混乱，乃至陷入瘫痪。

② 参谋职权。

参谋职权是指参谋人员所拥有的提出咨询建议、提供服务与便利及协助直线人员进行工作的权力。它一般包括服务权、咨询权和职能权三部分。参谋职权是一种辅助性的权力，具有顾问或服务的性质。参谋职权具有四个特点：第一，不具有指挥权的性质，只起到咨询、建议、指导、协助、服务和顾问的作用；第二，参谋职权从属于直线职权；第三，参谋职权的承担者直接对它的上一级领导负责；第四，只能在职责范围内行使参谋职权。

③ 职能职权。

职能职权是某职位或某部门所拥有的控制管理活动的权力。如果统一指挥原则无例外地得到贯彻执行，那么该职权应该由直线或参谋部门的负责人来行使。但是，在直线部门负责人缺乏专业知识、缺乏监督能力时，主管人员为了提高管理效率，将一部分本属于自己的直线职权授予一位参谋人员或另外一个职能部门的管理人员就是可行的。这种授予的职权就是职能职权。职能职权并不局限于特定类型部门的管理人员。直线部门、服务部门、参谋部门的负责人都可以行使职能职权。不过，一般的情况下，是由服务部门和参谋部门的负责人来行使职能职权的，因为这两种部门通常是由专业人员组成的，他们拥有的知识正是职能控制的基础。

（2）集权与分权

集权是指决策指挥权在组织系统中较高层次上一定程度的集中，分权是指决策指挥权在组织系统中较低层次上一定程度的分散。

集权与分权是相对的，既没有绝对的集权，又没有绝对的分权。绝对的集权就是把所有决策权集中在最高管理层。如果是这样，那么也就不存在管理层次了，也就没有什么组织结构了。相应地，绝对的分权就是把所有的决策权都委托给基层管理者。如果高层管理者把自己的所有决策权都授予出去了，那么他高层管理者的身份也就不存在了。

有层次的组织结构建立后，就已经存在着某种程度的分权。为使组织结构有效运转，还必须确定集权与分权的程度。这种依据组织结构设置、部门划分、职位分派而进行的分权叫作制度分权或职位分权，也是正式的分权。

过度集权或过度分权都是不合适的，表 5-1 中比较了集权与分权的优势和劣势。

表 5-1　　　　　　　　　　　　　　集权与分权的优势和劣势

优/劣势	集权	分权
优势	① 具有对组织的绝对控制权，可以使组织统一认识，有利于组织实现统一指挥，达到有效控制； ② 防止政出多门，相互矛盾	① 员工参与决策，起到激励作用； ② 可满足组织局部变化的需要； ③ 减轻高层管理者的工作压力，使其将精力集中在重大战略问题上； ④ 使基层管理者得到良好的培训机会
劣势	① 不利于合理决策，降低决策质量； ② 不利于调动下属积极性； ③ 信息传递路线长，降低沟通效率，减弱组织的适应能力和应变能力； ④ 助长官僚主义作风	① 权力分散，整体控制较困难； ② 相比于集权，分权需要进行更多的汇报和视察性工作； ③ 可能导致决策速度降低； ④ 权力分散导致责任分散，容易产生责任不明的情况

集权与分权的程度是依据条件的变化而变化的，既要看权力的作用，又要看组织的不同情况。影响集权与分权的主要因素如下。

① 决策的代价。

一般来说，实施一项行动付出的代价越大，这个行动决定越有可能是较高管理层做出的。关系到组织发展方向、长远规划和组织信誉等方面的权力应集中，而处理、解决具体问题的权力则可以分散。

② 政策一致性的愿望。

如果认为政策一致性十分重要，高于一切，那就应集权，因为集权是达到一致性最好的方法。

如果要鼓励多样性，除了重大事务外，希望由这样的不一致性带来管理上的创新、进步，组织内部各部门之间的相互竞争，提高员工士气和效率，则往往主张分权。

③ 组织的规模。

组织规模大，业务分散，需要做出的决策多，难以协调、沟通和控制时，宜分权；相反，组织规模小，业务集中，需要做出的决策少时，宜集权。

④ 组织的历史。

那些主要靠私人力量由小到大逐渐发展起来的组织，往往呈现出一种明显的决策权集中化的趋势；另外，联合或合并的组织会呈现出一种明显的决策权分散的倾向，如果合并进来的单位分散经营更有利可图的话，情况更是如此。

⑤ 管理哲学。

管理者的个性与所持的管理哲学对决策权的分散程度有着重大关系。最高管理人员是专断的，当不能容忍别人触犯其权力时，集权的可能性较大；反之，分权的可能性较大。

⑥ 管理人员的数量与素质。

管理人员较多，且经验丰富，训练有素，管理能力较强，管理水平高，分权可以多一些；反之，集权多一些。

⑦ 控制的可能性。

组织的控制技术和手段比较完备，如计划、统计、财会功能比较健全，各项规章制度严密，上下级之间的信息沟通及时快捷，不会因为实行分权管理而使组织失去控制的，可以较多地分权；反之，应尽可能地集权。

⑧ 分散化的绩效。

分散化的绩效将会影响决策权的分散程度。任务分散执行是指把一个组织的许多管理人员分派到另一个地理区域内执行任务。这种地理上的分散影响着决策权的分散。

⑨ 组织的动态特性与职权的稳定性。

如果一个组织正处于迅速发展过程中，面临着复杂的外部环境，则客观上要求分权；在一些古老的、各方面都比较完善的组织或比较稳定的组织中，存在着一种职权集中或再集中的趋势。对于那些时间性强且需要随机应变的事务，权力过于集中容易贻误时机，处理此类事务的权力应当分散，以便于各管理环节机动灵活地解决问题。

⑩ 环境因素。

还有许多外部因素影响决策权分散程度，最主要的是政府干预和税收政策等。例如，有些国家的政府对企业的各种改革和管理条例使得企业难以实行而且往往不能实行决策权的分散化。如果政府实行价格管制，那么企业内部就不存在价格制定权；如果限定员工的最低工资标准和最长工时数，那么企业就不可能自由规定工资和工时。这使得组织的最高管理者对组织的某些方面不可能拥有职权，从而也就不会有这些方面的分权。

资料链接
观看教学视频
集权与分权

从理论上讲，现代组织的发展趋势是分权，从以集权为主过渡到以分权为主。从实践上看，分别采用集权结构和分权结构两种形式的企业正在彼此靠拢，寻找新的协调途径。

（3）授权

资料链接
观看教学视频
授权与授权原则

授权是指上级把自己的职权授予下属，使下属拥有相当的自主权和行动权。在授权过程中，上级赋予下属一定的权力和责任，使下属在一定的监督之下拥有相当的自主权。授权者对被授权者有指挥、监督权，被授权者对授权者负有汇报情况及完成任务之责。

授权对于一个组织的发展来说是十分重要的。授权可产生以下益处。

第一，可使高层管理者从日常事务中摆脱出来，专心处理重大问题。随着组织规模的扩大，受时间、空间及生理条件的限制，高层管理者不可能事事过问，通过授权可使高层管理者既能从日常事务中摆脱出来，又能控制全局，有效提高管理效率。

第二，可提高下属的工作积极性，增强责任心，提高效率。通过授权，下属不仅获得了一定的权力和自由，而且分担了相应的责任，从而可调动其工作积极性和主动性，提高其工作效率。

第三，可增长下属的才干，有利于管理者的培养。通过授权，下属有机会独立处理问题，从实践中提高管理能力，从而为建设一支管理队伍打下基础。这对于一个组织的长期持续发展是十分重要的。

第四，可充分发挥下属的专长，以弥补授权者自身才能之不足。随着组织的发展和环境的日趋复杂，管理者面对的问题越来越多，越来越复杂，而每个人由于受自身能力的限制，不可能样样精通。授权可把一些自己不会或不精的工作委托给有相应专长的下属去做，从而弥补授权者自身的不足。

授权的基本过程如下。

第一，分派任务。权力的分配和委任来自于实现组织目标的客观需要。因此，授权时首先要选择可以并且应该授权的任务，明确授权人应承担的职责。所谓任务，是指授权者希望被授权人去做的工作。它可能是写一份报告或计划，也可能是担任某一职务、承担一系列职责。不管是单一的任务还是某一固定的职务，授权时分派的任务都是由组织目标分解处理的工作或一系列工作的集合。

第二，授予权力。在明确了任务之后，仔细考虑完成该项任务所需要具备的技能和需要承担的责任，仔细考虑团队中所有成员的素质，确定被授权人的人选并授予其相应的权力，在此过程中有权调阅所需的情报资料，有权调配有关人员，有权要求相关部门给予相应的配合等。给予一定的权力是使被授权人完成所分派任务的基本保证。

第三，明确责任。当被授权人接受了任务并拥有了必要的权力后，就有义务正确运用所获得的权力去完成分派的工作。被授权人的责任主要表现为向授权者承诺保证完成分派的任务，保证不滥用权力，并根据任务完成情况和权力使用情况接受授权者的奖励或惩处。要注意的是，被授权者所负的只是工作责任，而不是最终责任。授权者可以分派工作责任，并且被授权人可以把工作责任进一步分派下去，但授权者对组织的责任是不可能分派的。被授权人只是协助授权者来完成任务。对于组织来说，授权者对于被授权人的行为负有最终的责任，即授权者对组织的责任是绝对的，在失误面前，授权者应首先承担责任。

第四，确立监控权。正因为授权者对组织负有最终的责任，因此授权不同于弃权，授权者授予被授权人的只是代理权，而不是所有权。为此，在授权过程中，要明确授权者与被授权人之间的权力关系。一般而言，授权者对被授权人拥有监控权，即有权对被授权人的工作进展情况和权力使用情况进行监督检查，并根据检查结果调整所授权力或收回权力。

第三节 | 组织结构

组织结构是指为了实现组织的目标，在组织理论指导下，经过组织设计形成的组织内部各部门、各层次之间固定的排列方式，即组织内部的构成方式。

资料链接

观看教学视频
组织结构类型

一、直线制组织结构

直线制组织结构又称单线型组织结构，是指组织中没有职能机构，从最高管理层到最基层实行直线垂直领导（如图 5-8 所示）。直线制组织结构是一种最早、最简单的组织结构形式，最初广泛应用于军事系统中，后来推广到企业管理中。一般地，这种组织结构形式只适用于那些没有必要按职能实行专业化管理的小型组织，或者现场作业管理。

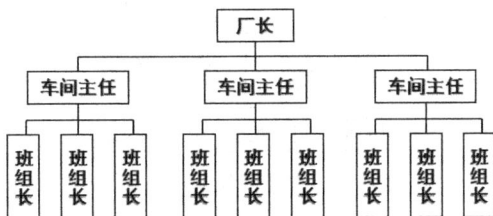

图 5-8　直线制组织结构

直线制组织结构的优点是结构简单、权力集中、责任分明、命令统一、沟通快捷。其缺点是在组织规模较大的情况下，所有的管理职能都由一人集中承担，往往由于个人的知识及能力有限而感到难以应付，顾此失彼，可能会发生较多失误。此外，各个部门主要关心的是本部门的工作，因而部门间的协调性较差。

二、职能制组织结构

职能制组织结构又称多线制组织结构，其特点是采用专业分工的管理者代替直线制组织结构中的全能型管理者（如图 5-9 所示）。职能制组织结构是在直线管理的各层次上设置若干职能机构或人员，各职能机构或人员在自己的业务范围内有权向下级下达命令和指示。

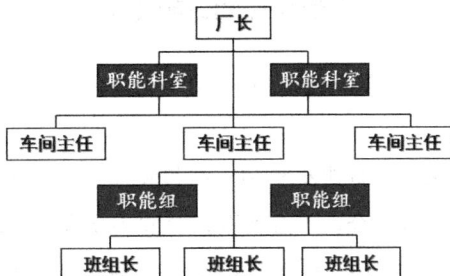

图 5-9　职能制组织结构

职能制组织结构的优点包括：能够适应现代组织技术复杂和管理分工细的特点，发挥职能机构的专业管理作用，减轻上层管理者的负担。其缺点包括：违背了集中管理和统一指挥原则，多头领导，权责不明，妨碍统一指挥；各部门过分强调本部门的利益而忽视与其他部门的配合及组织的整体目标，提高了最高管理层监督协调整个组织的要求。

三、直线职能制组织结构

直线职能制组织结构又称直线参谋制组织结构，是一种融合直线制和职能制两种组织结构特点而形成的组织结构形式。直线职能制组织结构是在组织内部既设置纵向的直线指挥系统，又设置横向的职能管理系统，是以直线指挥系统为主体而建立的二维组织结构（如图 5-10 所示）。

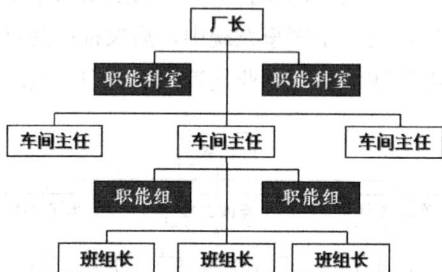

图 5-10　直线职能制组织结构

直线职能制组织结构吸取了直线制和职能制两种组织结构形式的优点，并克服了其缺点。此组织结构形式适用于中、小型组织，对规模较大、决策时需要考虑较多因素的组织则不太适用。

直线职能制组织结构设置了两套系统：一套是按命令统一原则组织的指挥系统，另一套是按专业化原则组织的管理职能系统。直线部门和人员在职责范围内有决定权，对其下级的工作进行指挥和命令，并负全责；而职能部门和人员只为下级机构提供建议和业务指导，没有指挥和命令的权力。可见，这种组织结构形式实行的是职能的高度集中化。

直线职能制组织结构的优点是：领导集中，职责清楚，保证了组织的统一指挥，又加强了专业化管理；秩序井然，工作效率较高，整个组织有较高的稳定性。其缺点是：权力高度集中，下级缺乏必要的自主权；职能人员之间的横向联系较弱，目标不易统一，缺乏全局观念；信息传递速度较慢，难以适应环境变化；领导者的横向协调工作负担较重。

课间阅读

中国古代的官职设置

中国古代的官职主要分为中央官职和地方官职两大类。

1. 中央官职

秦设丞相、太尉和御史大夫，组成中枢机构。丞相管行政，太尉管军事，御史大夫管监察和秘书工作。汉朝大体上沿袭秦制称为三公，下有九卿，分管各方面政务，后世又演变为三省六部制。三省为中书省（决策）、门下省（审议）、尚书省（执行），三省的长官都是宰相。宋代中书省职权扩大，同枢密院分掌文武大权，门下、尚书省逐废。明代内阁为最高政务机构，内阁大臣称为辅臣，首席称为首辅（即宰相）。清代设军机处，王、公、尚书等为军机大臣，掌握政府大权。六部是指"吏部，管官吏任免、考核、升降等事；户部，管司法刑狱；礼部，管科举、祭祀、典礼等事；兵部，掌管武官选用及军事行政；刑部，掌管全国司法行政；工部，管工程营造、屯田水利等事"。各部长官为尚书，副职为侍郎。下设郎中，副职称员外郎，下属官员有主事等。此外，中央还设有专门机构和官员，副职管理图书、编修历史、制定历法等工作。如司马迁、张衡等曾任太史令，高启为翰林国史编修等。

2. 地方官职

秦汉时主要行政区是郡。郡的长官，秦称郡守，汉称太守。隋唐时主要行政区是州，州官称刺史，属官有长史、司马等。唐代在一些军事重镇设节度使，属官有行军司马、参谋、掌书记等。宋代时州官称知州，县官称知县。明清时改州为府，称知府。

此外，汉代也设州，天下分十几个州，基本上是监察区，中央派官员去刺探情况，称刺史。隋唐时全国分十几个道，也称监察区，中央派官员前往巡视，称黜陟使。宋代时全国分二十左右路，路中设若干司，分管各方面的事务。元代时地方最高行政机构叫作行中书省，明代改称承宣布政使司，习惯上仍称为"省"。

四、事业部制组织结构

事业部制组织结构也称分权制组织结构，首创于20世纪20年代的美国通用汽车公司。事业部制组织结构是在直线职能制组织结构的基础上，遵循"集中决策，分散经营"的总原则，按地区或所经营的各种产品、项目设置独立核算、自主经营、自负盈亏事业部的组织结构形式（如图5-11所示）。在这种组织结构中，由于每个事业部都是一个产品和利益的责任单位，是一个相对独立的经营实体，因此每个事业部都可以视为小公司和总公司控制下的利润中心。由此可知，事业部制组织结构是一种在总公司统一政策指导下分散经营的分权化的组织结构。

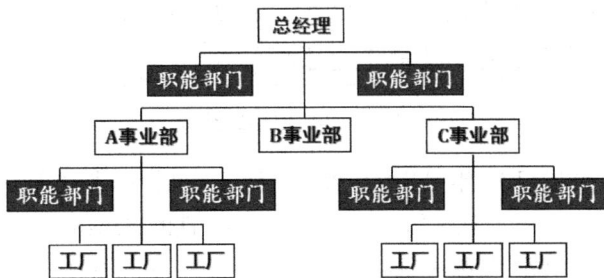

图5-11　事业部制组织结构

事业部制组织结构的主要优点是：组织的最高层管理者摆脱了具体的日常管理事务，有利于集中精力做好战略决策和长远规划，提高了管理的灵活性和适应性，有利于培养和训练管理人才。其缺点是：机构重复造成了管理人员的浪费；由于各个事业部独立经营，故各事业部之间进行人员互换比较困难，相互支援性较差；各事业部管理者考虑问题时往往从本部门角度出发，而忽视整个组织的利益。

事业部制组织结构适用于那些规模大和多元化经营的企业组织。在欧美和日本等大型跨国企业中，这种组织得到了广泛采用。

课间阅读

通用汽车公司和"斯隆模型"

在变革以前，通用汽车公司像是一个H形结构的控股公司。20世纪20年代初，通用汽车公司合并了许多小公司，企业规模急剧扩大，产品种类和经营项目增多，而内部管理却很难理顺。1921年，为了解决产品多样化、产品设计、信息传递和各部门决策协调问题，通用汽车公司新任总裁斯隆先生决定建立不是单一的、集中化的、按职能划分部门的组织，因为该公司的规模太大，活动太多、太复杂、太分散。于是，斯隆先生参考杜邦化学公司的经验创立了新型的多部门组织结构，让各个事业部的管理人员基本享有针对各细分市场的经营决策自主权。公司总部不再插手日常事务，主要执行战略决策、计划协调、监督等职能，并负责研发、资金、法律等问题。这种组织结构的改革为通用汽车公司创造了竞争优势，使其超越了福特公司。

五、矩阵制组织结构

矩阵制组织结构是在直线职能制组织结构的基础上建立了横向的项目管理系统，这样纵、横两套管理系统叠加在一起，便组成了一个矩阵。其中，纵向管理系统是按照职能划分的指挥系统，横向管理系统是按照产品、工程项目或服务划分的项目管理系统（如图 5-12 所示）。其特点是打破了传统的"一个员工只有一个直接上级"的原则，使一个员工属于两个甚至两个以上的部门。

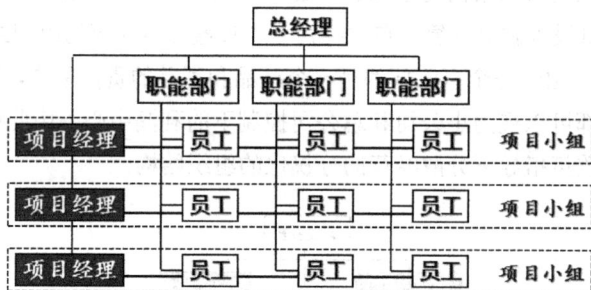

图 5-12　矩阵制组织结构

矩阵制组织结构是 20 世纪 50 年代开始出现的一种组织结构形式，主要应用于一些新兴行业（电子、航天）的工程部门、研究与发展部门，也被称为"临时性的组织结构"。因为矩阵制组织是为了完成某一项目各职能部门抽调人员组成项目小组（项目经理部）形成的，故当项目完成后各类人员仍回到原职能部门，项目小组即可解散。

矩阵制组织结构的优点是：打破了传统的一个工作人员只受一个部门领导管理的原则，使组织结构形成一种纵横结合的联系，加强了各职能部门之间的配合和横向联系；结构灵活，应变能力强，横向的项目小组可根据需要随时设立、调整或撤销；人力资源的利用率高，有利于培养专业人员的合作精神和全局观念，且工作中不同角度的思想互相激发容易取得创新性成果。

矩阵制组织结构的缺点是：违背了统一指挥原则，形成双重领导，项目主管和职能主管间容易产生冲突；对于项目小组成员而言，易出现任务分配不明，权责不统一的现象，特别是当双重主管意见出现分歧时，下属会感到无所适从，而工作出现差错时又不易分清领导责任；成员的工作位置不固定，容易产生临时观念，不利于树立责任心。

矩阵制组织结构适用于一些需要集中多方面专业人员集体攻关的项目或企业，如工程建筑企业和一些设计单位经常采用这种组织结构形式。

六、多维立体制组织结构

多维立体制组织结构是由美国道科宁化学工业公司于 1967 年首创的。这种组织结构形式是在矩阵制组织结构的基础上发展起来的，是系统理论在管理组织中的具体应用。多维立体制组织结构由职能制、矩阵制和事业部制组织结构综合而成（如图 5-13 所示）。这种组织结构形式由三方面管理系统组成：一是按产品（项目或服务）划分的部门（事业部），是产品利润中心；二是按职能（如市场研究、生产、技术、质量管理等）划分的专业参谋机构，是职能利润中心；三是按地区划分的管理机构，是地区利润中心。在这种组织结构形式下，每一个系统都不能单独做出决策，必须以由三方代表共同组成的产品事业委员会为最高权力机构，然后通过共同的协调才能采取行动。因此，多维立体制组织结构能够促使每个部门从整个组织的全局来考虑问题，从而减少了产品、职能、地区各部门之间的矛盾。

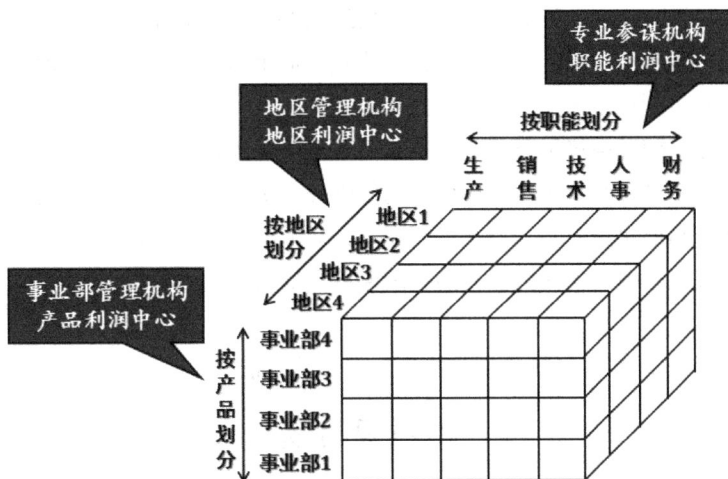

图 5-13   多维立体制组织结构

多维立体制组织结构可减少产品、职能和地区各部门之间的矛盾，有利于形成群策群力、信息共享、共同决策的协作关系。该组织结构形式适用于跨国公司或规模巨大的跨地区公司，如金融类、保险类跨国企业等。

本章小结

组织是指为实现某一共同目标，经由分工与合作及不同层次的权力和责任制度而构成的人的集合。组织职能是指为了有效地实现共同目标和任务，管理者在组织内部各部门和员工间建立一种关系结构，合理确定组织成员、任务及各项活动之间的关系，并对组织资源进行合理配置的过程。组织设计应遵循目标一致原则、分工协作原则、统一指挥原则、适当的管理幅度原则、权责对等原则、因事设职与因人设职相结合原则、精干高效原则。组织设计的主要内容包括组织部门化、管理幅度的确定、管理层次的设定、权力体系设计等。组织结构类型包括直线制、职能制、直线职能制、事业部制、矩阵制、多维立体制等。

扩展阅读

斯隆的组织革命

阿尔弗雷德·斯隆被誉为"第一位成功的职业经理人""现代组织之父""20 世纪最伟大的 CEO""事业部制组织结构的首创人"。作为通用汽车公司的第八任总裁，他领导通用汽车公司展示了外形多变和颜色各异的通用品牌汽车，宣告了福特 T 型车神话的终结。

在担任通用汽车公司总裁的 23 年里，斯隆先生对现代工业最大的贡献在于他创立了一整套管理大公司的组织制度。在他的领导下，通用汽车公司变成了一个组织严谨、井井有条的巨人。这套组织制度就是秉持"集中决策，分散经营"原则的事业部制组织结构，也被称为"斯隆模型"。

斯隆先生认为，凯迪拉克、别克、奥克兰、奥兹莫比尔和 1918 年投入通用汽车公司怀抱的雪佛兰这五个品牌，应分别生产不同档次的汽车，以满足不同消费群体的需要。事业部制组织结构使公司方针政策的制定和控制集中在上层，而将方针政策的执行和运用分散给基层。这套管理体制的建立，使通用汽车公司的基层部门既可以发挥各自的积极性，又可在公司的总体控制下进行经营活动，还可使高层管理人员从日常事务中解脱出来，全身心地投入到高层决策中去。这次组织变革，后人称之为企业管理上的一场革命。从这个意义上来说，现代大公司的管理制度是斯隆先生领导通用汽车公司时创立的。

阅读"斯隆的组织革命"，了解"斯隆模型"产生的背景。

资料链接
阅读文献资料
斯隆的组织革命

本章复习题

一、名词解释

组织	正式组织	非正式组织
部门	管理幅度	组织层次
职权	集权与分权	

二、单项选择题

1. 下列关于组织的说法中，错误的是（　　）。

　　A. 组织既具有一个共同的目标，又是实现目标的工具

　　B. 任何组织都是在一定的环境下生存和发展起来的，不适应环境变化的组织最终必然会失败

C．组织资源包括物力资源、财力资源、人力资源等。其中，财力资源是组织最重要的资源，因为组织活动少不了财力支持

D．组织在分工的基础上还要强调协作，只有把分工与协作结合起来，才能提高组织的效率

2．组织的各级机构以及个人必须服从一个上级的命令和指挥，这是组织设计的（　　）。

A．统一指挥原则　　B．目标一致原则　　C．权责对等原则　　D．分工协作原则

3．由两套组织部门联合构成的双重组织结构中，一套是在组织职能基础上形成的部门，另一套是在组织特定业务基础上形成的部门。这两套组织部门在组织中以纵、横两个方向设置所构成的状态称为（　　）。

A．职能制组织结构　　　　　　　B．直线制组织结构

C．矩阵制组织结构　　　　　　　D．事业部制组织结构

4．信息传递速度快且较为准确的是（　　）。

A．锥形式结构　　　　　　　　　B．扁平式结构

C．职能制组织结构　　　　　　　D．事业部制组织结构

5．把战略一致、竞争对象相同、市场重点类似的同类业务或产品归于一个部门属于（　　）。

A．职能部门化　　B．用户部门化　　C．地区部门化　　D．产品部门化

6．"集中政策指导下的分散经营"是（　　）的突出特点。

A．矩阵制组织结构　　　　　　　B．职能制组织结构

C．事业部制组织结构　　　　　　D．直线职能制组织结构

7．职能制组织结构的优点是实现了（　　）。

A．管理现代化　　B．管理专业化　　C．统一指挥　　D．统一领导

8．在组织规模一定的情况下，组织层级越少，管理幅度就会（　　）。

A．越宽　　　　B．越窄　　　　C．不变　　　　D．不确定

9．关于集权和分权的问题，下列说法中正确的是（　　）。

A．在现实中不存在绝对的集权，但存在绝对的分权

B．在现实中不存在绝对的分权，但存在绝对的集权

C．在现实中既存在绝对的集权，又存在绝对的分权

D．在现实中既不存在绝对的集权，又不存在绝对的分权

10．生产部、财务部等部门的划分方法是（　　）。

A．人数部门化　　B．顾客部门化　　C．职能部门化　　D．产品部门化

11．下列关于集权的说法中，正确的是（　　）。

A．有利于信息交流　　　　　　　B．行动统一，反应敏捷

C．有利于统一指挥　　　　　　　D．所有权力都集中在管理的最高层

12．组织严密且容易产生官僚主义的是（　　）。

A．锥形式结构　　　　　　　　　B．扁平式结构

C．矩阵制组织结构　　　　　　　D．事业部制组织结构

三、问答题

1．组织具有哪些基本要素？

2．比较正式组织和非正式组织。

3．简述组织职能的基本内容。

4．影响组织设计的因素有哪些？

5．简述组织设计的基本原则。

6．组织部门化有哪些常见形式？

7．管理幅度设计的影响因素有哪些？

8．组织层次与管理幅度间的关系是什么？

9．解释职权的三种形式。

10．比较集权与分权。

11．什么是授权？谈谈你对授权的认识。

12．简述直线职能制组织结构的优缺点。

13．简述矩阵制组织结构的优缺点。

14．简述事业部制组织结构的优缺点。

案例分析

联想给自己"动手术"

为了在竞争中取胜，联想领导层决定把力量集中到扩大微型计算机的市场占有率上，将企业的发展战略由"技、工、贸"转变为"贸、工、技"——先做贸易，再开展大规模工业，最后通过技术引导市场。这导致联想内部组织结构发生重大调整。

1994年，联想内部成立了计算机事业部，将公司内与计算机相关的几十个部门合并在一起，形成了供应、生产、销售、技术服务一体化的新的微型计算机产业体系。为保证企业整体战略目标的实现，作为企业组织结构调整的重要步骤，联想集团实行了严格的销售渠道策略，各地分公司不再是"利润中心"，必须完全成为销售渠道。微机事业部以微型计算机销售为"龙头"，建立统一指挥系统，消除"内耗"，使其目标一致、利益一致。面对互联网经济的挑战，联想在2000年又主动给自己动了一个大手术——根据从网络信息产品技术和网络信息服务两方面全面进军互联网这一新发展战略，对集团组织结构进行重大调整，并让两位"少帅"负起全面指挥的责任。联想集团在业务上分为两大子公司：一个是以原"联想电脑公司"为主体，主要负责网络接入端产品、信息产品及ISP（Internet Service Provider）和ICP（Internet Content Provider）服务的公司，杨元庆任总裁；另一个是以原"联想科技发展公司"为主体组建的"联想神州数码有限公司"，主要负责以电子商务为中心的网络产品，并为客户提供全面的系统集成方案，郭为任总裁。

这次调整把战略规划、财务、投资等业务的决策权下放给了子公司，真正实行了以子公司为主的体系。

思考题：

此案例中体现了哪些组织设计的原则？结合案例说明这些原则是如何在实践中应用的。

学习目标

- 掌握领导的含义和本质，理解领导的作用
- 明确领导的权力来源
- 理解领导与管理的关系
- 掌握领导特性理论、领导行为理论和领导权变理论，特别是几种重要的领导行为理论和领导权变理论

关键词

领导　　领导的影响力　　领导的权力来源　　领导特性理论　　管理方格

菲德勒模型　　领导生命周期理论

引导案例

爱穿白色工作服的总裁

当我们在现实中或在电视里看到本田汽车和摩托车时，就会自然而然地想起本田公司的创始人——本田宗一郎。这家传奇企业的创造者并非富家子弟，也不是名牌大学的高材生。本田宗一郎出身贫寒，没钱上学，一生全靠自我奋斗，自学成才。他是靠修自行车起家的，在艰苦的创业道路上屡遭挫折。

本田公司只认才干，不认文凭，不拘一格选聘人才是他一贯的用人之道。在公司里，经常可以看到他身穿白色工作服和工人们一同出入车间，同桌进餐。本田宗一郎认为，这样有利于沟通意见，协调关系，也能够及时了解工人的生产情况和情绪。在他眼里，工人绝非机器，如果将工人和机器置于同等地位，那么企业就要破产了。他鼓励员工发牢骚，提建议，献计献策。工人的建议被采纳后记录评分，当积分达到某一标准时，就颁发给这位员工"本田奖"或奖励其出国旅游。因此，工人们非常喜欢这位穿白色工作服的总裁。

【案例启示】　领导者的人格魅力影响着其管理的能力，其影响主要通过领导者运用权力时产生的亲和力、凝聚力和感召力体现出来。也就是说，对于那些具有领袖特质和领导魅力的管理者来说，一个典型的特征是他们能够唤起、激励、影响他人的情绪。

本田宗一郎曾说："有人鼓吹为国家、为企业而死，莫忘公司之恩等，该让说这些话的家伙去死！我绝不要求员工'为公司干活'，我要他们'为自己的幸福打拼'。从业人员不必为企业牺牲自己，而是要为自己的幸福努力，这样工作起来才会有效率。"正是本田宗一郎的真挚、坦诚和魅力，才吸引了一大批追随者为其鞠躬尽瘁。

第一节 领导的本质

领导是管理的一项重要职能。任何一个组织，无论大小都离不开领导。拿破仑说："一头狮子率领的绵羊部队，可以打败一头绵羊率领的狮子部队。"无数事实表明：一位德才兼备、懂经营、善管理的优秀企业领导者可以把亏损企业改造为优秀企业，而一个不称职的企业领导者也可以轻而易举地搞垮一个好企业。这些都充分说明了领导的重要性。那么，什么是领导？如何在现代组织中成为一个优秀的领导者？优秀的领导者应该具备哪些特质？什么样的领导风格最适合现代组织？本章将一一讨论这些问题。

一、领导概述

1. 领导的含义

"领导"在汉语中可以当名词用，即"领导者"的简称，也可以当动词用，即"率领并引导"。所以，领导既可以指一种类型的管理人员，又可以指作用于被领导者的一种行为。

关于领导的定义很多，不同的专家从不同侧面给出了不同的解释。例如，W.P.纽曼和小 C.E.萨默提出，领导是指"管理者积极地与下属共同工作，以指导和激励下属的行为，使其能胜任职务的要求；了解下属的感情以及下属在计划行动时所面临的各种问题"。领导学研究专家拉尔夫·斯托格迪尔认为，领导是"对组织内群体或个人施加影响的活动过程"。管理学家哈罗德·孔茨说："领导是一种影响力，它是影响人们心甘情愿地和满怀热情地为实现目标努力的艺术或过程。"社会系统学派的代表人切斯特·巴纳德认为："领导是上级影响下级的行为，以及劝导他们遵循某个特定行动方针的能力。"有人认为领导的定义有以下三种。第一，影响力说。认为领导是对人们施加影响的艺术或过程，从而使人们心甘情愿地、热心地为实现组织或群体的目标而努力，认为领导的本质是影响力。第二，行为说。认为领导是影响人们为完成群体目标而努力的一种行为。第三，服务说。认为领导就是服务。例如，通用电气公司前 CEO 韦尔奇认为领导就是帮助员工实现梦想。

综合上述说法，我们认为，领导是指挥、带领、引导和鼓励部下为实现目标而努力的过程。这个定义强调了领导的以下含义。

（1）领导的本质是影响力

凡是对别人产生影响力的行为活动就是领导活动。这种影响力既包括组织赋予领导者的职位权力，又包括领导者的个人魅力。拥有影响力的人，才能称得上是一位真正的领导者。

（2）领导是对人们施加影响的过程

领导是一个过程，同时也是一种艺术。领导是一个对别人或对事物施加影响的过程，它需要通过引导、沟通、奖惩这些行为来完成，更需要领导者发挥个人智慧、魅力，体现个性、品质和创造性。

（3）领导是一种目的性非常强的行为

领导的目的在于使人们心甘情愿地、热情地为实现组织或群体的目标而努力，使人们为组织或群体的成功做出贡献。这既是领导者工作水平的体现，又是领导者追求的工作目标。

课间阅读

踢猫效应

"踢猫效应"源自公司日常管理中的一个小故事。某公司董事长为了提高公司业绩及树立形象，规定公司员工必须按时上班，否则就要接受惩罚，并许诺自己将身体力行。某天，由于某种原因董事长上班迟到了，而且在上班路上因为超速驾驶被警察开了罚单。这位董事长心情很糟，来到自己办公室后没有心思做事。这时业务主管前来请示工作，董事长挑各种毛病，将业务主管训斥了一番。业务主管一头雾水，带着怨气回到自己办公室，这时秘书过来递送文件，于是业务主管将怨气撒在秘书身上，将秘书训斥一顿。秘书无故被人训斥，憋了一肚子气，就故意找文员的荐儿。文员被人无故找荐，心里很不是滋味，情绪低落地回到家里，看到儿子在沙发上跳来跳去，非常烦躁，就把儿子骂了一顿。儿子无故被骂，无处撒气，看到睡在地毯上的小猫就使劲地踢了一脚，小猫叫喊着躲到了角落里……

"踢猫效应"源自领导者的责任，因为领导者没有调整好自己的情绪，将自己的负面情绪带到了工作中，并传递给了下级。领导是对人们施加影响的过程，所以领导者不仅要有积极向上的正面影响力，还要有避免消极抱怨的负面影响力。

2. 领导活动的要素

领导活动中有几个要素非常重要，领导就是这些要素构成的综合体。

（1）领导者

领导者是在领导过程中能够影响和支配他人行为的个人或群体。他们是领导活动的主体，其作用是鼓舞、激励、影响他人。领导者在领导活动中起着关键作用。领导者有正式领导者和非正式领导者之分。正式领导者是组织中有正式领导职位的领导者，他们可以利用正式的职权影响他人；非正式领导者是指那些在组织中没有正式职位，但可以利用非正式权力影响他人的人，他们对组织而言和正式领导者同样重要，甚至有时其重要性更甚。

（2）被领导者

被领导者是受领导者影响和支配的个人或群体，是领导活动的客体。领导者与被领导者各以对方的存在而存在，双方相互施加影响。因而，领导是一个双向的动态过程。

（3）领导环境

领导环境是指实施领导活动的客观环境条件与要求。环境不同，领导者选择的领导方式、被领导者的反应方式及领导活动的效果都会不同。领导也要讲柔性，也要随着环境变化做出调整。领导环境包括自然环境和社会环境，具有自在性和自为性双重特性，是自在性和自为性的统一。

（4）职权

职权是领导职位所固有的领导权，包括决策权、指挥权、奖惩权等。它们是领导产生影响力之本，在领导活动中起着决定性作用。领导必须有一定的职权支撑，才能有力、有效地开展各种组织、指挥、控制、协调等活动。

（5）领导行为

领导行为是领导者在领导活动中心理行为特点的表现，主要由领导者的气质、性格、能力以及动机、需要、价值观、兴趣所决定。领导者的心理行为特点影响

资料链接

观看教学视频
领导的概念与作用

着领导的行为方式。

3. 领导的作用

领导具有指挥、协调和激励三方面的作用。

（1）指挥作用

指挥作用是指领导者需要头脑清醒、胸怀全局，能高瞻远瞩、运筹帷幄地帮助部下认清所处环境，指明活动的目标和达到目标的路径。

（2）协调作用

协调作用是指领导者需要在各种因素的干扰下协调部下之间的关系和活动，朝着共同的目标前进。

（3）激励作用

激励作用是指领导者通过主动为部下创造能力发展空间和规划职业发展生涯等行为来影响部下的内在需求和动机，引导和强化部下为组织目标而努力。

二、领导的权力

1. 领导权力的来源

领导影响力的来源是权力。领导权力主要包括法定性权力、奖赏性权力、惩罚性权力、专长性权力和感召性权力。其中，法定性权力、奖赏性权力、惩罚性权力属于领导者的职权，而专长性权力和感召性权力属于领导者的非职权。

（1）法定性权力

法定性权力是指组织内各管理职位所固有的、法定的、正式的权力。按照组织条例或法规的规定，上级合法地掌握着对下属所做事情的决定权和指挥权。合法权源于被影响者内在化的价值观，下属认为领导者有合法的权力影响他，必须接受领导的影响。

法定性权力是组织赋予领导者的岗位权力，它以服从为前提，具有明显的强制性。法定性权力随职务的授予而开始，随职务的免除而终止。它既受法律、规章制度的保护，又受法律、规章制度的制约，在领导者的权力构成中居主导地位，是领导者开展领导活动的前提和基础。一般而言，法定性权力包括以下几个方面。

① 决策权。从某种意义上说，领导的过程就是制订和实施决策的过程。决策正确与否是领导者成功与否的关键因素之一。如果领导者无决策权，将直接影响组织目标的实现，所以决策权是领导者最重要和最基本的职权。

② 组织权。所谓组织权，是指领导者在其领导活动中对机构设置、权力分配、岗位分工和人员配备等有权做出安排的权力。这是领导意图得以实现的组织保证。

③ 指挥权。指挥权就是指有关领导者为实施其决策，实现既定的总体目标和任务，对其下属（人员或机构）下达命令或指示的权力，即指挥下属工作的权力。如果没有指挥权的保障，领导者便无法完成其使命。

④ 人事权。所谓人事权，是指领导者对其下属成员有选拔、录用、培养、调配、升降、任免等事宜的决定权。必须指出，人事权关系着下属的切身利益，政策性很强，行使时务必公正无私，"一碗水端平"，不可滥用，否则可能会产生消极影响，损害自己的威信，甚至使自己陷入被动。

领导者所拥有的法定权力取决于工作的需要，具有强制性和法定性质，所以使用时必须出于公心，有利于事业的发展，切不可随心所欲、忘乎所以，更不允许用来谋求私利或达到其他任何个人目的，否则就难免自毁形象、自食苦果，甚至要承担相应的领导或法律责任。

（2）奖赏性权力

奖赏性权力是基于被影响者执行命令或达到工作要求而对其进行奖励的一种权力。奖赏性权力源于被影响者期望奖励的心理，即部下感到领导者奖赏他可使他满足某些需要。在组织情境中，奖赏可以是金钱、良好的绩效评估、职位晋升、有趣的工作任务，也可以是良好的工作环境，如友好的同事、有利的工作转换等。行使奖赏性权力的关键是使奖赏内容与被影响者的需求相一致，奖赏性权力的大小取决于人们追求这些东西的程度。例如，领导者赋予某下属一些重要责任，自认为对下属是一种信任与提拔，但下属却认为这样会使自己太累，心里感到不高兴。在这种情况下，领导者实际上没有真正实施奖赏性权力。

（3）惩罚性权力

惩罚性权力也称强制性权力，是指通过精神、感情或物质上的威胁，强迫下属服从的一种权力。例如，从组织的角度来讲，如果 A 能解雇 B 或使其停职、降级，并且 B 很在乎他的工作，那么 A 对 B 就拥有了惩罚性权力。同样，如果 A 能给 B 分派他不喜欢的工作或以 B 感到尴尬的方式对待 B，那么 A 对 B 也拥有惩罚性权力。惩罚性权力源于被影响者的恐惧，部下感到领导者有能力将自己不愿意接受的事实强加给自己，使自己的某些需求得不到满足。惩罚性权力在使用时往往会引起愤恨、不满甚至报复行动，因此必须谨慎使用。

惩罚性权力与奖赏性权力实际上是一对相对的概念。如果你能剥夺他人有价值的东西或给他人造成不良的影响，那么你对他就拥有了惩罚性权力。如果你能带给他人某种利益或帮助他人免于不良的影响，那么你对他就拥有了奖赏性权力。与惩罚性权力一样，并非要成为管理者才能通过奖赏性权力来施加影响。诸如友好、接受和赞扬之类的奖赏，组织中的任何一个人都可以使用。

以上三种权力都与组织中的职位联系在一起，是从职位中派生出的权力，因此统称为职位权力，即职权。

（4）专长性权力

专长性权力是指领导者具有各种专门的知识、特殊的技能而获得同事的尊重和佩服，从而在各项工作中显示出其在学术上或专长上的影响力。领导者如果涉猎广泛，通今博古，学识渊博，特别是拥有组织活动所必备的专业技能，则必然会使被领导者对其产生钦佩之情。这种集信服力、信任力和钦佩力于一体的综合能力，成为领导者的专长权。这种影响力的影响基础通常是狭窄的，仅仅被限定在专长范围之内。

（5）感召性权力

感召性权力是指由于领导者具有优良的领导作风、思想水平和品德修养，受到下级的敬佩和赞誉，使下级愿意模仿和跟随，从而在组织成员中具有德高望重的影响力。这种影响力是建立在下属对领导者认可的基础上的，由领导者本身的素质（诸如品格、知识才能、毅力和气质）所决定。它通常与具有超凡魅力或名声卓著的领导者联系在一起。这种影响力对人们的作用是通过潜移默化变成被领导者的内驱力来实现的，因赢得了被领导者发自内心的信任、支持和尊重，所以对被领导者的影响和激励作用不仅很大，而且持续的时间较长。

资料链接

观看教学视频
领导的权力来源

专长性权力和感召性权力都是与组织的职位无关的权力，因此被称为非职位权力。这种权力是由于领导者自身的某些特殊条件才具有的，如领导者具有高尚的品德、丰富的经验、卓越的专业能力、良好的人际关系、特殊的个人背景及善于激励成员的管理能力等。这种来自个人的影响力通常在组织成员自愿接受的情况下才能产生影响力，易于得到组织成员发自内心的长时期的敬重和服从。显然，高效的领导者不仅要依靠正式的职位权力，还必须具有个人影响力，这样才会使被领导者心悦诚服，才能更好地进行工作。

课间阅读

修女特蕾莎

在印度逝世的修女特蕾莎是塞尔维亚人，早年在英国受教育，她在印度时一直不穿鞋。有人问她："特蕾莎修女，你怎么不穿鞋啊？"特蕾莎说："我服务的印度大众都太苦了，他们中的很多人都没有鞋穿。我如果穿上鞋，就跟他们的距离差得太远了。"原来特蕾莎所服务的印度大众大部分都打赤脚，所以她自己也不穿鞋。

有一次，戴安娜王妃去访问印度，亲自去拜见特蕾莎。她突然间发现特蕾莎没有穿鞋，事后她跟别人讲了这么一句话："我跟她握手的时候发现她没有穿鞋，我脚上穿了一双白色的高跟鞋，真羞愧呀。"

科索沃战争爆发时，特蕾莎去找负责战争的指挥官，说战区里那些可怜的女人跟小孩儿都逃不出来。指挥官跟她这样讲："修女啊，我想停火，可对方不停啊！没办法。"特蕾莎说："那么，只好我去了。"特蕾莎走进战区，双方一听说特蕾莎修女在战区里，立刻停火。后来她把一些可怜的女人和孩子带走以后，两边又打起来了。这个消息后来传到了联合国。时任联合国秘书长的安南听到这则消息后赞叹道："这件事连我也做不到。"之前，联合国曾调停了好几次，战争却始终没有停熄。特蕾莎走进去之后双方却能立刻自动停火，可见特蕾莎的人格魅力。

特蕾莎在印度逝世后，她的祖国塞尔维亚希望将她安葬在本国。印度总理特意为此打电话给塞尔维亚领导人，请求将她安葬在印度，后来塞尔维亚同意将她安葬在印度。她的去世，被印度人视作"失去了母亲"。印度总理说："她是少有的慈悲天使，是光明和希望的象征。她抹去了千千万万人苦难的眼泪，她给印度带来了巨大的荣誉。"印度为特蕾莎举行了国葬。出殡那天，她身上覆盖的是印度国旗。就在她的遗体被12个印度人抬起来时，在场的印度人全部下跪，包括当时的印度总理。遗体抬过大街时，大街两旁大楼上的印度人全下楼来，跪在地上，向这位爱的天使表达最高的敬意。

2. 正确对待权力

为了确保在实际工作中能够正确运用组织所赋予的职权和非职权，领导者必须掌握正确对待权力的三条原则。

（1）慎重用权，不可滥用权力

领导者一旦滥用权力，不但会阻碍组织目标的实现，还会导致人际关系恶化，组织凝聚力下降，最终会导致领导者丧失权力。少数领导者头脑不够清楚，往往自觉或不自觉地炫耀手中的权力，以此树立自己的权威。这种做法通常只会招致人们的反感和厌恶。好的领导者用一种慎重小心的态度对待权力，该使用时使用，绝不夸大炫耀，十分珍惜组织给予的权力和自己多年辛勤工作在群众中形成的威信。但在确实需要使用权力时，领导者要当机立断、雷厉风行地来维护组织和个人的利益。

（2）客观公正用权

领导者运用权力的最重要原则是廉明、客观一致地使用权力。领导者必须使部下相信，他使用权力是不徇私情、不谋私利的，是按照组织条例或法规的规定来办事的。这包括让大家知道使用权力的方式，建立工作秩序，从而可以服众，带来信誉，避免不确定性，提高组织工作效率。

（3）例外处理

规章制度是组织成员应当共同遵守的行为准则，领导者必须维护规章制度的严肃性，按照规章制度的要求来正确使用手中的权力。但在特殊情况下，领导者有权"特殊事情特殊处理"。例外处理不是为了破坏规章制度，而恰恰是为了使规章制度在执行过程中表现得更加合理，更加符合实际情况。

三、领导与管理

1. 联系

从行为方式上看，领导与管理都是一种在组织内部通过影响他人的协调活动，来实现组织目标的过程。从权力的构成上看，两者都是组织层级岗位设置的结果。

2. 区别

（1）领导是管理的一个重要方面，是管理的一项职能

管理除了领导职能外，还有其他职能，如计划、组织、控制等。从这个角度看，管理的职能范围要大于领导。

（2）领导者不一定是管理者，管理者也不一定是领导者

首先，领导者既存在于正式组织，也存在于非正式组织，而管理者只存在于正式组织。

其次，管理者一定具有组织职位赋予的正式权力（即职权），并以此正式权力对下属发号施令、行使奖惩，但并不是每一位管理者都具有个人影响力所带来的非正式权力（即非职权）；而领导的本质是影响力，所以领导者不一定具有组织赋予的正式职权，但却一定拥有个人魅力带来的非正式权力，即影响力，并以此影响力发挥指挥、协调和激励他人的作用。

最后，管理者的本质是被上级任命而拥有某种职位所赋予的合法权力而进行管理，被管理者往往因追求奖励或害怕惩罚而服从管理；而领导者的本质是被领导者的追随和服从，它完全取决于追随者的意愿，而不完全取决于领导者的职位和职位权力。

当然，为了使组织更为有效，应该选取领导者来从事管理工作，也应该把管理者都培养成领导者。

第二节 领导者与领导方式

一、领导者

1. 领导者的含义

领导者是在组织中承担领导职责，实施领导过程的人。领导者在一个组织中充当着重要的角色，在带领、指导和影响组织成员为实现组织目标而努力的过程中起着关键作用。

正如领导区别于管理一样，领导者与管理者有着如下区别。

第一，工作范围方面。在领导者方面，领导者提供的是方向性的东西，需要从宏观角度把握组织的发展方向，为组织制订长期规划，而且要时刻思考如何打破固有秩序，不断创新，通过开展创新型活动来进行组织变革。领导者解决的是本组织发展中的根本性问题，同时要对组织的未来进行一定程度的预见。总的来说，其工作具有概括性、创新性、前瞻性。而在管理者方面，管理者要做的是具体化的东西，需要在已有规划指导下做好细节工作，为组织日常工作做出贡献。管理者研究的不是变革，而是如何维持目前良好状态，他们要做的是将已出现的问题很好解决。总体来说，其工作具有具体性、重复性、现实性。

第二，自身素质方面。领导者在活动中主要运用的是个人魅力，好的领导者用个人魅力影响其下属，使他们愿意听从领导者的指挥；而管理者更倾向于运用组织赋予的权力开展工作，用权力树立威严，让下级"惧怕"，不得不听从其指挥，按其指示做事。因此，在自身素质方面，领导者需要积极、大胆、随和、具有拓展创新精神、善于搞好人际关系，而管理者则需要冷静、理智、客观。

第三，工作侧重点方面。领导者看重的是结果是否符合他的预计，不会过多地关注过程，而管理者强调的是完成目标的过程是否符合要求，有无偏差；领导者关注人，管理者关注生产；领导者提出问题，管理者解决问题；领导者强调"有机的情感逻辑"，管理者强调"机械的效率逻辑"。

第四，工作方法方面。领导者工作较为随意，灵活性强，"不按常理出牌"，工作与领导者个性有很大关系；而管理者以"冷酷无情"的形象示人，把规章奉为信条，更具客观性。因此，有时领导者在下属犯错时可以法外开恩，但管理者却遵章办事；领导者倾向于运用激励，即通过调动组织成员的积极性来达成目的，而管理者则倾向于运用控制，即按照给定的条件和预定的目标对受控对象施加影响。

综上所述，领导者与管理者虽有相同之处，但绝不可以混为一谈。正确认识两者间的区别与联系有助于对日常管理活动进行更好的把握，从而促进组织的发展。

2. 领导者的素质

在现实生活中，有的领导者可以使濒临倒闭的工厂起死回生，效益倍增；有的领导者却使好端端的一个工厂效益下降，走向倒闭。其中原因很多，但在其他条件相同的情况下，领导者素质是决定性因素。

领导者的素质是指领导者所具有的在领导活动中经常起作用的基本条件或内在因素。在领导科学理论的研究中，人们一般把领导者的素质分为政治素质、知识素质、能力素质、身体和心理素质。

（1）政治素质

政治素质在领导实践中重点表现为领导具有什么样的权力观、价值观、政绩观、发展观。领导者首先必须树立正确的权力观，应正确看待和运用权力，要充分认识到权力的本质就是责任，应树立"领导就是服务"的观念。同时，在行使职权时不能夹带私心杂念，必须保证权力干净运行，要勤政、廉政，防微杜渐，自觉把好防线；要强化监督、制约意识，自觉主动地接受监督。其次，必须树立正确的价值观。正确的价值观对人生道路将产生重要的决定性的引导作用。一名领导者对于自己的付出和得到的报偿应有正确的估价。价值观出了问题，人生就迷失了方向，行为难免会偏离轨道。再次，必须树立正确的政绩观。片面地追求政绩，急功近利，可能会劳民伤财，甚至会影响今后的长远发展。最后，必须树立科学的发展观。科学发展观的核心是以人为本，强调的是全面协调、可持续发展。

（2）知识素质

领导者认识客观事物的能力及其开展领导实践的能力，都与其自身的知识素质密切相关。领导者应具备的知识素质主要体现在知识结构方面。知识结构主要包括3方面：一是综合性知识，就是要有扎实的文化基础和广博的知识面；二是领导学知识，作为一名领导，要认真学习管理学、组织行为学、心理学、人力资源管理等方面的知识；三是专业知识，每位领导者都要努力成为所领导领域的内行。

（3）能力素质

领导者能力素质的高低直接决定了领导工作是否有成效。领导者的能力素质主要包括逻辑思维能力、预测决策能力、组织指挥能力、协调控制能力、选人用人能力、开拓创新能力、灵活应变能力、社会交际能力、语言表达能力、时间管理能力等。

（4）身体和心理素质

领导者往往要承担沉重的工作负担和巨大的精神压力，没有良好的身体素质和心理素质是难以胜任的。身体素质通常包括体力素质和智力素质。心理素质包括普通心理素质和职业心理素质。其中，职业心理素质应具备情绪稳定、乐观自信、意志坚定和心胸开阔等特点。

课间阅读

鹦鹉 CEO

一个人去买鹦鹉，看到一只鹦鹉前标着：此鹦鹉会两门语言，售价两百元。另一只鹦鹉前则标着：此鹦鹉会四门语言，售价四百元。该买哪只呢？两只都毛色鲜艳，非常机灵可爱。这人转啊转，拿不定主意。突然他发现一只老掉了牙的鹦鹉，毛色暗淡散乱，标价八百元。这人赶紧将老板叫来："这只鹦鹉是不是会说八门语言？"店主说："不。"这人奇怪了："那为什么又老又丑，又没有能力，会值这个数呢？"店主回答："因为另外两只鹦鹉叫这只鹦鹉CEO"。

真正的领导人，自己能力不一定有多强，只要懂信任，懂放权，懂珍惜，就能团结比自己更强的力量，从而提升自己的身价。相反，许多能力非常强的人却因为过于追求完美，事必躬亲，认为什么人都不如自己，最后只能做最好的公关人员、销售代表等，成不了优秀的领导人。

二、领导方式

领导方式是指领导者从事领导活动所遵循的比较稳定的行为模式。它是领导职能与管理效益之间的转换媒介。领导者的领导方式对于实施正确领导，完成工作目标具有重要意义。

领导方式是由领导者所处的组织结构，沟通渠道，任务目标，领导环境，工作程序，工作方法以及领导者的知识、经验、性格、才能等因素决定的。每个领导者都有其特定的领导方式。人的个性化和实践的多样性决定了领导者领导方式的多样性。

1. 按领导权力的控制和运用方式分类

按领导权力的控制和运用方式分类，领导方式可分为集权式、分权式和均权式三种。

（1）集权式领导

集权式领导是指组织的一切决策权都集中于领导集团或领导个人，偏重于运用集权形式推行工作，而不注意授权。集权式领导只在特定环境下使用才有效。

（2）分权式领导

分权式领导是指由领导者决定目标、政策、任务的方向，但对下属完成任务的行为活动不加干预，下属有一定的自主决定权。

（3）均权式领导

均权式领导是指领导者掌握一些重大权力，同时适当分权给下属，使下属在其职能范围内有一定的自主权。其特点是保持权力平衡，不偏于集权，也不偏于分权。

2. 按领导指挥模式分类

按领导指挥模式分类，领导方式可分为强制命令式、民主参与式、自由放任式和示范教育式。

（1）强制命令式

强制命令式领导方式是指领导者为达到目的，凭借职权发布命令，使下属不可违抗地执行。这种领导方式注重正式组织结构、组织规章及纪律的作用，通过组织系统采取命令方式实施领导。它的特点是领导集权、独断，政令统一，领导效率较高，但下级奉命行事，灵活性较差，上下级缺少感情交流，心理差距大，并且下属的主动性和积极性不易发挥。一般来说，它比较适用于技术性、速决性、重复性、执行性、紧急性较强的事务。

（2）民主参与式

民主参与式领导方式是指领导者经常把有关政策、原则和实施方法，通过一定的民主程序同有关人员协商后决定。采用这种方式的领导者总是设法使下属参与到自己的决策当中，对下属比较信赖，能比较民主地对待下属。这种领导方式既注重组织结构、规章制度的作用，又不会大权独揽，倾向于同下级共同协商。其特点是民主讨论，集思广益，以身作则，以理服人，合作共事，相互尊重，领导过程透明度较高。

（3）自由放任式

自由放任式领导方式是指领导者只对下级的工作做出必要的原则、方针、政策方面的规定，其余的由下级自行决定。该方式继承了"无为而治"的思想，顺其自然地进行领导。自由放任式领导者不注意权力、规章制度和纪律的作用，对下属采取自由放任的态度，容易出现混乱和失控的状况。其特点是活动无规范、无严密的审批制度，强调个人自由，一般比较适用于学术团队、文艺创作、学院组织、基础性科研单位等。

（4）示范教育式

示范教育式领导方式是指领导者运用榜样示范、疏导教育，使被领导者心悦诚服地接受并贯彻领导意图的领导方式。这种方式注重思想教育和激励工作，运用典型事例、灌输、对话、启发、商讨等说服教育的方法和各种激励手段激发人的内在动力，使下属心悦诚服地领会和接受领导的意图，自觉地为实现特定领导目标而努力。其要求领导者自身应树立模范形象，言传与身教相结合。示范教育式必须与强制命令式结合使用才能收到很好的效果。

第三节 | 领导理论

在你的心目中，领导是什么样的？像李世民、林肯、马丁·路德·金，还是像当今商界名人比尔·盖茨、戴尔、韦尔奇？在对领导理论的研究中，人们首先运用了特质法、行为法、权变法来探索领导成功之路。所以，领导理论大致可分为三类：领导特性理论、领导行为理论和领导权变理论。

领导特性理论着重研究领导者的品行、素质、修养等，目的是说明好的领导者应具备怎样的特性；领导行为理论着重分析领导者的领导风格对组织成员所产生的影响，目的是找出最佳的领导行为；领导权变理论则着重研究影响领导行为和领导有效性的环境因素，目的是说明在特定情况下哪一种领导方式是最好的。

一、领导特性理论

领导特性理论是主要从领导者的个人特性出发来研究领导职能有效性的理论，是一种最古老的传统理论。它认为优秀的领导者必然具有一些共同的领导个性特质，正是这些特质决定了他们的领导成就。该理论最早期的研究集中于找出领导者实际具有的特性或个人品质，以预测具备什么样的性格特征或品质的人适合充当领导者。

根据对领导特性来源所做的不同解释，领导特性理论又可以分为传统领导特性理论和现代领导特性理论。

1. 传统领导特性理论

传统领导特性理论认为领导者所具有的品质和特性是与生俱来的，即领导者的特性或品质是先天的，天赋是一个人能否充当领导者的根本因素。所以，传统领导特性理论也被称为"伟人论"。后来，传统领导特性理论遭到了大量质疑，也找不到任何证据证明高效的领导者所具有的品质和特性一定是先天的。所以，现在人们已很少赞同领导者所具有的特性是天生的、遗传的这样的观点了。

2. 现代领导特性理论

现代领导特性理论从 20 世纪 90 年代开始兴起。该理论认为，确实存在领导特性，但领导特性不是天生的，而是后天形成的。这些特性是可以在实践中逐步形成和积累起来的，而且可以通过教育进行培养。

对领导者应该具有的特性进行研究后得出的理论中，比较著名的有以下几个理论。

（1）彼得·德鲁克的"五种有效领导者特征"理论

① 知道时间该花在什么地方，领导者支配时间常处于被动地位，所以有效的领导者都善于系统地安排与利用时间。

② 致力于最终的贡献，确定自己的努力方向。他们不是为工作而工作，而是为成果而工作。

③ 善于发现和利用人之所长，重视发挥自己的、同事的、上级的和下级的长处。

④ 能分清工作的主次，集中精力于关键领域，确立优先次序，做好最重要的和最基本的工作。

⑤ 能做出切实有效的决定。他们知道一项有效的决策必是在"议论纷纷"的基础上做出判断，而不是在"众口一词"的基础上做出判断。

（2）鲍莫尔提出的领导者应具备的条件

① 合作精神。愿意与他人共事，能赢得别人的合作，对人不是压服，而是感召和说服。

② 决策能力。依据事实而非想象进行决策，有高瞻远瞩的能力。

③ 组织能力。善于发掘下级的才智，善于组织人力、物力和财力。

④ 精于授权。能大权独揽、小权分散。

⑤ 善于应变。机动灵活，积极进取，不墨守成规。

⑥ 勇于负责。对上下级、用户以及整个社会富有高度责任心。

⑦ 勇于求新。对新事物、新环境、新观念有敏锐的感受和接受能力。

⑧ 敢担风险。敢于承担改变企业现状时遇到的风险，并有创造新局面的雄心和信心。

⑨ 尊重他人。能重视和采纳别人的合理化建议，不盛气凌人，能器重下级。

⑩ 品德高尚。品德为社会和组织成员所敬仰。

（3）日本企业界对领导特性提出的要求

① 十种品德，包括使命感、责任感、信赖感、积极性、忠诚老实、进取心、忍耐性、公平、热情和勇气。

② 十项能力，包括思维能力、决策能力、规划能力、改造能力、洞察能力、劝说能力、对人理解的能力、解决问题的能力、培养下级的能力和调动积极性的能力。

3. 对领导特性理论的评价

领导特性理论系统分析了领导者应具备的能力、品德和为人处世的方式，向领导者提出了要求和希望，对于我们选择、培养和考核领导者是有帮助的。

但是，领导特性理论也存在缺陷。

首先，并非所有成功的领导者都具备上述领导特性理论中描述的品质，许多非领导者可能具备上述的大部分甚至全部品质，而且几乎没有一种品质是所有领导者所共有的。因此，领导特性理论无法指出哪些素质是领导者必需的，也无法对各种品质的相对重要程度做出评价。

其次，各种领导特性理论的内容不一致，这是因为领导特性理论忽略了被领导者和环境的作用。事实上，一个领导者能否发挥作用，会因被领导者的不同而不同，也会随着环境的改变而改变。

二、领导行为理论

领导行为理论主要研究领导者的行为及其对下属的影响，以寻求最佳的领导行为。该理论认为领导者最重要的方面不是领导者个人的性格特征，而是领导者实际在做什么。领导行为理论的代表性理论有美国俄亥俄州立大学的"四分图"理论及布莱克和莫顿的"管理方格"理论。

1. 领导行为四分图

1945 年，美国俄亥俄州立大学工商企业研究所对领导行为展开研究。一开始，研究人员列出了一千多种概括领导行为的因素，通过逐步筛选、归并，最后将其概括为"抓组织"和"关心人"两大类。

"抓组织"即以工作为中心，指的是领导者为了实现工作目标，既规定了自己的任务，又规定了下级的任务，包括进行组织设计、制订计划和程序、明确职责和关系、建立信息沟通途径、确立工

作目标等。其也被称为"定规维度"。

"关心人"即以人际关系为中心，指的是领导者信任、尊重和关怀下级的程度，包括建立互相信任的气氛、尊重下级的意见、关心下级的感情和问题等。其也被称为"关怀维度"。

按照这两类因素，他们设计了"领导行为描述问卷"。每类列举了 15 个问题，进行调查。调查结果显示，两类领导行为在同一位领导者身上有时一致，有时不一致，因此他们认为，领导行为是这两种行为的具体组合，领导者的行为可以用二维空间的四分图来表示，如图 6-1 所示。

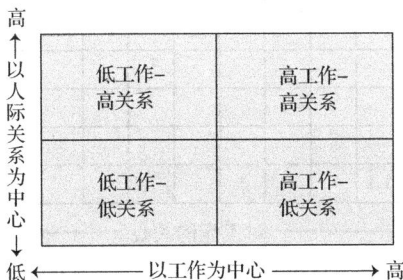

图 6-1　领导行为四分图

"四分图"理论为进行领导行为的研究指出了一条路径，从图 6-1 中可以看出四种领导行为方式。

①　"高工作-低关系（高定规-低关怀）"。这种领导行为最关心的是工作任务。

②　"低工作-低关系（低定规-低关怀）"。这种领导行为对组织、对人都不关心，一般来说，这种领导方式的效果最差。

③　"低工作-高关系（低定规-高关怀）"。这种领导行为较为关心领导者与下级之间的合作，重视相互信任和相互尊重的氛围。

④　"高工作-高关系（高定规-高关怀）"。这种领导行为对工作、对人都比较关心。总的来说，这种领导方式的工作效率和领导的有效性都较高。

一般而言，"关心人"的领导者平时非常尊重下属的意见，给下属比较多的工作自主权，通过经常和他们沟通来了解他们的思想感情，表现出良好的民主作风。他们十分重视满足下属的需要，处处体贴关心，平易近人，平等待人。"抓组织"的领导者注重组织机构的设置，使职责、权力及其相互关系，沟通办法明确规范，这一类领导非常注重制度建设及工作程序的制订，有明确的工作目标和要求。实际工作中，应该使两者相互联系、有效结合，以促进管理工作的有效开展。

2. 管理方格

在"四分图"理论的基础上，布莱克（Robert Blake）和莫顿（Jane Mouton）于 1964 年就企业中的领导行为方式提出了"管理方格理论"。

他们认为，在领导工作中往往会出现一些极端的方式：或者以生产为中心，或者以人为中心；或者以 X 理论为依据而强调监督，或者以 Y 理论为依据而强调相信人。为避免过于极端，克服以往各种领导方式理论中"非此即彼"的绝对化观点，他们指出在对生产关心的领导方式和对人关心的领导方式之间，可以有使二者在不同程度上互相结合的多种领导方式。

为此，布莱克和莫顿设计了一张纵轴和横轴各 9 等分的方格图：纵轴表示领导者对人的关心程度（包含对员工自尊的维护、基于信任而非基于服从来授予职责、提供良好的工作条件、保持良好的人际关系等），横轴表示对工作的关心程度（包括政策决议的质量、程序与过程，研究工作的创造性，职能人员的服务质量、工作效率和产量等）。横、纵轴的第一格表示关心程度最小，第九格表示关心程度最大。全图总共 81 个小方格，分别表示"对工作的关心"和"对人的关心"这两个基本因素以不同比例相结合的 81 种领导风格，如图 6-2 所示。

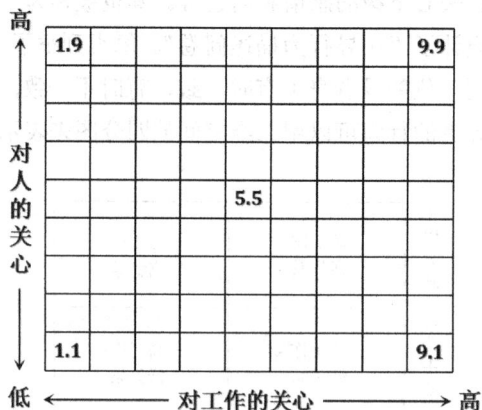

图 6-2　管理方格图

布莱克和莫顿在管理方格中列出了 5 种典型领导方式。

① "1.1"型：贫乏型管理（Impoverished Management）。对员工和生产几乎漠不关心，只以最小的努力来完成必须做的工作。这种领导方式将会导致失败，这是很少见的极端情况。

② "1.9"型：乡村俱乐部型管理（Country Club Management）。在这类管理中，领导者很少甚至不关心生产，只关心人，促成一种人人得以放松、感受友谊与快乐的环境，而没有人关心协同努力以实现组织的目标。

③ "5.5"型：中间型管理（Middle of the Road Management）。这种领导者对人的关心程度和对工作的关心程度都不算高，也不算低，能保持平衡。一方面，比较注意管理者在计划、指挥和控制上的职责；另一方面，比较重视对员工的激励和引导，设法使士气保持在必需的满意水平上。但这种领导方式缺乏创新精神，只追求正常的工作效率和士气。

④ "9.1"型：任务型管理（Task Management）。这种管理风格坚持任务第一，领导作风是非常专制的。领导集中注意力于对生产任务和作业效率的要求，注重计划、指导和控制员工的工作活动，以完成组织的目标，但不关心人的因素，很少注意员工的发展和士气。

⑤ "9.9"型：团队型管理（Team Management）。这类领导者对生产和人都极为关心，努力使员工个人的需要和组织的目标最有效地结合，使员工了解组织的目标，关心工作的成果。其善于建立"命运共同体"的氛围，因而员工不仅彼此关系融洽、士气旺盛，而且能进行自我控制，生产任务完成得极好。

资料链接
观看教学视频
领导行为理论

除了这些基本的类型外，还可以找出一些其他组合。例如，"5.1"型表示"准生产中心型"管理，即领导者比较关心生产，不大关心人；"1.5"型表示"准人中心型"管理，即领导者比较关心人，不大关心生产；"9.5"型表示"以生产为中心的准理想型"管理，即重点抓生产，也比较关心人；"5.9"型表示"以人为中心的准理想型"管理，即工作重点在于关心人，也比较关心生产。

布莱克和莫顿认为"9.9 型"的领导方式是最有效的，领导者应该客观地分析组织内外的各种情况，努力创造条件，将自己的领导方式转化为"9.9 型"，以求得最高的效率。

管理方格在识别和区分领导作风方面是一个有用的工具，但它没有告诉我们为什么一名领导者会落在方格图上的这一部位或那一部位。为了找出这方面的原因，我们必须考虑一些根本因素，如领导者和被领导者的个性、主管人员的才干和得到的培训、组织环境以及其他对领导者与被领导者都有影响的情境因素。

课间阅读

三个领导，三种风格

通过学校推荐吴君来到某公司给张总经理做秘书。公司的大小事情都必须要向张总汇报，得到他的指示才能行事。尽管如此，吴君感到工作还是比较轻松的，因为任何事情他只需要转还给总经理，再把总经理的答复转给相关负责人就算完成任务了。可是好景不长，因为张总经理每天太过奔波劳累，病倒了。

新上任的王总经理对吴君每天无论大小事宜都要请示提出了批评。这让她慢慢学会了分清轻重缓急，有些事情可以直接转交给其他副总经理处理。这样，王总经理每天有更多的时间去考虑公司的长远目标，确立组织发展方向，然后在高层领导者之间召开会议，进行研讨。自王总经理上任以来，公司出台了新的发展战略、市场定位及公司内部的规章制度，公司的业绩也在短期内有了很大的提高。同时，吴君也很忙碌，有时需要跑很多部门去协调一项工作，这让她觉得学到了很多东西，也充实了不少。因为业绩突出，王总经理干了一年就被调到总公司去了。

之后又来了李总经理。相对于张总经理的事必躬亲以及王总经理的有张有弛，李总经理就随意多了。他到任之后，先是了解了一下公司的总体情况，感到非常满意，然后对下面的经理说："公司目前的运营一切顺利，我看大家都做得比较到位。总经理嘛，关键时刻把把关就可以了，不是很重要的事情你们就看着办吧。"这样一来，吴君享受到了自工作以来没有过的轻松，因为一周也没有几件事情要找李总经理。

对比这三位领导，真是各有各的特点。

三、领导权变理论

人们在运用领导特性理论和领导行为理论的过程中发现，在实际中到底何种领导方式最为有效要视具体的工作环境而定。没有一种"唯一"的特性为所有有效的领导者所共有，也没有哪一种领导风格在所有的条件下都有效，由此产生了领导权变理论。

依据领导权变理论，领导行为的有效性不单纯取决于领导者的个人行为，某种领导方式在实际工作中是否有效主要取决于具体的情境和场合。依据领导权变理论，"没有最好的领导模式，只有最合适的领导模式"。

领导权变理论表明领导方式的有效性是受多种变量影响的，即：

$$S = f(L, F, E)$$

式中，S 代表领导方式，L 代表领导者特征，F 代表追随者特征，E 代表环境。

在环境变量中，任务性质（任务复杂性、类型、技术和规模）是重要的中间变量。此外，还有群体规范、组织文化、控制范围、外部威胁与压力等诸多因素。

领导权变理论的代表性理论是菲德勒的领导权变理论和领导生命周期理论。

1. 菲德勒的领导权变理论（菲德勒模型）

菲德勒是第一个把领导方式与环境因素有机结合起来研究领导效率的心理学家。

菲德勒认为，在管理实践中，绝大多数的领导者都不是非常灵活的。试图改变领导者的领导风格来适应不可预见的或是不断变化的环境，不仅效率低下，而且是枉费心机的。因此，良好的群体绩效只能通过两种途径获得：要么使领导者与管理情境相匹配，要么使管理情境与领导者相匹配。

（1）确定管理情境

菲德勒认为，评价领导有效性的关键情境因素有三方面，分别是"上下关系""任务结构"和"职位权力"。

① 上下关系：即领导与员工的关系、上级与下级的关系，指上下级之间相互尊重、相互支持、互相信任和密切合作的关系。如果领导者能得到下级的信任、尊重和喜爱，使下级主动追随，上下级关系越好，领导环境越好；反之，则越差。

② 任务结构：指工作任务的明确程度。任务结构越明确，下属责任心越强，领导环境越好；反之，当工作任务越不明确，下属的责任越模糊时，领导环境就越差。

③ 职位权力：指与领导者职位相关联的正式职权，以及领导者在组织中得到的支持程度。如果领导者的职位能够提供足够的权威，并获得组织的有力支持，领导环境就好；反之，则差。

（2）确定领导风格

菲德勒认为，影响领导成功的关键因素之一是领导者的基本领导风格。为了监测领导者的基本领导风格，他设计了"最难共事者"调查问卷（Least Preferred Coworker Questionnaire，LPC 问卷）。该问卷的主要内容是询问领导者对最难共事者的评价。如果一个领导者对其最不喜欢的同事仍能给予好的评价，则表明他为人宽容、体谅，提倡好的人际关系，是关心人的领导，那么该领导者趋向于人际关系型的领导方式（高 LPC 问卷，即在 LPC 问卷上打高分）。如果一个领导者对其最不喜欢的同事给予低评价，则表明他是命令式的，对任务的关心胜过对人的关心，那么该领导者趋向于工作任务型的领导方式（低 LPC 问卷，即在 LPC 问卷上打低分）。

（3）领导者与情境的匹配

菲德勒将三个关键情境因素组合成八种情况，对 1 200 个团体进行了抽样调查，对比了关系导向和任务导向这两种领导风格，得出如下结论：在对领导者最有利和最不利的情况下，采用任务导向效果较好；在对领导者中等有利的情况下，采用关系导向效果较好，如图 6-3 所示。

虽然许多学者从经验、方法论和理论上对菲德勒模型提出了批评，认为模型取样太小，容易造成统计误差等，但这个模型还是有实践指导意义的。

首先，菲德勒模型特别强调效果，强调为了领导有效需要采取什么样的领导行为，而不是从领导者的素质出发强调应当具有什么样的领导行为。这为研究领导行为指出了新的方向。

其次，菲德勒模型将领导和情境因素的影响、领导者和被领导者之间关系的影响联系起来，表明并不存在一种绝对的最好的领导形态。组织的领导者必须具有适应能力，自行适应变化的情况。

再次，这个模型告诉人们必须按照不同的情况来选择领导者。如果是最坏或最好的情况，则选用任务导向领导者；反之，则选用关系导向领导者。

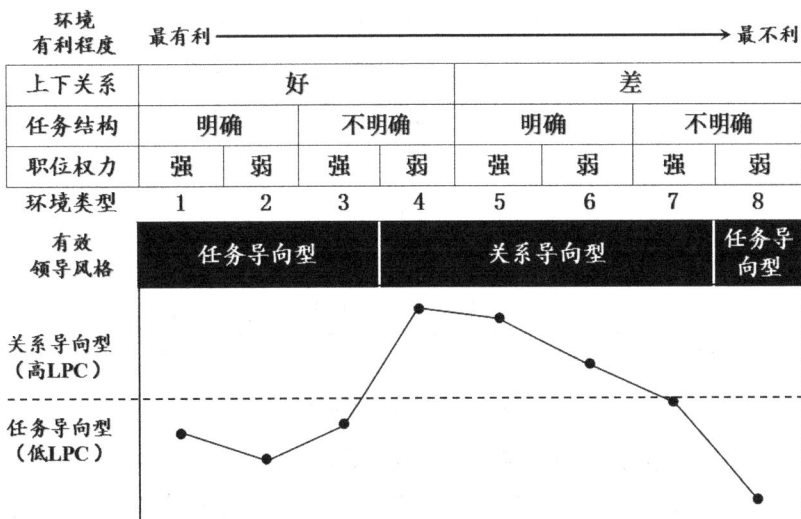

图 6-3　菲德勒模型

最后，菲德勒提出有必要对环境进行改造以符合领导者的风格。他提出了一些改善领导关系、任务结构和职位权力的建议，如领导者与下属之间的关系可以通过改变下属的组成加以改善，使下属的经历、文化水平和技术专长更加合适；对任务结构，可通过详细布置工作内容而使其定型化，也可以对工作只做一般指示而使其非程序化；对领导职位权力，可以通过变更职位、充分授权或明确宣布职权而增加其权威性。

2. 领导生命周期理论

1966 年，卡曼最早提出了生命周期理论，率先引入了"被领导者的成熟度"这一因素。后来，保罗·赫塞和肯尼斯·布兰查德对该理论进行了进一步完善。

该理论重视下属的权变因素，认为最有效的领导风格应随着员工"成熟度"的变化而变化。员工"成熟度"可以分为"心理成熟度"和"工作成熟度"。"心理成熟度"是指员工自己追求成功、承担责任的愿望。如果一个人能主动自觉地完成工作，无须外力激励，那么他就具有较高的心理成熟度；反之，则心理成熟度低。"工作成熟度"是指员工开展工作的能力、技巧和经验等。如果一个人具有无须别人指点就能完成其工作的知识和技能，则他的工作成熟度就是高的；反之，则工作成熟度低。该理论把下属成熟度分为 4 个阶段，分别如下。

① M1：低成熟度（不成熟状态）。下属对执行某些工作任务既无能力又不情愿，他们既不胜任工作又不能被信任。

② M2：中等成熟度（较不成熟状态）。下属缺乏能力却愿从事必要的工作任务，他们有积极性，但缺乏足够的技能。

③ M3：中等成熟度（较成熟状态）。下属有能力却不愿意承担领导者希望他们完成的工作任务。

④ M4：高成熟度（成熟状态）。下属既有能力又愿意承担工作任务。

领导生命周期模型使用的两个维度与菲德勒的划分相同：工作行为和关系行为。其提出随着员工的成长，领导者与员工之间的关系要经历 4 个阶段，即 4 种领导风格，如图 6-4 所示。领导者因此要不断改变自己的领导风格，领导生命也随之呈现出周期性的变化。这四种领导风格分别如下。

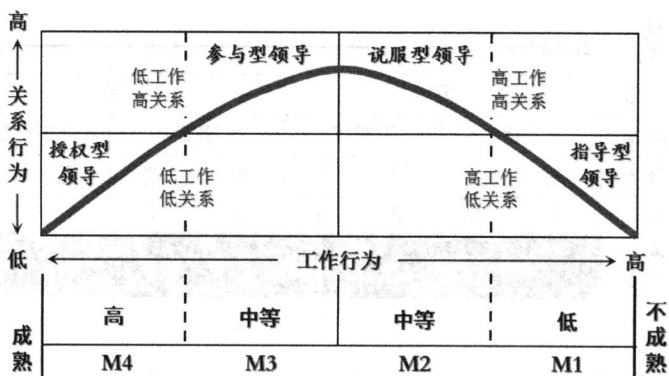

图6-4 领导生命周期模型

① 指导型领导（命令型领导）——高工作、低关系：适用于低成熟度的情况。组织成员对工作既缺乏技能又缺少信心时，领导者可采用单向沟通的形式，明确地布置任务、制订工作规程，告诉他们在何时何地做什么和怎样做，这可能是有效的领导方式。例如，企业中的新进员工可将其成熟度视为低，此时领导者就应该给予具体、明确的工作指导。如果在此阶段领导者不能及时发布命令，就可能会带来组织的混乱，使新员工焦虑不安。其他领导风格，如高度重视人际关系等，在此阶段是不适当的。

② 说服型领导（推销型领导）——高工作、高关系：适用于中等成熟度（较不成熟）的情况。组织成员对工作有较强的愿望和信心，但是他们还没有足够的能力胜任时，领导者可采取双向沟通的形式，既要给予他们直接指导，又要激发他们的热情和信心。这种方式之所以被称为"说服型"，是因为领导者通过双向沟通可使组织成员获得心理上的支持和满足。这时领导者向他们提供帮助和指导，他们就会按照领导者指明的方向和目标去努力工作，从而达到超出一般能力的发挥。

③ 参与型领导——低工作、高关系：适用于中等成熟度（较成熟）的情况。组织成员能够胜任工作，不喜欢领导者进行过多的指导和约束时，领导者通过双向沟通的形式和他们平等地交流、协商，尊重、信任他们的工作和能力。由于此时领导者同组织成员共同决策，所以这种领导方式被称为"参与型"。在这种情况下，领导者没有必要再去做具体的指导工作了。

④ 授权型领导——低工作、低关系：适用于高成熟度的情况。当组织成员有足够的能力和信心承担起工作的责任和使目标实现时，领导者可以让组织成员"各行其是"，自己只起"宏观调控"的作用。例如，与受过高度训练同时具有高度成就感的高端人才、专家、教授等共事时，领导者可以扮演不重要的角色，降低支持和鼓励的比重，不需要做太多的事情。

领导生命周期理论给我们提供了一种动态的领导风格模型。事实上，我们今天的环境是处于弹性变化之中的，领导者只有不断地评估下属的工作和心理成熟度，才能确定哪种领导风格最适当。有效的领导者应当是先观察，后领导。

课间阅读

《三国演义》中的领导权变思想

三国时期，魏文帝太和三年（228年），蜀国丞相诸葛亮率领大军北伐，布阵于渭水沿岸的祁山，从西边进攻魏国。魏文帝曹丕为了抵御蜀国大军,把大本营迁到长安,同时任命名将司马懿为统率,率兵迎战。司马懿足智多谋,是当时唯一能够与诸葛亮一比高低的将领。诸葛亮打听到司马懿担任统率,就派手下大将马谡率兵固守处于粮道关口的街亭。

马谡精通兵法,才华横溢,他所献的许多计策都被诸葛亮采纳,深得诸葛亮的赞赏和信任。马谡到了街亭之后,不顾诸葛亮的一再叮嘱,按照熟读的兵书,擅作主张,将营盘设置在山顶上。他按照兵书上所讲的"凭高视下,势如破竹""置之死地而后生"等,占领高处,认为可以从高处轻易地观察到敌人的行动,还可以一鼓作气,势如破竹地击败敌军。司马懿率领大军向街亭进发。当听说蜀军已经严阵以待时,他不得不由衷地佩服诸葛亮的谋略。但当他看见蜀军在山顶上安营扎寨时,却大笑起来,立即派兵包围了蜀军下寨的小山,切断了蜀军的水源。马谡率领的军队被切断了水源,又看到被魏军重重包围,于是军心大乱,在三天时间内土崩瓦解。蜀军痛失街亭,演出了一幕让世人不胜惋惜、发人深省的"孔明挥泪斩马谡"的悲剧。

由于丧失了街亭战略要地,面对司马懿大军压境,诸葛亮不得不调整战略,准备撤退。就在诸葛亮分拨已定,先引5 000人去西城三县搬运粮草,身边只留有2 500人之际,忽然听说司马懿率15万大军往西城蜂拥而来。处在这个弹丸之地的2 500人,听到这个消息后尽皆失色,皆感死期将至。但是诸葛亮却号令四门大开,旌旗藏匿,只叫几个老人四处打扫卫生,自己鹤氅纶巾,引二童登上城楼"焚香操琴",神情自如,悠然自得。司马懿见状,以为城里埋伏着重兵,诸葛亮城上弹琴是诱兵之计,于是引军而退。诸葛亮得以转危为安,安全撤退。

第四节 领导艺术

"三分科学,七分艺术"是对领导职能的高度概括,领导者从事领导活动时必须讲究艺术。领导艺术是指领导者在一定知识、经验的基础上,富有创造性地从事领导工作的本领。领导艺术是领导规律的巧妙、灵活运用,是领导者的德识才学和经验在领导过程中的综合和高超体现,是领导者个人素质的综合反映。领导艺术因人而异。黑格尔说过:"世界上没有完全相同的两片叶子。"同样,世界上也没有完全相同的两个人,没有完全相同的领导者和领导模式。有多少个领导者,就有多少种领导模式。

领导艺术具有随机、非模式化的特征。领导模式就是领导方法,哪位领导者在错综复杂的矛盾中抓住了主要矛盾,就能把领导艺术演绎得出神入化。例如,"牵牛要牵牛鼻子","十指弹钢琴",统筹兼顾、全面安排,这些就是所谓的模式化。领导艺术主要有以下几种。

一、待人用人艺术

要用好人,除了要端正用人思想,让那些想干事的人有事干,能干事的人干好事外,在用人技巧上还要注意以下问题。

1. 善于用人所长

用人之诀在于用人所长,最大限度地实现其优势互补。用人所长,首先要注意"适位"。陈景润如果不是被华罗庚发现，将他调到数学研究所工作，就难以摘取数学皇冠上的明珠。其次，要注意"适时"。"用人用在精壮时"，界定各类人才的最佳使用期不能单纯以年龄为依据，而应主要以素质为依据，对看准的人一定要大胆使用、及时使用。再次，要注意"适度"。领导者用人不能搞"鞭打快牛"。"快牛"只能用在关键时候、紧要时刻，如果平时只顾用起来顺手、放心，长期让那些工作责任心和工作能力都较强的人在"快车道"上超负荷运转，这些"快牛"必将成为"慢牛"或"死牛"。

资料链接
观看教学视频
待人用人艺术

2. 善于用人所爱

有位中学生曾向比尔·盖茨请教成功的秘诀，比尔·盖茨对他说："做你所爱，爱你所做。"爱因斯坦生前曾接到要他出任以色列总统的邀请，对这个不少人垂涎的职务，他却婉言谢绝了，仍钟情于科研事业。正因为有了这种明智的热爱，才有了爱因斯坦这位伟大的科学家。领导者在用人过程中，要知人所爱、帮人所爱、成人所爱。

3. 善于用人所变

鲁迅、郭沫若原来都是学医的，后来却成了中华民族的文坛巨人。很多名人名家的成功人生告诉我们，人的特长是可以转移的。能产生特长转移的人大多是一些创新思维与能力较强的人。对这种人才，领导者应倍加珍惜，应适时调整对他们的使用，让他们在更适合自己的空间里施展才华。

二、决策的艺术

决策是领导者要做的主要工作。决策一旦失误，对组织意味着损失，对自己意味着失职。这就要求领导者强化决策意识，尽快提高决策水平，尽量减少各种决策性浪费。

1. 决策前注重调查

领导者在决策前一定要多做调查研究，搞清各种情况，尤其要把大家的情绪和呼声作为决策的第一信号，不能无准备地进入决策状态。

2. 决策中注意民主

领导者在决策中要充分发扬民主精神，优选决策方案，尤其在进行一些非常规性决策时，应懂得按照"利利相交取其大，弊弊相交取其小，利弊相交取其利"的原则适时进行决策，不能未谋乱断，不能错失决策良机。

3. 决策后狠抓落实

决策一旦定下来就要认真落实，做到"言必信，行必果"，决不能朝令夕改。一个领导者在工作中花样太多是一种不成熟的表现。

三、处事的艺术

常听到不少领导者感叹：现在的事情实在太多，怎么忙也忙不过来。一个会当领导的人不应该成为做事最多的人，而应该成为做事最精的人，做自己该做的事。摆在领导者面前的事情主要有 3 类：一是领导者想干、擅长干、必须要干的事，如用人、决策等；二是领导者想干、必须干但不擅长干的事，如跑路子、筹资金等；三是领导者不想干、不擅长干也不一定要干的事，如一些小应酬、一些可参加可不参加的会议等。

领导者对该管的事一定要管好，对不该管的事一定不要管。尤其是那些已经明确了是下属分管的工作和只要按有关制度就可办的事，一定不要乱插手、乱干预。

1. 多做着眼明天的事

领导者应经常"反思昨天，干好今天，谋划明天"，多做一些有利于本组织可持续发展的事。例如，勾画清晰且富有自身特点的长、中、短期工作目标，打造一个团结战斗且优势互补的领导班子。

2. 多做最为重要的事

最为重要的事如找到一条适合本地经济发展的新路子，调动下属的工作积极性。领导者在做事时应先做最重要和最紧要的事，不能主次不分、见事就做。

四、协调的艺术

没有协调能力的人当不好领导者。协调时不仅要明确协调对象和协调方式，还应掌握一些协调技巧。

资料链接
观看教学视频
协调的艺术

1. 对上请示沟通

平时要多主动向领导请示汇报工作，若在工作中有意或无意间得罪了上级领导，靠"顶"和"躲"是不行的。理智的办法，一是要主动沟通，错了要大胆承认，误会了要解释清楚，以得到领导的谅解；二是要请人调解，这个调解人要在自己与领导之间起到协调作用。

2. 对下沟通协调

当下属在一些涉及个人利益的问题上对单位或对领导有意见时，领导者应通过谈心、交心等方式来消除彼此间的误解。能解决的问题一定要尽快解决，一时解决不了的问题也要向下属说明原因，千万不能以"打哈哈"的方式对待人或糊弄人。

3. 对外争让有度

领导者在与外面平级单位的协调中，领导艺术往往体现在争让之间。大事要争，小事要让，不能遇事必争，也不能遇事皆让。该争不争，就会丧失原则；该让不让，就会影响全局。

五、运时的艺术

时间是一种无形的稀缺资源，领导者不能无视它，更不能浪费它。

1. 强化时间意识

有人做过统计，一人一生中有效的工作时间大约为一万天，那么一个领导者有效的工作时间也就 10 年~15 年。所以，领导者要利用宝贵的时间多做点有意义的事。

2. 学会管理时间

领导者对时间的管理应包括两个方面。一是善于把握好自己的时间。当一件事摆在领导者眼前时，应先问一问自己"这事值不值得做"，然后问一问自己"是不是现在做"，最后问一问自己"是不是必须做"。只有这样，才能驾驭好自己的时间。二是不随便浪费别人的时间。例如，某些领导有五分之三的时间都用在开会上。领导者要力戒"会瘾"，不要动不动就开会，不要认为工作就是开会。

3. 养成惜时的习惯

成功学指出，成功人士与非成功人士的一个主要区别就是成功人士年轻时就养成了惜时的习惯。要像比尔·盖茨那样，"能站着说的东西就不要坐着说，能站着说完的东西就不要进会议室去说，能写个便条的东西就不要写成文件"。只有这样，才能形成好的惜时习惯。

六、授权的艺术

在领导实践中，合理、适度的授权是可以激发下级的工作积极性和责任感的。领导者授权的技巧主要包括以下几个方面。

1. 择能授权

领导者应注意考察下级的专长、处理事务和解决问题的能力，做到"因事择人、视能授权"。当然，授权不是提升下级的职务，所以不需要对下级做全面考察，只要针对某项工作内容，考察下级胜任该项工作任务的能力即可。

2. 明确权责

明确权责是指领导者要向被授权人表明所授予的权力和责任范围，说明执行该项工作任务要达到的具体目标。下级只有明确了领导的意图，才能"有的放矢"，充分发挥能动性和创造性，才可以有效地避免目标模糊不清，造成工作出错。

3. 授权留责

授权留责是对下级充分信任的表现。授权并不是卸责，一旦下级的工作出现问题，领导者应勇于承担责任，这样下级才愿意继续接受领导的授权并大胆工作。

4. 监督控制

当下级接受了领导者的授权并开展工作后，领导者仍需要对下级进行监督控制，以免工作偏离目标方向，或下级出现滥用权力的现象。

七、表达的艺术

说话是一门艺术，它是反映领导者综合素质的一面镜子，也是下属评价领导者水平的一把尺子。领导者要讲究说话艺术，除了要提高语言表达基本功外，关键要提高语言表达艺术。

1. 做到言之有物

所谓言之有物，就是领导者在下属面前讲话时不能空话连篇、套话成堆，要尽量做到实话实说。要让大家从领导者的讲话中获取一些新的有效信息，听到一些新的见解，受到一些启发。

2. 做到言之有理

领导者在下属面前讲话时不能官气十足，要注意情理相融。要做到情理相融，一是要讲好道理，讲道理时一定要与下属的思想、工作、生活等紧密结合起来，力求以理服人；二是要注意条理，不能信口开河、语无伦次，一定要让人感到条理清晰、层次分明；三是要通情理，不能拿大话来压人，要多讲些大家眼前最关心的问题。

3. 做到言之有味

领导者在下属面前讲话时语言要有新意，有幽默感。

八、激励的艺术

管理重在人本管理，人本管理的核心是重激励。领导者要想调动大家的积极性，就要学会如何激励下属。

1. 激励注意适时进行

美国前总统里根曾说过这样一句话："对下属给予适时的表扬和激励，会帮助他们成为一个特殊的人。"一个聪明的领导者要善于经常适时、适度地表扬下属。这种"零成本"激励往往会"夸"出很多为你效劳的好下属。

2. 激励注意因人而异

领导者在激励下属时一定要区别对待。最好在激励下属之前搞清被激励者最喜欢什么，最讨厌什么，最忌讳什么，尽可能"投其所好"，否则就有可能"好心办坏事"。

3. 激励注意多管齐下

激励的方式方法很多，有目标激励、榜样激励、责任激励、竞赛激励、关怀激励、许诺激励、金钱激励等。但从大的方面来划分，激励主要可分为精神激励和物质激励两大类。领导者在进行激励时要以精神激励为主，以物质激励为辅。这样的激励机制才是一种有效的激励机制，才是一种长效的激励机制。

本章小结

领导是指挥、带领、引导和鼓励部下为实现目标而努力的过程，其本质是影响力。在组织中，领导具有指挥、协调和激励三方面的作用。领导影响力的来源是权力，领导的权力主要包括法定性权力、奖赏性权力、惩罚性权力、专长性权力和感召性权力。其中，法定性权力、奖赏性权力、惩罚性权力属于领导者的职权，而专长性权力和感召性权力属于领导者的非职权。领导者是在组织中承担领导职责，实施领导过程的人。领导者的领导方式对于实施正确领导、完成工作目标具有重要意义。本章介绍了领导特性理论、领导行为理论（领导行为四分图、管理方格）和领导权变理论（菲德勒的领导权变理论、领导生命周期理论）。这些理论各有利弊，对管理实践起到了指导作用。领导者从事领导活动时必须讲究艺术，领导艺术包括待人用人的艺术、决策的艺术、处事的艺术、协调的艺术、运时的艺术、授权的艺术、表达的艺术和激励的艺术。

扩展阅读

解读杰克·韦尔奇的管理人生

杰克·韦尔奇 1935 年 11 月 19 日出生于马萨诸塞州塞勒姆市；1960 年毕业于伊利诺伊大学，获化学博士学位，毕业后加入通用电气塑胶事业部；1971 年年底，韦尔奇成为通用电气化学与冶金事业部总经理，并不断晋升；1979 年 8 月，成为公司副董事长；1981 年 4 月，年仅 45 岁的杰克·韦尔奇成为通用电气历史上最年轻的董事长和 CEO。

从加入通用电气起，在 20 年间，他将一个弥漫着官僚主义气息的企业打造成一个充满朝气、富有生机的企业巨头。在他的领导下，通用电气的市值由他上任时的 130 亿美元上升到了 4 800 亿美元，从全美上市公司盈利能力排名第十位发展成位列全球第一的世界级大公司。在 2001 年 9 月退休时，他被誉为"最受尊敬的 CEO""全球第一 CEO""美国当代最成功最伟大的企业家"。

阅读"解读杰克·韦尔奇的管理人生"，了解杰克·韦尔奇传奇的领导生涯。

资料链接
阅读文献资料
解读杰克·韦尔奇
的管理人生

本章复习题

一、名词解释

领导　　　　　　　领导者　　　　　　　被领导者

伟人论　　　　　　成熟度

二、单项选择题

1. 以下哪项属于领导者的职权（正式权力）？（　　　）

　　A. 奖赏性权力　　B. 专长性权力　　C. 个人魅力　　　D. 背景权

2. 根据下属的成熟度选择正确的领导风格，就会取得领导的成功。这是（　　　）理论的观点。

　　A. 领导行为四分图　　　　　　　B. 管理方格

　　C. 领导生命周期　　　　　　　　D. 菲德勒模型

3. 某大学计算机系的系主任王教授对新来系里工作的刘博士说："下周一上午我们谈谈，我想请你介绍一下你的硕士论文和博士论文的研究情况，还有你的研究专长和学术兴趣，这样我们可以为你安排合适的教学和科研工作。"依据王教授的话来判断，他所表现出的管理风格最接近于"管理方格理论"中的哪种管理风格？（　　　）

　　A."5.5"型　　　B."9.9"型　　　C."1.9"型　　　D."9.1"型

4. 从领导者的个人特性出发来研究领导职能有效性的理论是（　　　）。

　　A. 领导行为理论　　　　　　　　B. 领导权变理论

　　C. 领导特性理论　　　　　　　　D. 领导生命周期理论

5. 刘邦因怀疑韩信谋反而抓捕韩信。之后，君臣间有这样一段对话。

刘邦问："你看我能领兵多少？"

韩信答："陛下可领兵十万。"

刘邦再问："你可领兵多少？"

韩信答："多多益善。"

刘邦不悦，问："既如此，为何你始终为我效劳又为我所擒？"

韩信答："那是因为我们两人不一样呀！陛下善于将将，而我则善于将兵。"

韩信关于他与刘邦之间不同点的描述，最符合以下哪种领导理论的基本观点？（　　　）

　　A. 领导特性理论　　　　　　　　B. 领导行为理论

    C．领导权变理论   D．两者并不相干

6．王先生是某公司的一名年轻技术人员，一年前被调到公司企划部任经理。考虑自己的资历和经验等，他采取了较为宽松的管理方式，则在（   ）情况下，王先生的领导风格最可能产生较好的管理效果。

    A．企划部任务明确，王先生与下属关系好且职位权力弱

    B．企划部任务明确，王先生与下属关系差且职位权力强

    C．企划部任务不明确，王先生与下属关系差且职位权力弱

    D．企划部任务不明确，王先生与下属关系好且职位权力强

7．在菲德勒模型中，下列哪种情况属于较好的领导环境？（   ）

    A．上级与下级的关系好，工作结构明确，职位权力强

    B．上级与下级的关系好，工作结构不明确，职位权力弱

    C．上级与下级的关系差，工作结构明确，职位权力强

    D．上级与下级的关系差，工作结构不明确，职位权力强

8．陈先生在某大型企业中担任总工程师职务多年，前不久正式退居二线。但他的继任者在进行重大工程技术决策前还是总主动征询他的意见。之所以会出现这种情况，主要是因为陈先生（   ）。

    A．任职多年   B．德高望重   C．拥有技术专长   D．势力较大

9．根据生命周期理论，领导者的风格应该根据其下属的成熟度而逐渐进行调整。因此，对于建立多年、员工队伍基本稳定的高科技企业领导者来说，其领导风格逐渐调整的方向应该是（   ）。

    A．从参与型向说服型转变   B．从参与型向命令型转变

    C．从说服型向授权型转变   D．从命令型向说服型转变

三、问答题

1．为什么说领导的本质是影响力？

2．举例说明领导的作用有哪些。

3．领导的权力来源有哪些？

4．领导与管理的关系是什么？

5．举例说明什么是领导者，什么是管理者。

6．比较集权式领导和分权式领导的优势。

7．领导者是天生的吗？在学习了领导特性理论后，谈谈你对领导有哪些新认识。

8．简述"管理方格"理论的观点，你如何评价该理论？

9．领导权变理论强调领导方式与情境因素是相关的，谈谈菲德勒的领导权变理论和领导生命周期理论对情境因素的不同解释。

10．通过本章的学习，你认为应该如何提高领导的有效性？

11．如何灵活运用领导艺术？谈谈你的想法。

案例分析

哪种领导类型最有效

ABC公司是一家中等规模的汽车配件生产集团。最近，董事长对该公司的三个重要部门经理进行了一次有关领导类型的调查。

1. 张经理

张经理对他领导的部门的产出感到自豪。他总是强调对生产过程、出产量控制的必要性，坚持认为下属人员必须很好地理解生产指令，以便迅速、完整、准确地执行。当遇到小问题时，他总是放手交给下级去处理；当问题很严重时，他会委派几个有能力的下属去解决问题。通常情况下，他只大致规定下属的工作方针、完成怎样的报告及完成期限。张经理认为只有这样才能更好地合作，避免重复工作。

张经理认为，对下属采取敬而远之的态度对一个经理来说是最好的行为方式，所谓的"亲密无间"会松懈纪律。他不主张公开谴责或表扬某个员工，他相信每个下属都有自知之明。

据张经理说，管理中的最大问题是下级不愿意主动承担责任。他认为他的下属有机会做更多事情，但他们并不是很努力地去做。

张经理表示不能理解，以前他的下属能与一个毫无能力的前任经理相处。张经理说：他的上司对他们部门现在的工作运转情况非常满意。

2. 鲍经理

鲍经理认为，每个员工都有人权，他认同管理者有义务和责任去满足员工需要的观点。他常为他的员工做一些小事，如给员工两张艺术展览的入场券等。他认为每张门票虽然才几块钱，但对员工来说得到的却远远超过这几块钱，因为它代表的是对员工过去几个月工作的肯定。

鲍经理说，他每天都要到工厂去一趟，与至少25%的员工交谈。鲍经理不愿意为难别人，他认为张经理的管理方式过于死板，张经理的员工也许并不那么满意，但除了忍耐别无他法。

鲍经理说，他已经意识到在管理中存在不利因素，但这大都是生产压力造成的。他的想法是以一个友好的、粗线条的管理方式管理员工。他认为尽管在生产效率上不如其他部门，但他的员工有高度的忠诚与士气，并坚信他们会因他的开明领导而努力。

3. 陈经理

陈经理说，他面临的主要问题是与其他部门的职责分工不清。他认为，上级领导将不论是否属于他们部门的任务都安排在他们部门，似乎上级并不清楚这些工作应该由谁做。

陈经理没有提出异议，因为这样做会使其他部门的经理产生反感。他们把陈经理看成朋友，而陈经理却不这样认为。

陈经理说，过去在不平等的分工会议上他感到很窘迫，但现在适应了，其他部门的领导也适应了。

陈经理认为，纪律就是使每个员工不停地工作，并预测各种问题的发生。作为一个好的管理者，他没有时间像鲍经理那样握紧每个员工的手，告诉他们正在从事一项伟大的工作。他相信，如果一个经理为了决定员工将来的提薪与晋升而对员工的工作进行考核，那么员工会更多地考虑他们自己，由此会产生很多问题。

陈经理主张一旦给一个员工分配了工作，就应让他以自己的方式去做，取消工作检查。他相信大多数员工知道自己把工作做得怎么样。

如果说存在问题，那就是他的工作范围和职责在生产过程中发生了混淆。陈经理的确想让公司领导听听他对某些工作的意见，然而他并不能保证这样做不会引起风波。他说他正在考虑这些问题。

思考题：

1. 你认为这三个部门经理采取的分别是什么领导方式？这些领导方式分别建立在怎样的假设基础上？试预测这些模式将产生什么结果。

2. 是否每种领导方式在特定的环境下都有效？为什么？

第七章 | 激励

学习目标

- 掌握激励的含义，理解激励的过程
- 了解激励的作用
- 理解内容型激励理论、过程型激励理论和反馈型激励理论研究角度的差别，掌握几种重要的激励理论
- 了解激励的一般原则和基本方法

关键词

激励　　激励的过程　　需要层次理论　　双因素理论　　期望理论　　公平理论
强化理论　　激励的一般原则　　激励的方法

引导案例

卡耐基的故事：一句话的力量

卡耐基小时候是一个公认的"坏男孩"。在他9岁时，父亲把他的继母娶进家门。当时，他们还是居住在乡下的贫苦人家，继母则来自富有的家庭。父亲向继母这样介绍卡耐基："亲爱的，希望你注意这个全郡最坏的男孩，他已经让我无可奈何。说不定明天早晨以前他就会拿石头扔向你，或者做出其他你完全想不到的坏事。"

出乎卡耐基意料的是，继母微笑着走到他面前，托起他的头认真地看着他。接着，她回来对丈夫说："你错了，他不是全郡最坏的男孩，而是全郡最聪明、最有创造力的男孩。只不过，他还没有找到发泄热情的地方。"继母的话说得卡耐基心里热乎乎的，眼泪几乎滚落下来。就是凭着这句话，他和继母开始建立友谊。也就是这句话，成为激励他一生的动力，使他日后创造了成功的28项黄金法则，帮助千千万万的普通人走上了成功和致富的道路。在继母到来之前，没有一个人称赞过他聪明，他的父亲和邻居认定他是坏男孩。但是，继母只说了一句话，便改变了他一生的命运，激发了卡耐基的想象力和创造力，使他成为美国的富豪和著名作家，成为20世纪最有影响力的人物。

【案例启示】　一句话可以毁掉一个人的信心，甚至破灭他对生存的希望；一句话也可以激励一个人从失落中走出来，或让一个人从一个全新的角度认识自己，从此改变他的人生。所以在任何时候，我们都不要吝啬一句鼓励的话、一个信任的眼神、一件力所能及的小事。这可能会激发一个人无穷的潜能。

第一节 | 激励概述

激励是激发和鼓励人们朝着目标行动的过程，是整个管理活动中至关重要的一项内容。在组织

管理过程中，激励具有广泛的适应性。人是组织发展最重要的因素，任何组织的成功都要使得组织中各成员的行为符合组织的要求。因此，管理者除了合理计划、正确进行组织设计以外，还应在激励理论的指导下，通过科学的方法激发员工的内在潜力，充分发挥员工的积极性和创造性，使之在组织活动中发挥更大的潜能，从而有效实现组织的目标。

一、激励的含义

如何激发人的工作积极性是管理学中的关键问题。这是因为在组织中对人进行行为管理的目标，就是要弄清在怎样的条件下人会更愿意按时来工作，会更愿意留在所分配的工作岗位上，会工作得更有效率。每个人都需要激励，需要自我激励，也需要得到同事、群体、领导和组织的激励。一个管理者如果不知道怎样激励下级，便不能胜任管理工作。所以，对激励的研究成为各国组织行为学家和管理学家的重要研究课题。

激励，顾名思义，就是激发和鼓励的意思。从管理学角度分析，激励是为了实现特定目的而去影响人们的内在需要和动机，从而强化、引导或改变人们行为的复杂过程。具体来说，激励就是组织通过设计适当的外部奖酬制度和工作环境，以一定的行为规范和惩罚性措施来激发、引导、保持和规划组织成员的行为，以有效地实现组织及其成员个人目标的系统活动。激励的实质是通过目标导向，使人们产生有利于组织目标的优势动机并朝着组织所需要的方向行动。

可从以下几方面来理解激励。

1. 激励的出发点是满足组织成员的各种需要

激励的出发点是通过系统设计适当的奖酬形式和工作环境，来满足企业员工的外在性需要和内在性需要。

2. 科学的激励工作需要奖励和惩罚并举

科学的激励工作既要对员工表现出来的符合企业期望的行为进行奖励，又要对员工表现出来的不符合企业期望的行为进行惩罚。

3. 激励贯穿于员工工作的全过程

激励包括对员工个人需要的了解、个性的把握、行为过程的控制和行为结果的评价等。

4. 信息沟通贯穿于激励工作的始末

从对激励制度的宣传、员工个人的了解，到对员工行为过程的控制、员工行为结果的评价等，都依赖一定的信息沟通。组织中信息沟通是否顺畅，是否及时、准确、全面，直接影响着激励制度的运用效果和激励工作的成本。

5. 激励的最终目的

激励的最终目的是在实现组织预期目标的同时，也能让组织成员实现其个人目标，即达到组织目标和员工个人目标客观上的统一。

二、激励的特点

1. 内在驱动性

激励的内在驱动性是指通过驱动员工的内在动机或满足其个人需求而达到激励的目的。激励表现为外界所施加的吸引力与推动力，通过对个体的需求予以多种形式、不同程度的满足或限制，来激发个人自身的动机，变组织目标为个人目标。这种过程可以概括为：外界推动力（"要我做"）——激发——内部自动力（"我要做"）。个体的行为必然会受到外界推动力的影响，这种推动力只有被个体自身消化和吸收，才会产生一种自动力，才能使个体由消极的"要我做"转化为积极的"我要做"，而这种转化正是激励的本质所在。

2. 自觉自愿性

激励的自觉自愿性，是指被管理者内心受到激励后自觉自愿地去实现目标，不带有任何强制性。因为激励是激发员工的内在动力，使人的行为建立在愿望的基础上，这样人的行为就不再是外在的强制，而是一种自觉自愿的行为。

课间阅读

表演大师系鞋带

有一位表演大师上场前，他的弟子告诉他鞋带松了。

大师点头致谢，蹲下来仔细系好。等到弟子转身后，大师又蹲下来将鞋带解松。

有个旁观者看到了这一切，不解地问："大师，您为什么又要将鞋带解松呢？"

大师回答道："因为我饰演的是一位劳累的旅者，长途跋涉让他的鞋带松开，可以通过这个细节表现他的劳累憔悴。"

"那你为什么不直接告诉你的弟子呢？"

"他能细心地发现我的鞋带松了，并且热心地告诉我，我一定要保护他这种热情的积极性，及时地给予他鼓励。至于为什么要将鞋带解开，是因为将来会有更多的机会教他表演，可以下一次再说啊。"

三、激励的过程

心理学的研究表明：人的行为是由动机支配的，动机是由需要引起的，行为的方向是寻求目标、满足需要。因此，激励过程的基本组成包括需要、动机、行为三个因素。

1. 需要

资料链接
观看教学视频
激励概述

马克思在阐述社会经济活动的源泉时指出："没有需要就没有生产。"需要是一种人类心理反应过程，是指由于缺乏某种生理或心理的因素而产生的与周围环境的某种不平衡状态，即个体对某种目标的渴求和欲望。人的一切行为都是由需要引起的，需要既可以是生理或物质上的，又可以是心理或精神上的。个体潜在的需要一旦被认识到，就会以一定的行为动机的形式表现出来，从而支配人的行为。所以说，需要是人产生行动积极性的根源和原动力。

需要的形成必须具备两个条件：一是人们感到缺乏什么，从而产生"不足之感"，这种"不足之感"可以由人们的自我认识产生，也可以由他人引发产生；二是人们对缺乏的东西有一种得到的渴望，主观上有"求足之感"，认识到缺乏的东西后若人们不需要它，也难以产生对这种东西的需要。人的需要是发展的，总是表现为"需要产生——满足——新的需要产生——再满足"的过程。在这一过程中，体现出了人的需要具有社会性，即需要除了由生存的天然特性所引发之外，更多的是由所处的社会环境引发的。并且，不同的需要对人的行为的作用力量是不同的。

2. 动机

动机是指引起和维持个体行为，并将此行为导向某一目标的愿望或意念。动机是人类行为产生的直接原因，它引起行为、维持行为并指引行为去满足某种需要。动机与需要紧密相关，动机以需要为基础，有动机必有需要。需要被人意识到就会产生动机，动机的产生会激发人的行为，因此，动机是需要与行为的中介。动机具有三个特征：第一，动机与实践活动有密切关系，人的一切活动都是由某种动机支配的；第二，动机不但能激起行为，而且能使行为朝着特定的方向、预期的目标行进；第三，动机是一种内在的心理倾向，其变化过程是看不见的，通常只能从动机表现出来的行为逆向分析动机本身的内涵和特征。

但是，并不是个体有了某种需要就一定会产生动机并引导出某种行为，因为一个人同时可以有许多种需要和动机。一般而言，在特定的社会环境约束下，一个人的一系列动机中在某一时刻最为强烈的即为"优势动机"。只有"优势动机"才能变成行为的"目标"，进而引导人采取行为。

3. 行为

行为是人的主观对客观做出的可以观察到的反应，泛指人作为主体参与的各种活动（如动作、运动、工作），不包括纯意识的思想反应过程。德国心理学家勒温认为人类行为既受外界环境的影响，又受个体心理的影响。人的内部需要和动机是行为的基础，是行为的驱动力，而客观环境（外部因素）是引发这种驱动力的导火索。

如前所述，"优势动机"引导人们采取某种行为。行为的结果无外乎两种情况：达到目标，动机实现，需要满足，产生"满足感"或"成就感"，从而紧张心理得到松弛；否则，就会产生"不满足感"或"失落感"。然后，反馈结果会影响下一周期的行为。当一个目标达成后，新的需要就会出现，紧接着又伴随着紧张，等等。因此，需要的满足是一种持续的周期性过程（如图7-1所示）。

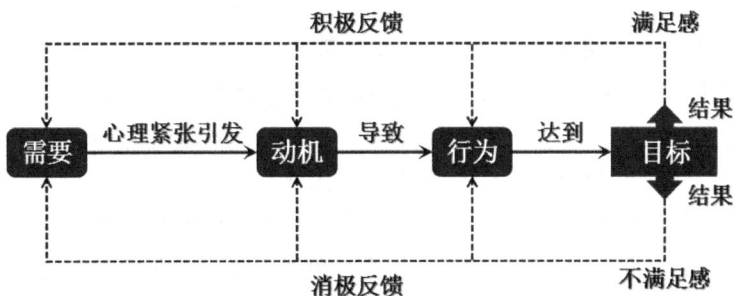

图 7-1　个体的基本行为模型

4. 需要、动机、行为与激励

由上可知，人的任何动机与行为都是在需要的基础上产生的，没有需要，也就无所谓动机和行为。人们产生某种需要后，只有当这种需要具有某种特定目标时，需要才会产生动机，动机才会成为引起人们行为的直接原因。综上所述，激励的实质是通过设计一定的机制，对组织成员的需要和动机施加影响，从而强化、引导或改变人的行为，使个人与组织目标最大限度地一致。

要使员工产生组织所期望的行为，可以根据员工的需要设置某些目标，通过目标导向使员工产生有利于组织目标实现的优势动机，并按照组织所需要的方式行动。管理者实施激励，本质上是想方设法做好需要引导和目标引导，强化员工的动机，刺激员工的行为，从而实现组织目标。

由个体的基本行为模型也可知激励过程具有如下特点。

（1）激励过程是一个循环过程

这一过程包括了这样几个阶段：第一阶段，刺激人的需要产生；第二阶段，在需要及其动机产生之后，优化行为的外部环境和条件；第三阶段，对行为的结果进行强化。如果行为的结果与期望的目标一致，行为者就会产生一种满足感，从而强化良好的行为。如果行为未能满足目标期望，行为者就会受到挫折，其反应通常有两种：一是调整目标，二是调整行为。

（2）激励过程是一种典型的管理艺术的体现

在组织行为中，这样的情形是十分常见的：行为相同，动机不同；行为不同，动机相同。相同的动机，由于在方法上的差异，会造成行为上的不一致，有的人可能会采取这种行为，而另一些人可能会采取其他行为。反过来，相同的行为也可能出于不同的动机。这些都说明调动人的积极性的激励，对不同的人、不同的情况应当运用不同的方法。因此，不存在对任何人都适用的激励模式。

（3）未满足的需要才具有激励作用

激励手段必须针对被激励者没有得到满足的需要，并且随着被激励者需要的变化而变化。因此，要做好员工的激励工作，就必须了解员工的需要构成。

四、激励的作用

1. 激励有助于组织吸引和留住优秀人才

彼得·德鲁克认为，每一个组织都需要三方面的绩效：直接的成果、价值的实现和未来的人力发展。缺少任何一方面的绩效，组织非垮不可。因此，每一位管理者都必须在这三方面做出贡献。在知识经济时代，组织间的竞争已不仅是产品的竞争、服务的竞争，还表现为技术、人才的竞争。组织若想在日益激烈的竞争中立于不败之地，吸引和留住优秀人才至关重要。

2. 激励有助于挖掘员工潜能，提高员工工作效率

激励过程直接涉及员工的个人利益，直接影响到能否调动员工的积极性。一般来说，员工是由一种动机或需要激发自己内在动力，而努力实现某一目标的。当达到某目标后，他就会自觉或不自觉地衡量自己为达到这个目标所做的努力是否值得。因此，绝大多数人总是把自己努力的过程看作为获得某种报酬的过程。如果努力得到了相应的报酬，那么就有利于巩固和强化他的这种努力。因此，通过激励可以充分挖掘、调动员工的工作积极性和创造性，使他们始终保持高昂的工作热情，自觉自愿地为实现组织目标而努力，使其最充分地发挥其技术和才能，从而保持工作的有效性和高效率。

3. 激励有助于实现组织目标，增强组织凝聚力

个人目标及个人利益是员工行动的基本动力，它们与组织目标和组织的总体利益之间既有一致性，又存在着诸多差异。当两者发生背离时，个人目标往往会干扰组织目标的实现。激励的功能就在于以组织利益和需要的满足为基本作用力，诱导员工将个人目标统一于组织的整体目标，推动员工为完成工作任务做出贡献，从而促进个人目标与组织目标共同实现，增强组织的凝聚力和向心力。

课间阅读

美国速递公司的凝聚力

美国速递公司的一名员工在把一批邮件送上飞机之后，忽然发现了一封遗漏的信件。按照规定，邮件必须在发出后24小时之内送到收件人手中，可这时飞机已经起飞。为确保公司的声誉不受损害，这名职员毅然自己花钱购买了第二班飞机的机票，根据信上的地址，亲自把这封信送到了收信人手中。后来，公司了解了这件事的经过后，对这名职员给予了优厚的奖赏，以表彰他这种认真负责的主人翁态度。这件事被永远地载入了公司的史册，它对形成良好的企业文化起到了非常巨大的作用。由此，美国速递公司职工以工作为己任、视公司声誉为生命的行为蔚然成风，提高了整个公司的凝聚力。

4. 激励有助于造就良性的竞争环境

在激烈的竞争条件下，组织要想生存和发展，就要不断地提高自己的竞争力。而提高竞争力必须最大限度地激励组织中的全体成员，充分挖掘出其内在的潜力。科学的激励制度包含一种竞争精神，它的运行能够创造出一种良性的竞争环境，进而形成良性的竞争机制。在具有竞争性的环境中，组织成员会受到环境的压力，这种压力将转变为员工努力工作的动力。正如麦格雷戈所说："个人与个人之间的竞争，才是激励的主要来源之一。"在这里，员工工作的动力和积极性成了激励工作的间接结果。

第二节 激励理论

自20世纪二三十年代以来，国外许多管理学家、心理学家和社会学家从不同的角度对怎样激励人的问题进行了大量的研究，并提出了许多激励理论。从理论研究的侧重点来看，可以划分为以下几种不同类型。

（1）内容型激励理论

内容型激励理论着重探讨决定激励效果的各种基本要素，研究人的需要的复杂性及其构成，从动机形成的角度进行研究，包括马斯洛的需要层次理论、赫兹伯格的双因素理论等。

（2）过程型激励理论

过程型激励理论侧重于研究激励实现的基本过程和机制，包括弗鲁姆的期望理论、亚当斯的公平理论等。

（3）反馈型激励理论

反馈型激励理论主要研究对人的行为进行评价所产生的激励作用，着重从行为控制的角度入手，包括斯金纳的强化理论、归因理论等。

一、马斯洛的需要层次理论

1. 理论内容

美国社会心理学家马斯洛在1943年出版的《人的动机理论》一书中，提出了需要层次理论。该理论认为，每个人都有五个层次的需要：生理需要、安全需要、社交或情感需要、尊重需要和自我实现需要。

生理需要是人们最原始、最基本的需要，如衣、食、住、行等。若不满足，则有生命危险。这就是说，它是最强烈的不可避免的最底层需要，也是推动人们行动的强大动力。

安全需要是保护自己免受身体和精神伤害的需要，在工作中具体表现为对人身安全、劳动安全、职业安全、环境安全、经济保障、生活稳定、希望免于灾难等的需要。安全需要比生理需要要高一级，即当生理需要得到基本满足以后就要保障这种需要。每一个现实生活中的人都会产生对安全感的欲望。

社交或情感需要也叫归属与爱的需要，是指个人渴望得到家庭、团体、朋友、同事的关怀、爱护、理解和接纳，是对友情、信任、温暖、爱情的需要。马斯洛认为，人是一种社会动物，人们的生活和工作都不是孤立进行的，希望在一种被接受或有归属感的情况下工作，而不希望在社会中成为"离群的孤鸟"。社交或情感需要比生理需要和安全需要更高级，也更细微和更难以琢磨。社交或情感需要与个人性格、经历、生活区域、民族、生活习惯、宗教信仰等都有关系，这种需要是无法度量的。

尊重需要分为内在尊重和外在尊重。内在尊重的因素包括自尊、自主和成就感；外部尊重的因素包括地位、认可和关注，或受人尊重。自尊是指在自己取得成功时的一种自豪感，它是驱使人们奋发向上的推动力；受他人尊重，是指当自己做出贡献时能得到他人的承认和高度评价。显然，尊重需要很少能够得到完全满足，但基本上的满足就可产生推动力。这种需要一旦成为推动力，将会产生持久的干劲。

自我实现需要包括成长与发展、发挥自身潜能、实现理想的需要。自我实现需要是最高等级的需要，是指能使自己的潜在能力得以最大限度的发挥，实现自我价值和抱负的需要。这是一种追求个人能力极限的内驱力。

自我实现是需要层次理论提出的最著名的概念。这种需要一般表现在两方面：一是胜任感方面，有这种需要的人力图控制事物或环境，而不是被动地等事物发生与发展；二是成就感方面，对有这种需要的人来说，工作的乐趣在于成果和成功，他们需要知道自己工作的结果，成功后的喜悦要远比其他任何报酬重要。按照马斯洛的看法，只有10%的人可达到自我实现。也就是说，绝大多数人还有大量未被开发的潜力。

在这五个层次的需要中，马斯洛把生理需要、安全需要称为人的基本的、低级的需要，把社交或情感需要、尊重需要和自我实现需要称为高级的需要。高级的需要是从内部使人得到满足，而低级的需要主要是从外部使人得到满足。

马斯洛认为：首先，人的行为受到人的需要的影响和驱动，但只有尚未满足的需要才能够影响人的行为，已满足的需要不能起到激励作用；其次，人的各种需要由于重要程度和发展顺序不同，可以形成一定的层次性，人的五种需要按照由低到高的顺序可以排列为金字塔状的层次结构，如图 7-2 所示，只有当较低层次的需要得到基本满足后，才会产生更高层次的需要；最后，人的行为是由主导需要决定的，对于具体的人来说，并不是在任何条件下都同时具有这五种需要且保持同等的需要强度，对人的行为方向起决定作用的需要是这个人在这一时期的主导需要。

资料链接

观看教学视频
马斯洛的
需要层次理论

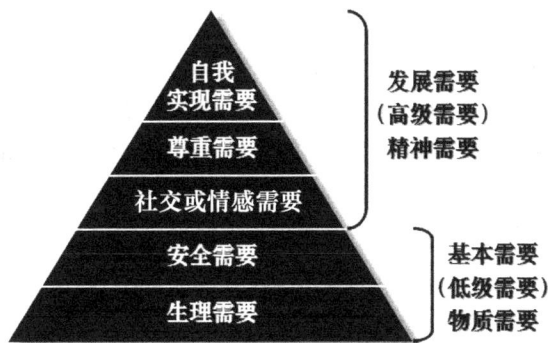

图 7-2　马斯洛的需要层次理论

2. 管理启示与理论评价

马斯洛的需要层次理论为我们研究人的行为提供了一个比较科学的理论框架，对激励理论有着突出的贡献。首先，它指明了人的需要的基本类型，划分了人的需要的五大层次，指出了只有在低层次需要得到基本满足之后，高层次的需要才可能被人关注。其次，需要层次理论促使人们开始关注个人发展和自我实现的重要性，并充分认识到人具有自我实现的需要是一种客观事实，不能将其和组织目标实现简单地对立起来。自我实现应当理解为充分发挥潜力、实现理想、多做贡献的愿望，而不能理解为以个人为中心，更不能简单等同于个人主义。最后，在管理实践中，需要层次理论提醒管理者应该正确认识下级需要的多层次性，并应在科学分析的基础上找出下级某一阶段的主导需要，然后有针对性地采取激励措施。

但是马斯洛的需要层次理论也有一定的缺陷。例如，有人提出，马斯洛对需要层次的划分过于简单和机械，缺乏实证的基础，没有注意到人类需要层次的高低也有具有相对性的一面。尽管从总体上说高层次需要的满足滞后于低层次需要的满足，但这只是一个相对的过程。一个人在不同时期可有多种不同的需要，即使在同一时期，也存在着多种程度不同、作用不同的需要；需要的层次应该由其迫切性来决定，而不是绝对地由低到高排列。因此，只有在认识到了需要的类型及其特征的基础上，组织领导才能根据不同员工的不同需要进行相应的有效激励。

二、赫兹伯格的双因素理论

美国行为学家、心理学家赫兹伯格在 20 世纪 50 年代末对匹兹堡地区 11 家企业中的 203 名工程师和会计师进行了 1 844 人次的调查。调查发现工作中令他们满意的因素和不满的因素是不同的：使员工感到满意的，都是工作本身或工作内容方面的因素；使员工感到不满的，都是工作环境或工作条件方面的因素。赫兹伯格在研究了调查结果后，于 1959 年提出了"双因素理论"。他把前者叫作激励因素，把后者叫作保健因素。因此，该理论也称为"保健—激励因素理论"，如图7-3 所示。

1. 理论内容

赫兹伯格认为，并非所有的工作因素都对员工产生激励作用。

保健因素是与工作环境和工作条件相关、能防止员工产生不满情绪的因素，包括十个因素，分别为公司政策与行政管理、监督、与上司的关系、工作条件、薪金、同事关系、个人生活、同下属的关系、地位和安全。保健因素如果处理不好，会引发员工对工作的不满情绪，如消极怠工，罢工对抗等；处理得好，可以预防或消除这种不满情绪。但这类因素并不能对员工起激励作用，只能起到保护和维持工作现状的作用，所以保健因素又称为"维持因素"。

激励因素是与工作本身或工作内容相关的、能使员工产生工作满意情绪的因素，包括六个因素，分别为工作成就感、获得认可、工作本身的挑战性、职务上的责任感、提升机会、对未来成长的期望。激励因素的改善可以使员工感到满意，能够极大地激发员工工作的热情，提高工作效率，但如果不提供这些因素，员工也不会即刻产生不满情绪。如果处理不当，其不利后果顶多是没有满意情绪，而不会导致不满意这样的消极情绪。

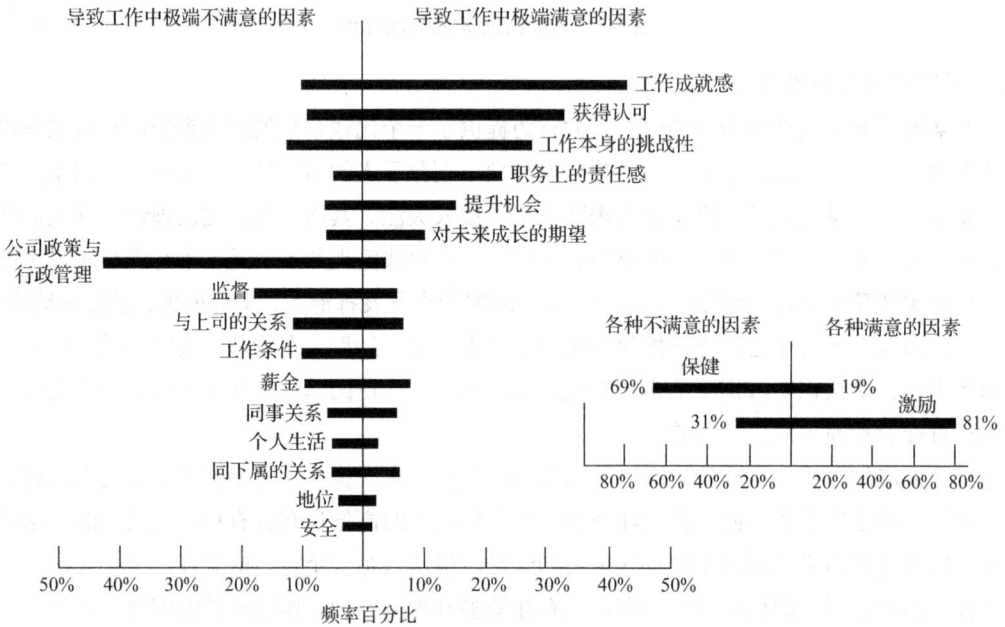

图 7-3 赫兹伯格双因素图

赫兹伯格提出导致工作满意的因素和导致工作不满意的因素有着本质的差别。他分析指出：人们通常将"满意"与"不满意"看成相互对立的两个方面，但事实上，"满意"的对立面是"没有满意"，同样"不满意"的对立面是"没有不满意"，如图 7-4 所示。

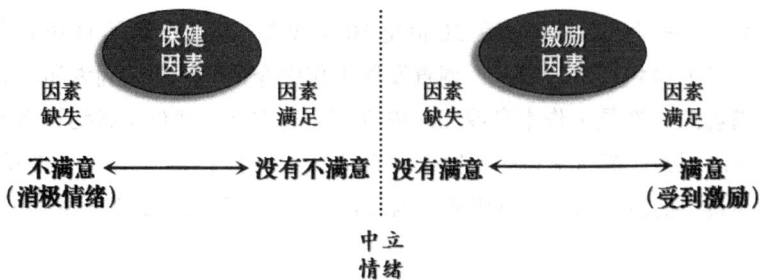

图 7-4 双因素的本质差别

2. 管理启示与理论评价

赫兹伯格双因素理论的重要意义在于它强调了来自保健因素的外在奖励和来自激励因素的内在

奖励的重要区别，指出要想激励人的积极性，更重要的是要提供能使人感到具有价值实现意义的工作，工作内容具有挑战性，应让人们承担更重要的责任，而不仅仅把眼光局限于提高工资水平、办好福利事业上。从这个意义上来说，赫茨伯格的双因素理论与马斯洛的需要层次理论是相通的，即认为激励因素是人们高层次的需求，而保健因素只是人们在低层次上的需求。

根据双因素理论，管理者在实施激励时，一方面应注意区别保健因素和激励因素。前者的满足可以消除不满，后者的满足可以产生满意。应注意不要忽视保健因素，以避免员工产生不满情绪，影响劳动效率的提高。另一方面，没有必要过分地改善保健因素，因为这样做只能消除员工对工作的不满情绪，不能直接提高工作积极性和工作效率。管理者若想持久而高效地激励员工，必须用激励因素来调动人的积极性，这样才能起到更大的激励作用并维持更长的时间。

应当指出的是，双因素理论受到了众多学者的批评。这些学者认为该理论的研究方法在可靠性上有待商榷，如满意度的评价标准缺乏普遍的适用性；赫兹伯格所进行的调查中，被调查对象职业单一且人数较少，代表性也不高；同时，该理论还忽视了情境变量等。

三、弗鲁姆的期望理论

期望理论是由美国耶鲁大学教授、心理学家弗鲁姆在1964年出版的《工作与激励》一书中提出的。这个理论一出现，就受到了管理学家和管理工作者的普遍重视。目前，人们已经把期望理论看作最重要的激励理论之一。

1. 理论内容

期望理论认为，一种行为倾向的强度取决于个体对这种行为倾向可能带来的结果的期望强度，以及这种结果对行为者的吸引力。弗鲁姆提出，人总是渴求满足一定的需要并设法达到一定的目标。这个目标在尚未实现时表现为一种期望，这时目标反过来对个人的动机产生一种激发的力量，而这种激发力量的大小取决于目标价值（效价）和期望概率（期望值）的乘积，用公式表示为：

$$M = V \cdot E$$

其中，M（Motive Force）表示激励力量，是指一个人愿意为达到目标而努力的程度。

V（Value）表示效价，这是一个心理学概念，是指达到目标对于满足个人需要的价值。同一个目标，由于每个人所处的环境不同、需求不同，其效价也就不同。同一个目标对不同的人而言可能有三种效价：正、零、负。效价越高，激励力量就越大。

E（Expectancy）表示期望值，是对实现某一目标的可能性的估计。人们往往根据过去的经验来判断自己达到某种目标的可能性是大还是小，即能够达到目标的概率。

效价直接反映人的需要动机的强弱，期望值反映人实现需要和动机信心的强弱。

这个公式说明：假如一个人把某种目标的效价看得很大，估计能实现的概率也很高，那么这个目标激发动机的力量会很大，即激励力量强。

如何使激发力量达到最大？弗鲁姆提出了人的期望模式，如图7-5所示。

人的期望模式实际上提出了在进行激励时要处理好三方面的关系，这也是调动人们积极性的三个条件。

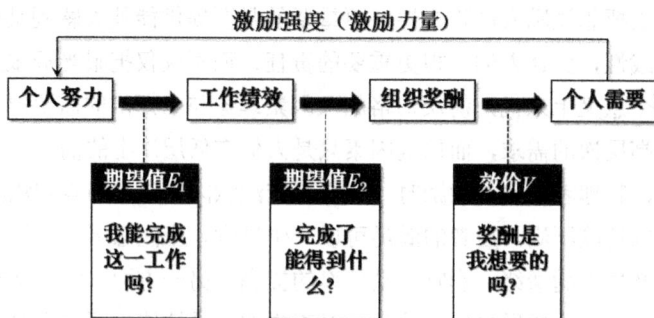

图 7-5　人的期望模式

（1）努力与绩效的关系

人总是希望通过一定的努力达到预期的目标，如果个人主观认为通过自己的努力达到预期目标的概率较高，就会有信心，就可能会激发出很强的工作力量。但是如果他认为目标太高，通过努力也不会有很好的绩效时，就会失去内在的动力，导致工作消极。

（2）绩效与奖励的关系

人总是希望取得成绩后能够得到奖励。这种奖励是广义的，既包括提高工资、多发奖金等物质方面的奖励，又包括获得表扬、获得自我成就感、得到同事们的信赖、提高个人威望等精神方面的奖励。如果他认为取得绩效后能够获得合理的奖励，就有可能产生工作热情，否则就可能没有积极性。

（3）奖励与满足个人需要的关系

人总是希望所获得的奖励能满足自己某方面的需要，然而由于人们在年龄、性别、资历、社会地位和经济条件等方面都存在着差异，故他们对各种需要要求得到满足的程度不同。因而对于不同的人，采用同种办法给予奖励能满足的需要程度不同，所激发出来的工作动力也就不同。

2. 管理启示与理论评价

期望理论表明，激励力量的大小与效价和期望值有密切关系，效价越高，期望值越大，激励力量就越强。如果其中一个变量为零（毫无意义或毫无可能），激励力量也就为零。这就说明了为什么非常有吸引力的目标也会无人问津。而这正是内容型激励理论无法解释的。

期望理论带给管理者在激励工作中的启示包括以下几方面。

（1）激励手段的选择

要选择员工感兴趣、评价高的激励手段。如果不从实际出发，不考虑员工的实际需要，只从管理者的意志出发，推行对员工来说价值不高的措施，是不可能收到良好激励效果的。

（2）激励标准的确定

确定的标准不宜过高，凡能起到激励作用的工作措施，都应是大多数人经过努力能实现的。如果一个人通过努力有较大可能获得好成绩时，他就会信心十足地做好工作；如果工作太难或是目标定得太高，就会丧失信心。

（3）成绩要与奖励挂钩

人们总是希望在取得成绩后能够得到奖励，如果没有得到奖励，那他的工作干劲就很难保持下去。这种奖励的形式既可以是提高工资、多发奖金等物质奖励，又可以是获得表扬等精神奖励。奖

资料链接
观看教学视频
弗鲁姆的
期望理论

励是维持和提高激励效果的重要手段。

四、亚当斯的公平理论

公平理论又叫作社会比较理论，是美国心理学家亚当斯在 1965 年提出的，主要研究的是奖励与满足的关系问题。

1. 理论内容

亚当斯认为，员工的工作动机不仅受其所得的绝对报酬的影响，而且受到相对报酬的影响，即一个人不仅关心自己所得报酬的绝对值（自己的实际收入），而且关心自己收入的相对值。每个人都会不自觉地把自己付出的劳动和所得报酬与他人付出的劳动和所得报酬进行种种比较，来确定自己所获报酬是否合理，比较的结果将直接影响今后工作的积极性。当他发现自己的收支比例与他人的收支比例相等，或者自己现在的收支比例与过去的收支比例相等时，便会心情舒畅、努力工作。但如果他发现不相等，就会产生不公平感和满腔怨气。

比较有两种，一种比较称为横向比较，另一种比较称为纵向比较。

（1）横向比较

横向比较为 $\frac{O_P}{I_P}$ 同 $\frac{O_O}{I_O}$ 相比较。

当 $\frac{O_P}{I_P} = \frac{O_O}{I_O}$ 时，表示报酬相当，感到公平。

当 $\frac{O_P}{I_P} > \frac{O_O}{I_O}$ 时，表示报酬多于投入或他人，报酬过高，产生负疚感。

当 $\frac{O_P}{I_P} < \frac{O_O}{I_O}$ 时，表示报酬少于投入或他人，感到吃亏、委屈、气愤。

其中，O_P 表示自己对自己所获报酬的感觉，I_P 表示自己对自己所付出的感觉；O_O 表示自己对他人所获报酬的感觉，I_O 表示自己对他人所付出的感觉。

（2）纵向比较

纵向比较为 $\frac{O_N}{I_N}$ 同 $\frac{O_L}{I_L}$ 相比较。

当 $\frac{O_N}{I_N} = \frac{O_L}{I_L}$ 时，有公平感。

当 $\frac{O_N}{I_N} > \frac{O_L}{I_L}$ 时，没有不公平感。

当 $\frac{O_N}{I_N} < \frac{O_L}{I_L}$ 时，有不公平感。

其中，O_N 表示自己对现在所获报酬的感觉，I_N 表示自己对现在所付出的感觉；O_L 表示自己对过去所获报酬的感觉，I_L 表示自己对过去所付出的感觉。

从以上公式中可看出，如果比值相等，双方都会有公平感，因此，双方都可以维持原有的积极性；如果二者不相等，特别是比值较小的一方，就会认为自己在分配中受到了不公正的待遇，进而会调整自己的行为，以便达到心理上的平衡。

2. 管理启示与理论评价

公平理论提出，人们在进行比较时对贡献与报酬的评价全凭个体的主观感觉，只有当个体主观上感到"不公平"时，才会产生一种力图恢复"公平"的愿望。

公平理论对期望理论和需要理论是一种补充，关注了人们如何理解他们从组织中得到的报酬与他们对组织的投入之间的关系。但是，公平理论中的"公平"本身是一个相当复杂的问题，与个人的主观判断有直接关系，如员工怎样界定自己的付出和所得，如何选择参照对象等。

资料链接
观看教学视频
亚当斯的
公平理论

由公平理论得出的对管理实践的启示如下。

（1）公平奖励员工

在工作任务的分配、工作绩效的考核、工资奖金的评定及待人处世等方面能否做到公正合理，这既是衡量工作水平高低的重要因素，又是保证企业安定、人际关系良好、员工积极性得到充分发挥的重要因素。所以，管理者在激励工作中不应用孤立的眼光看待某个人，而应该考虑其参照对象，充分运用公平理论的原理，坚持绩效与奖酬挂钩的原则，公平奖励员工。

（2）建立公平竞争机制

合理的奖酬应该以公正、科学的评价为基础，科学地建立起系统的评价指标体系，形成公平的竞争机制。管理者必须坚持"各尽所能，按劳分配"的原则，把员工所做的贡献与应得的报酬紧密挂钩，打破平均主义，调动员工的积极性。

（3）引导员工正确认识公平现象

公平理论表明公平与否源于个人感觉，个人判断报酬与付出的标准往往会偏向于对自己有利的方面。也就是说，人们在心理上会自觉或不自觉地产生过低估计别人的工作绩效，过高估计别人工资收入的倾向，而且常常选择一些比较性不强的比较对象。这些情况都会使员工产生不公平感，这对组织是不利的。因此，管理者应以敏锐的目光察觉个人认识上可能存在的偏差，适时做好引导工作，确保个人工作积极性得到发挥。

五、斯金纳的强化理论

强化理论是由美国心理学家、行为学家、哈佛大学教授斯金纳提出的，也叫作操作条件反射理论、行为修正理论。强化是心理学术语，是指通过不断改变环境的刺激因素来使某种行为增强、减弱或消失的过程。强化的主要功能在于按照人的心理过程和行为规律对人的行为予以导向，并加以规范、修正、限制和改造。

1. 理论内容

强化理论认为，当人们采取某些行为而受到奖励时，他们最有可能重复这些行为，当奖励紧跟行为之后时，则奖励最为有效；当某种行为没受到奖励而受到惩罚时，则该行为重复的可能性很小。强化理论从人的行为与客观环境刺激的相互关系中，去寻求改造人的行为的方法。它只讨论刺激和行为的关系，几乎不涉及主观判断等人的心理活动过程的作用。

根据强化的性质和目的，强化可分为正强化、负强化、自然消退和惩罚四种基本类型。

（1）正强化（积极强化）

正强化是指给人的某种行为提供奖励，从而使其得到巩固和加强，使之再发生的可能性增大的一种行为改造方式。正强化针对的行为一般是管理者所期望的、有利于组织目标实现的行为。在管理活动中，正强化是最经常使用且易收到良好效果的强化方式，如认可、表扬、赏识、增加工资和奖金、提升、分配好工作、改善工作条件、给予学习提高的机会等。

（2）负强化（消极强化）

负强化是指预先告知某种不符合要求的行为或不良绩效可能引起的后果，如企业的规章制度、惩罚措施等，要求员工通过按所要求的方式行事或避免不符合要求的行为来回避这种令人不愉快的处境。如果员工能按要求行事，即可减少或消除这种不愉快的处境，从而增加员工积极行为出现的可能性。因此，负强化与正强化的目的是一致的，但两者所采取的手段不同。

（3）自然消退（衰减）

自然消退是指撤销对原来可以接受行为的正强化，即对这种行为不予理睬，以表示对该行为的轻视或某种程度的否定。研究表明，一种行为如果长期得不到正强化，就会逐渐消失。例如，不再对超额完成任务的员工给予奖励，员工超额完成任务的积极性就会下降甚至消退。

（4）惩罚

当某一不符合要求的行为发生后，即以某种带有强制性或威胁性的结果（如批评、降薪、降职、罚款、开除等）来创造一种令人不快乃至痛苦的环境，或取消现有的令人愉快和满意的条件，以示对这种不合要求的行为的否定，从而达到减少或消除消极行为的目的。

为了使某种行为得到尽可能的强化，强化应在行为发生以后尽快进行，延缓强化会降低强化的效果。一种行为如果长期得不到正强化，会逐渐自然消退。

资料链接
观看教学视频
斯金纳的
强化理论

2. 管理启示与理论评价

尽管强化理论只讨论了外部因素或环境刺激对行为的影响，忽略了人的内在因素和主观能动性对环境的反作用，但许多行为学家认为强化理论是影响和引导员工行为的一种重要方法，已被广泛地应用在激励和人行为的改造上。

强化理论对管理实践的启示如下。

（1）因人制宜地采取不同的强化模式

人们的年龄、性别、职业和文化不同，需要就不同，强化方式也应不一样。对一部分人有效的，对另一部分人不一定有效。要依据强化对象的不同需要采用不同的强化措施。

（2）要设立一个目标体系，分步实现目标，不断强化行为

在鼓励人前进时，不仅要设立一个鼓舞人心又切实可行的总目标，而且要将总目标分成许多小目标。这是因为，对于庞大的、复杂的（一般也是远期的）目标，不是一次性强化就能了事的。在实现目标过程中，员工不能经常得到成功结果的反馈和强化，积极性会逐渐消退。应把这个庞大目标分成若干阶段性目标，通过许多"小步子"的完成而逐渐完成。对每一小步取得的成功结果，管理者都应予以及时强化，以长期保持员工奔向长远目标的积极性，通过不断地激励还可以增强信心。

（3）要及时反馈、及时强化

所谓及时反馈，就是指通过某种形式和途径，及时将工作结果告知行动者。无论结果好与坏，对行为都具有强化的作用：好的结果能鼓舞信心，使其继续努力；坏的结果能促使其分析原因，及时纠正。

（4）奖惩结合，以奖为主

强化理论认为，一种行为长期得不到正强化，就会逐渐消退。根据这个规律，一些成功的企业

都十分注意采用以奖励为主的正强化办法来调动员工积极性。即使在运用惩罚等强化手段时，也一并告诉员工应该怎样做，力求严肃认真、实事求是、处理得当。当发现有改正的表现时，随即应给予正强化。

资料链接
观看教学视频
归因理论

六、归因理论

"行为有因"是心理学中的基本理论之一，归因理论就是研究如何说明和分析人们行为活动因果关系的理论。

归因理论是在美国心理学家海德的社会认知理论和人际关系理论的基础上，经过美国斯坦福大学教授罗斯（L.Ross）和澳大利亚心理学家安德鲁斯（Andrews）等人的推动发展壮大起来的。

归因理论认为我们对个体行为的不同判断取决于我们对行为发生原因的解释。也就是说，当我们观察某一个体的行为时，我们总是试图判断它是由内部原因还是外部原因造成的，然后通过解释、控制、预测与内外部原因相关的环境，达到解释、控制和预测随这种环境而出现的行为的目的。

归因理论认为，按照人的行为的原因可将人的行为归为内因行为和外因行为。一般认为，内因行为是指那些个体认为在自己控制范围之内的行为，是由个体内因引起的；外因行为是由外部原因引起的，即在情景因素的影响下产生的。

某一具体行为的产生到底应归结于什么原因取决于以下三个因素。

（1）区别性

区别性是指个体是在众多场合下都表现出这种行为还是仅在某一特定情景下才表现出这种行为。例如，一位员工称赞他的厂长，那么，这是说明该厂长本身为人很好（外部原因），还是说明这位员工喜欢阿谀奉承（内部原因）呢？如果这位员工见谁称赞谁，所有的领导他都称赞，这说明称赞行为区别性差，应归因于内部；反之，则应归因于外部。

（2）一致性

如果每个人面对相似的情景都有相同的行为反应，则我们说该行为表现为一致性。例如，所有走相同路线的员工都迟到了，那么，这一迟到行为就表现出高度的一致性。归因理论认为，如果一致性强，则将行为归因于外部；如果一致性差，即走相同路线的其他员工都准时上班，只有一人迟到，则迟到行为应归因于内部。

（3）一贯性

一贯性是指某人的行为是否稳定而持久，是否无论何时都有同样行为。例如，一名员工今天迟到了，他为什么迟到？是因为游手好闲，对工作不认真（内部原因），还是因为交通堵塞（外部原因）？这就要看他这种行为是否具有独特性或一贯性。如果具有独特性，则趋向于外部归因；如果具有一贯性，则可能归因于内部。

归因理论给管理者很好的启示，即当下属在工作中遭受失败后，如何帮助他寻找原因（归因），引导他继续保持努力行为，争取下一次行为的成功。在管理工作中，管理者应尽量帮助员工做出后一种归因，即将成败归因于员工自己的努力。这对增强员工的积极性、对员工取得成就有一定的作用，对科研人员的作用更明显。

第三节 激励的一般原则与方法

一、激励的一般原则

1. 以人为本原则

在现代企业中，以人为本原则应主要表现在对人的尊重上。首先，表现在尊重人的生命价值，提高人的生命质量；其次，尊重人的兴趣和生活方式，尽量满足人们生活自由的需求，创造一种宽松的环境，有利于人的发展；最后，要尊重人的劳动成果，利用及时有效的反馈系统增强人们的成就感，防止消极情绪产生。

2. 目标结合原则

任何人的价值都是社会价值和自我价值的统一，因此在激励过程中，首先，尊重员工的自我价值和作为自我价值体现的个人目标，使员工的目标可满足个人工作的需要，提高员工对目标的认同感；其次，员工的目标设置应纳入企业目标的设置中来，使其体现企业目标的要求，把企业目标同员工的个人目标结合起来，使企业目标包含更多的个人目标，使个人目标的实现离不开为实现企业目标所做的努力，这样可使自我价值与社会价值结合起来，才能保证有良好的激励结果。

3. 物质激励与精神激励相结合原则

物质激励和精神激励是针对员工存在物质和精神需要而进行的，因此应该在恰当地把握员工当前需要的基础上，选择有效的激励方法。物质需要是人类最基本的需要，它是精神需要的基础，因此，满足员工的需要应从最基本的物质激励开始。同时，要在物质激励的基础上进行精神激励，并逐渐将物质激励过渡到精神激励上。值得一提的是，物质激励和精神激励应根据员工的需要和企业的实际水平进行，避免走极端。

4. 正激励与负激励相结合原则

根据强化理论，激励可分成正激励和负激励。所谓正激励，就是指对员工符合组织目标的行为进行奖励，使得这种行为得到更多的重复。所谓负激励，就是指对员工违反组织目标的行为进行惩罚，以敦促其不再发生。显然，这两种激励方式都能改变员工的行为，并且通过树立榜样和反面典型来形成良好的风气，使组织行为更加积极向上，但是负激励具有一定的消极作用，容易使员工产生受挫折的心理和行为，应该慎用。因此，管理者在激励时应将两者巧妙结合，以正激励为主，以负激励为辅。

5. 合理性原则

激励的合理性包括三层含义。第一，激励的措施要适度，要根据所实现目标本身的价值大小确定合适的激励量。第二，奖励要公平，激励往往通过奖励和惩罚来实现，要坚持赏罚分明和适度，不徇私情，一视同仁，同时要反对平均主义的不良风气。第三，民主参与，公开评议。对于奖惩，应通过民主评议和考核，让员工积极制定考评制度，提高奖惩条例的可接受性和公开性，确保真正合理。

6. 时效性原则

激励要把握好时机。不同时间的激励，其作用和效果是不同的。人们在做出努力取得成就以后，都有渴望得到承认的心理。因此，激励越及时，越能促进人们积极性的发挥，使积极的行为得到不断的强化，保持长久的积极性。如果激励滞后，则会使人们感到多此一举，就失去了激励的意义。及时、准确把握时机进行激励是至关重要的。

7. 公平原则

公平原则是组织行为的基本原则，在实施激励时必须要做到：第一，所有组织成员在获得或争取奖酬方面的机会要均等；第二，奖惩的程度与组织成员的工作相一致，奖惩的原因必须是相关事实的结果，为此奖惩制度与事实必须明确；第三，奖惩措施实施的过程要公正、公开，即奖惩必须按章行事、公开与民主化，不得夹杂私人感情因素。

二、激励的方法

1. 物质激励

这是组织激励员工最基本的手段。物质激励是以货币和实物形式进行的，是对员工良好行为的一种奖励方式，或者是对员工不良行为的处罚办法。物质利益是人们从事一切社会活动的物质动因。物质激励就是通过满足或限制个人物质利益的需求，来激发人们的积极性和创造性。人们为了获得或者避免失去物质利益，就会自觉用道德、法律、规章制度来约束自己，规范自己的言行，积极努力地工作，从而实现管理的目的。

物质激励的正面激励方式有增加薪酬、颁发奖品、发奖金等。其负面激励方式有扣发奖金、扣发工资和罚款等。

股权激励是一种比较特殊的物质激励手段。股权激励是指让企业的员工持有本企业的股票，是一种带有长期性质的激励方式。其具体方式有购股、增股、转股、干股、期股。股权激励能够把企业员工的长期利益同企业的长期利益结合起来，使员工关心企业的生产经营状况，把企业的事当作自己的事，为企业排忧解难、献计献策，形成利益共同体。

课间阅读

管理者不是在耕自己的田

曾是美国首富的石油大亨保罗·盖蒂年轻时家境并不富裕，耕作着一大片收成很差的旱田，有时为了挖水井，田里会冒出黑浓的液体，后来才知道那是石油。于是水井变油井，旱田变油田，雇工开采起石油来。保罗·盖蒂没事便到各油井处去巡视，每次看到浪费和闲人，他都要把工头找来，要求消除浪费和闲人。然而，下次再去，浪费、闲人如故。

保罗·盖蒂百思不得其解：为何我不常来，都看得出浪费和闲人，而那些工头天天在这里，却视而不见，我再三要求都不见改善呢？

后来，保罗·盖蒂遇到一位管理专家，便向他请教。专家只用一句话便点醒了保罗·盖蒂，他说："那是你自己的油田。"

保罗·盖蒂醒悟了，立即找来各工头，向他们宣布："从此油田交予各位负责经营，收益的25%由各位全权分配。"从此，保罗·盖蒂再到油田去巡视时不仅浪费、闲人绝迹，而且产出大幅增加。后来，保罗·盖蒂兼并了不少油田，建立了石油王国。

2. 精神激励

精神激励是指组织为了发挥员工的进取奋发精神，在给予他们鼓励的同时，帮助他们从各方面消除顾虑，以使员工的积极性得到最大的发挥。现代社会管理者应认识到，精神激励是必要的，不能"见物不见人"。精神激励不仅可以弥补物质激励的不足，而且可以成为长期起作用的力量。它能激发员工的工作热情，满足自我发展需要，提高工作效率，具有不可替代的作用。

精神激励的形式如下。

（1）榜样激励法

榜样激励法是指管理者应发挥率先模范作用，以自身行为作为榜样，以激发员工积极行为的激励方法。例如，吃苦在前、享受在后，即管理者在生活态度方面给员工做出榜样；身先士卒，勇往直前，即管理者在工作行为方面给员工做出榜样等。管理者的率先模范作用不但要在关键时刻表现出来，而且在平时的小事上也要起表率作用，要认识到榜样的力量是无穷的。

（2）荣誉激励法

荣誉激励法是一种高层次的激励方式，是运用社会公德、职业道德的一般规范营造某种舆论氛围，使激励对象产生一种光荣感，获得精神上的满足。具体做法是通过组织内部的报刊、会议及墙报、广播等对员工先进事迹进行表扬。其内容一般是组织对其下属部门或个人授予一种荣誉称号，对一段时间内的工作进行全面肯定，对某一方面的突出贡献予以表彰。

（3）情感激励法

情感是人们所表现出的一种对客观事物的感觉，在人类的生活中起着巨大作用。人的任何认识和行动，都是在一定的情感推动下完成的。积极的情感可以迸发出惊人的力量去克服困难，消极的情感则会大大妨碍工作的进行。情感激励的形式多种多样，从帮助员工解决生活与工作上的实际困难，到促使他们积极上进，努力提高自身素质，实现职业发展计划，都属于情感激励。这样能够形成一种上下级之间感情融洽的氛围，这是一种比什么都重要的力量，它可以大大推进工作进度，促进工作效率提高。

（4）目标激励法

目标激励法也可称为期望激励法，就是指组织为员工确定适当的工作目标，诱发员工的动机和行为，达到调动员工积极性目的的方法。目标具有引发、导向和激励的作用，管理者可以通过启发员工对高目标的追求，激发其努力奋发向上的内在动力。

（5）升降调迁激励法

升降调迁激励法是指通过职务和职位的升降、调动来激励员工进取精神的方法，但升降调迁时要注意：①晋升，要坚持任人唯贤、唯能是用、德才兼备的原则；②降职，要按照负激励的原则，实事求是，慎重处理；③职位调迁包括组织内部岗位调动、部门调动、任务调动、地区调动和入学深造等形式。这些手段可以使员工产生一种信任感、尊重感，从而激发他们产生更强烈的工作积极性。

（6）尊重激励法

尊重是人的基本情感需要，可以激发人的自信心。管理者与员工之间的相互尊重是一种强大的精神力量，它有助于员工之间的和谐，有助于组织团队精神和凝聚力的形成，有助于激发员工参与管理的积极性。运用尊重激励法时要注意：①为员工参与管理和决策提供有利条件，建章立制，激发员工当家做主的热情；②尊重员工的地位，采用民主管理方法，集思广益；③尊重员工的人格，包括员工的价值观念、需求期望、性格爱好、生活习惯等。

课间阅读

让人人显其名

在拥有8 000万元的资产、专门生产磁力实验室设备的一家设备公司中，一线生产工人经常抱怨自己不受公司的重视，就像机器一样无名无姓，尤其是他们一般没有自己的办公室。公司总裁王先生知道后，提出："完全有必要消除这一问题，应该让他们知道我们需要他们。"

从此以后，公司在工作区域摆放了员工的姓名牌，上面写着员工的姓名、工作岗位、工作年限和实际职务，表示他们对公司所起到的重要作用。王总裁说："我的办公桌上也有一块姓名牌。员工们对于公司来说，其重要性丝毫不亚于我。大家都愿意有一块自己的姓名牌，谁都想被视为一个有用的人。"

（7）参与激励法

现代员工都有参与管理的要求和愿望，创造和提供一切机会让员工参与管理是调动他们积极性的有效办法。让员工参与管理，既是员工满足自尊和自我实现需要的途径，又是组织开发人力资源潜能，获得员工有价值知识的形式，可以增强员工对组织的归属感和认同感。参与激励法的主要方法有加强管理沟通、建立参与管理制度等。

（8）培训激励法

培训激励法是指提供培训和再教育的机会以激发员工积极性的方法。知识经济时代的特点是知识更新速度不断加快，员工的知识结构不合理和知识老化现象日益突出。虽然员工在实践中会不断丰富和积累知识，但仍需对他们采取各种形式的培训激励措施，来充实员工，提高员工的工作适应能力，以满足他们自我实现的需要。

（9）职业发展激励法

马斯洛的需要层次理论认为，物质需要是人类较低层次的需要，自我实现才是人的最高层次的需要。职业发展属于满足人的自我实现需要的范畴，因而会产生更大的激励作用。员工职业发展阶段大致如下。①探索阶段。探索阶段是指初就业期，员工发现和形成自己的需要和兴趣，为进行实际的职业选择打好基础。②尝试阶段。判断自己当前的职业是否合适，不合适则会有调整的需求。③职业确立阶段。此阶段员工发展目标明确，实现期望的动机较强，组织应给予重视。④职业维持阶段。此阶段员工希望更新技能，希望在培训和辅导青年员工中发展自己的技能。⑤职业衰退阶段。此阶段是员工接近退休的阶段，员工发展的期望度相对降低。鉴于各职业发展阶段的特点，组织要做的工作是强化员工的行为动机，使员工职业发展目标与组织目标保持一致，帮助员工实现需求，从根本上调动员工的积极性。

（10）挫折激励法

挫折激励法即当员工遭受挫折后，变"消极防卫"为"积极进取"、变"被动应付"为"主动奋争"的一种激励法。员工受挫折后一般会产生以下两种态度。①积极适应态度。这种情况下员工会冷静分析原因，适当改变或转换需要，调整行为，或承认现实条件限制，分析自身不足，降低需求目标；不灰心丧气，以更坚强的意志追求原来的目标，满足原来的需要。②消极防卫态度。这种情况下员工会采取逃避、补偿、抑制、攻击、反问等行为。组织要善待受挫折员工，缓解其受挫心理，促使其精神振奋，帮助受挫者克服自卑心理，使其树立起自信心，把受挫者再度激励起来。

（11）竞争激励法

人的天性之一是好胜。竞争激励法就是利用人的好胜心理，通过创造公平、合理、适当的竞争环境，刺激和调动下属的积极性。一些人偏爱具有挑战性、富有刺激性的工作，对这些下属，运用竞争激励法将十分有效。竞争激励的要义，一是竞争的环境要公平、公正，任何人都有权参与竞争；二是竞争的标的要公开并具体，目标是什么，什么时候完成目标，完成或不完成目标的奖惩措施有哪些，都要十分具体明了，并向所有下属公开；三是奖惩一定要兑现，领导者要言必信，行必果，不要因为个别有嫉妒心的人说三道四就不敢兑现诺言。

本章小结

激励是为了实现特定目的而去影响人们的内在需要和动机，从而强化、引导或改变人们行为的复杂过程，具有内在驱动性和自觉自愿性的特征。激励过程的基本组成包括需要、动机、行为三个因素。激励的实质就是通过设计一定的机制，对组织成员的需要和动机施加影响。激励可以帮助组织吸引和留住优秀人才，挖掘员工潜能，提高员工工作效率，有助于实现组织目标，增强组织凝聚力，并造就良性的竞争环境。本章介绍了内容型激励理论（马斯洛的需要层次理论、赫兹伯格的双因素理论）、过程型激励理论（弗鲁姆的期望理论、亚当斯的公平理论）和反馈型激励理论（斯金纳的强化理论、归因理论）。这些理论各有利弊，对管理实践可起到指导作用。激励应遵循一定的原则，包括以人为本原则、目标结合原则、物质激励与精神激励相结合原则、正激励与负激励相结合原则、合理性原则、时效性原则和公平原则。激励有物质激励和精神激励两种方式。

扩展阅读

安利的人性化激励制度

企业的成功仅仅依靠产品的品牌是不够的，员工的忠诚度常常像一只无形的手，在影响着公司业绩。忠诚的产生与合理、人性化的分配，嘉奖制度的出台是密切相关的。公司只有正视了这个问题，更好地激励员工，才不会在市场竞争中处于劣势。

作为国内唯一一家经国家三部委批准的直销公司，安利（中国）（见图7-6）自1995年在广州经济技术开发区投资建厂以来，截至2001年7月，累计上缴国家及各地区税务局的税款超过17亿元人民币。安利（中国）的成功固然与它优异的产品质量、领先的科研能力和对社会的积极回报有关，但更值得关注的应当是安利（中国）先进的销售人员激励制度，由此产生的销售人员忠诚度使安利全球化市场战略的宏伟目标得以实现。

阅读"安利的人性化激励制度"，了解安利公司的激励措施。

资料链接

阅读文献资料
安利的人性化
激励制度

图 7-6　位于广州技术经济开发区的安利（中国）生产基地

本章复习题

一、名词解释

激励　　　　　　　　动机　　　　　　　　保健因素

激励因素　　　　　　效价　　　　　　　　正强化

负强化

二、单项选择题

1. 赫茨伯格提出的双因素理论认为有一种因素不能直接起到激励的作用，但能防止人们产生不满情绪。这类因素是（　　）。

　　A. 保健因素　　　　B. 激励因素　　　　C. 成就因素　　　　D. 需要因素

2. 公平理论的基本内容是：人是社会人，一个人的工作动机和劳动积极性不仅受其所得报酬绝对值的影响，还会受到（　　）多少的影响。

　　A. 报酬　　　　　　B. 额外报酬　　　　C. 绝对报酬　　　　D. 相对报酬

3. 预先告知某种不良行为或绩效可能引起的不愉快后果，使该行为得到减少或消除的强化手段是（　　）。

　　A. 正强化　　　　　B. 负强化　　　　　C. 自然消退　　　　D. 惩罚

4. 期望理论认为，激励水平取决于期望和（　　）的乘积。

　　A. 工作绩效　　　　B. 效价　　　　　　C. 目标的主观概率　D. 目标的客观概率

5. 激励过程的出发点是（　　）。

　　A. 紧张感　　　　　B. 目标　　　　　　C. 未满足的需要　　D. 不满意

6. 需要层次理论认为人的行为取决于（　　）。

　　A. 需要层次　　　　B. 激励程度　　　　C. 精神状态　　　　D. 主导需要

7. 以下各项中，（　　）不能通过需要层次理论得到合理的解释。

　　A. 一个饥饿的人会冒着生命危险去寻找食物

　　B. 穷人很少参加排场讲究的社交活动

　　C. 陈景润在陋室中苦攻"哥德巴赫猜想"

D．一个安全需要占主导地位的人，可能会因为担心失败而拒绝接受富有挑战性的工作

8．在会议进行中，管理者不希望下属不停提问而干扰会议进程，于是在有人举手发言时便无视他们的举动，只顾自己把话讲完。这种影响下属行为的方式是（　　）。

A．正强化　　　　　B．负强化　　　　　C．自然消退　　　　　D．惩罚

三、问答题

1．激励的作用表现在哪些方面？

2．举例说明需要、动机、行为与激励之间的关系。

3．简述马斯洛需要层次理论的主要内容。举例说明该理论在企业管理中应该如何运用。

4．谈谈你对赫兹伯格双因素理论的理解。

5．简述弗鲁姆期望理论的主要观点，结合实际谈谈该理论的应用。

6．讨论组织中的不公平感是如何引起员工行为上的变化的。

7．你认为员工队伍的多样化会给管理者应用亚当斯的公平理论带来什么样的困难？

8．简述强化的类型及其在管理中的运用。

9．联系实际，根据你所学的管理理论，谈谈在企业管理中如何通过以人为本来充分调动员工的积极性，增强凝聚力。

案例分析

华为公司的企业文化和激励体系

华为公司成立于1988年。短短三十年间，华为公司迅速崛起，成为中国最大的通信设备供应商之一。华为公司8 000名员工中60%以上的是硕士、博士、高级技术管理人员，85%以上的是大学本科毕业生。华为公司以每年40%的人才递增速度创造了企业100%的业绩增长。在华为成长发展过程中，最突出的一个特点就是经过近十年的努力，在企业内部营造了一种充满创业气氛和创新精神、内耗小、活力强的良好企业文化平台和激励体系。这渗透和体现在华为的战略、管理及内部机制中，成为企业发展壮大的一个基础条件。

在华为发展过程中，它的企业文化和激励体系主要体现在以下几方面。

1．群体奋斗、艰苦创业的市场意识

华为是从市场缝隙中经过艰苦奋斗一步一步成长起来的。企业上上下下充满了"狭路相逢勇者胜"的危机意识、市场意识，企业不断向员工宣扬只有奋力开拓市场才能获得生存和发展的理念。很多第一代创业者现在说起当初进华为的心情，感慨万千，一言难尽，但都充满了自豪感和神圣感。初创时期进华为的人们多数都认为企业的魅力要比待遇更具吸引力。

一位早期来华为工作的员工刘先生这样说："我第一次走进华为时，就被深深地吸引住了。尽管那时工资不高，甚至有时发不了工资，但我还是决心留在华为。第一次听任正非老总讲话时让我热血沸腾，这是许久不曾有过的感觉。"华为为青年人实现梦想创造了一个坚实的发展平台，华为也在这群青年人梦想的实现过程中逐步成长为实力强劲、有持续发展后劲的通信企业。

2. 公平、公正的内部竞争机制

一方面，华为给人才提供了能够真正施展才华的机会，在发展中形成了自己的用人路线和培养方法。即便是那些学历较高的青年学生，也不一定就能让其负责某项工作，而是让其从基层做起，在实践中浮出水面。这种从实践中来到实践中去的循环机制，使很多已经走上中高层岗位的青年人至今感触良多。具有博士研究生学历的生产总部配套车间主任李家龙所学专业为数学，1991年4月进入公司，经过数月的技术培训和文化引导，李博士进入西乡生产总部配套车间，对于通信产品生产工序一无所知的李博士，从基层做起，放下博士的架子轻装上阵，边干边学，从最简单的器件、母板、电线电缆做起，很快成为生产管理的行家里手，被提升为生产配套车间主任。

另一方面，通过干部能上能下，内部劳动力市场，淘汰5%的落后分子等机制，实现人才的合理配置，使员工的潜能得到充分发挥。1996年年初，华为市场部全体正职干部集体辞职，坦诚希望公司重新考察自己，由此拉开了华为干部整训工作的序幕，这说明华为的干部政策和用人制度已经形成了良好的氛围。

3. 合理的内部激励体制

华为强调奉献，但奉献与回报是成正比的，以员工创造价值的高低作为衡量奉献的尺度，以员工创造价值的多少来作为回报的先决条件。以此为宗旨，华为建立了一整套创造价值、评价价值、分配价值的动力机制。

激励的方式有多种，利用股权的安排使越来越多的共同奋斗者的利益得以体现，利用股权的合理安排形成公司的中坚力量和保持企业家群体对公司的有效控制。有了这个根本原则，华为的分配条件就形成了以知识为资本形式的股金，把劳动、知识转化为资本而参与分配，按照管理与风险、劳动奉献等因素综合考虑，以职权、工资、奖金、股份、红利、利润及其他待遇共同组成从业人员利益回报的综合体。这样，杜绝了分配上的平均主义，鼓励有知识、有才干、有奉献精神和奉献技能的人多劳多得。在股权分配上，华为以才能、责任心为倾斜的重点。

华为追求精诚协作、讲究奉献的团队精神，但华为的可贵之处在于将其通过一些具体的机制落到了实处。例如，提倡奉献，但相应地又提出"绝不让雷锋吃亏"。也就是说，奉献与回报成正比是其激励制度的核心内容。"不让雷锋、焦裕禄吃亏"的华为名言，成为激励华为员工的重要精神力量。

思考题：

1. 激励体系在华为公司的快速发展过程中起到了什么样的作用？
2. 作为一家以高素质人才为主导的企业，你认为华为公司激励体系的最大特色是什么？
3. 随着公司的发展，你认为华为公司的激励体系还应该朝着什么样的方向改进和完善？

学习目标

- 理解控制的概念、内容和作用
- 掌握组织控制应遵循的原则
- 掌握控制的类型
- 明确控制的过程和前提
- 掌握控制的方法和提高控制效率的措施

关键词

控制　控制的原则　控制的类型　控制的过程　预算控制　非预算控制　控制效率

引导案例

哈勃望远镜

经过长达15年的精心准备，耗资15亿美元的哈勃（Hubble）太空望远镜终于在1990年4月发射升空。但是，美国国家航天局（NASA）仍然发现望远镜主镜片存在缺陷。由于直径达94.5英寸的主镜片的中心过于平坦，导致成像模糊。望远镜对遥远的星体无法像预期的那样清晰地聚焦，结果造成一半以上的试验和许多的观察无法进行。

更让人觉得可悲的是，如果能更早一点地发现，这些是完全可以避免的。镜片的生产商Perkings-Elmer公司使用了一种有缺陷的光学模板来生产如此精密的镜片。具体原因是，在镜片生产过程中，进行检验的一种无反射校正装置没有设置好。校正装置上1.3mm的误差导致镜片被研磨、抛光成了错误的形状。但是没有人发现这个错误。更具有讽刺意味的是，这个项目与NASA许多其他的项目不同的是，这一次并没有时间上的压力，有充分的时间发现镜片上的缺陷。事实上，镜片的粗磨早在1978年就开始了，直到1981年才抛光完成。由于"挑战者号"航天飞机的失事，生产完成后的太空望远镜又存放了两年。

美国国家航天管理局中负责哈勃太空望远镜项目的官员，对太空望远镜制造过程中的细节根本就漠不关心。事后一个由6人组成的调查委员会的负责人说："至少有三次明显的证据说明问题的存在，但三次机会都失去了。"

【案例启示】 所谓控制，就是对组织各方面、各环节的活动加以监控，使组织实际运行状况与组织计划要求保持动态适应的工作过程。控制与计划紧密的联系，计划越是明确、完整、全面，控制的效果就越好；控制工作越是科学、有效，计划就越容易得到执行。但是，无论计划制订得如何周密，由于环境的动态变化、管理权力的分散、组织成员认知能力的差异等原因，人们在执行计划的过程中总是或多或少地出现偏差。因此，管理控制就显得格外必要。哈勃太空望远镜项目的"不完美"就是由于太空望远镜制造过程中缺乏有效的管理控制所导致的。

第一节 控制概述

一、控制的相关概念

1. 控制的概念

所谓控制，是指通过不断接收和交换组织内外的有关信息，按既定标准对组织的实际工作活动进行监督、检查，发现偏差，纠正偏差，以保证实际工作与计划和目标动态一致而采取的一种系统管理活动。

在管理活动中，控制与计划有着紧密的联系。控制好比是汽车的方向盘，它把组织、人员配备、领导指挥职能与计划设定的目标联结在一起。控制定义中的"动态一致"有两方面的含义：①按照既定的计划标准来衡量和纠正计划执行中的偏差；② 在必要时修改计划标准，以便使计划更加适应实际情况。

但计划与控制又是有区别的。计划是控制的前提，可计划本身并不是控制，控制工作必须由掌握权力的直线领导来完成，但计划工作就不一定了。从这点来看，控制过程是最为典型的权力实施过程。显然，居于施控者地位的管理者必须拥有组织赋予的权力才能开展控制工作。这种权力包括监督、检查和纠正受控者的行为偏差等。于是，权力分配结构决定了一个组织控制系统的结构和控制方式。例如，分权化的组织必然采取分层控制方式，集权化的组织必然采取集中控制方式。

2. 控制系统的概念

实施计划的组织从控制的角度来看就是一个控制系统。这个控制系统有 3 个不可缺少的基本要素：一是施控者，在管理活动中则是管理过程中的管理者；二是受控者，即管理活动中的被管理者；三是施控过程。

在一个控制系统中，施控者对受控者具有控制作用，受控者对施控者有反馈作用。当然，只有施控作用而无反馈作用的控制系统也存在，但这种控制系统常常因缺乏反馈机制而难以提高控制效率，难以增强组织功能，难以推动组织发展。换言之，在管理活动中，作为施控者的管理者必须重视反馈机制的作用，切忌认为自己是管理者就高人一等，一切都是正确的，听不进下属的意见，堵塞言路，这样发展下去必然会导致控制失效和失误。

二、控制的原则

一般来说，组织中的控制应遵循以下几条原则。

1. 原则性与灵活性相结合的原则

控制是按一定标准进行的管理活动，目的是保证计划完成。受控者在控制过程中必须严格执行施控者的命令和决策，施控者对要完成的计划、要达到的标准不能有丝毫动摇。控制是一项十分严肃的管理工作，需坚持原则，必须严格按计划、按标准办事。计划中存在的问题，必须及时反馈。对计划执行中存在的重大消极因素，必须坚决排除。但是，控制又是针对未来进行的管理，为了保护员工的积极性，对一些非原则性的缺点和错误，以及一些不影响大局的失误，应从正面给予帮助，积极引导，争取让受控者自觉、主动地去纠正偏差。

在控制中做到原则性与灵活性相结合，需要较高的管理控制水平。这首先要求管理者对哪些属于原则性问题，哪些属于非原则性问题有一个正确的判断；其次，要求有与问题大小相适应的处理措施。要做到这一点，施控者必须努力提高自己的政策水平、思想水平、工作水平，不断地总结管理中的经验教训，提高自己的管理调控能力。

2. 重点控制与全面控制相结合的原则

重点控制是指在计划的实施过程中，应对关系全局的重点部门、重点工作环节进行特别控制。全面控制是指对计划实施过程中的诸多方面进行一般控制。控制必须做到重点控制与一般控制相结合，以重点控制来带动一般控制，以一般控制来保证重点控制。

重点控制在控制过程中是十分重要的。因为一项计划无论多么简单，都会涉及多个部门间的工作协调，都要经过多个环节。不同部门、不同环节在计划实施中的地位和作用是不同的，有的事关全局，有的则仅起辅助作用。控制时首先必须抓住这些事关全局的部门和环节，这样控制才最有效率。例如，都是生产电视机的企业，有的面临的是产品质量差，市场萎缩的困难，对于这样的企业，管理控制的重点当然是质量管理部门的管理工作；有的企业则是产销两旺，但资金、生产场地紧张，对于这样的企业，控制的重点是企业的财务和基建部门及其工作。如果控制中缺乏重点，平均使用力量，就会打乱仗，其效果必然低下，会顾此失彼，难以保证计划顺利完成。

同时，在控制系统中，全面控制也是十分必要的。如果只进行重点控制，放弃全面控制，一些部门就会放任自流，一些环节——虽然是非关键性的——在失去控制之后也会影响计划的完成。所以说，全面控制与重点控制是相辅相成、缺一不可的。

资料链接
观看教学视频
控制的定义和
原则

3. 事前控制与事后控制相结合的原则

事前控制是指在计划执行前的控制，即在计划付诸实施前应尽可能地将计划本身存在的不足和执行系统中所存在的隐患消除掉。事前控制不同于计划，它需要采取实际行动。但是，仅有事前控制又是不够的。因为计划执行受多种因素影响，人们不可能提前对所有的因素都知道得一清二楚，况且有些因素受各种条件约束，事先也无法采取措施予以完全消除。所以除了事前控制之外，还必须采取事后控制。

事后控制是指在计划执行结果反馈的基础上发现偏差和问题，然后采取纠偏措施进行偏差纠正的控制方式。

事前控制与事后控制互相补充，只要协调得好，可以大大提高控制的效率。在管理实践中，事前控制与事后控制一般没有主次之分，二者只是在时间顺序上处于不同的位置。

课间阅读

奶粉事件与三鹿集团倒塌

小小的三聚氰胺在一夜之间惩罚了中国奶业。三鹿奶粉事件让总资产达到16亿元的三鹿集团顷刻之间轰然倒塌。

早在2004年4月，安徽阜阳"大头娃娃"事件就给三鹿上了一堂风险警示课。当时，阜阳地方媒体公布的本市45种不合格奶粉和伪劣奶粉"黑名单"中，三鹿奶粉就榜上有名。随后三鹿婴儿奶粉在全国多个市场被强迫下架，每天的损失超过1 000万元，但经过紧急公关，17天后三鹿从"黑名单"中消失，成功躲过了一劫。

在"大头娃娃"事件后，三鹿集团的关注点并不在内部治理，而在于企业的外部扩张。据三鹿退休高层领导回忆，1993年11月，三鹿与唐山市第二乳品厂实行"产品联合"，这种实际上就是贴牌生产的合作方式，被认为是成功经验在三鹿内部推行。之后，三鹿又控股、参股了多家企业，但"产品联合"的模式并没有消失。据三鹿高层编撰的《三鹿人成功之路》中的记载，2004年其拥有的21家工厂中就有6家贴牌企业。在河北省的11个地区中都有三鹿贴牌工厂，在石家庄就有几家。三鹿采取的方式是以品牌为交换条件，收取51%的利润。在经营管理上，三鹿虽有派驻人员，但由于三鹿不掌控工厂，故而所起的作用不大。这种贴牌生产能迅速带来规模的扩张，可也给三鹿产品的质量控制带来了风险。一家甘肃贴牌工厂的技术负责人说："三鹿每年派人来一两次，但并不常驻我们厂。各批次送检样品都是我们自己邮寄到石家庄三鹿进行检测，而非三鹿主动采集。"

"三鹿扩张得太快了！"一位不愿透露姓名的乳业分析人士说，"这让其管理水平下降。"河北省一位退休高层领导这样评论田文华："随着企业的快速扩张，田文华头脑开始发热，出事就出在管理上。"三鹿的快速扩张对原料奶产生巨大需求，与此同时，河北地区因为有更多乳企的加入，奶源争夺加剧。在三鹿十届三次职工代表大会上，田文华布置的2008年下半年五项工作中，第四项就是"加强奶源建设，充分保证原奶供应"。

然而，在实际执行中，三鹿仍将大部分资源聚集到原奶供应的保证上。三鹿30多万吨产能中有25万吨的奶粉产能有直接关系，而其他企业在当地少有奶粉工厂，无法消化质量较差的奶源。石家庄鹿泉小宋楼村附近的一个养殖小区一年前曾给三鹿交奶，这个养殖小区的负责人说，当时负责与三鹿接洽的员工告诉他，只要每天交奶超过20吨，三鹿的检验要求就会大大降低。这种说法也得到了一位当地奶业协会人士的证实："奶农告诉我，在奶源紧缺时期，企业检测要求就会大大降低"。

不过，奶源管理的混乱并非是三鹿的"一贯作风"。三元乳业前总经理高青山公开表示，1998年后三鹿的奶源建设曾是全国样板，可以说，三鹿堕落之迅速是国内奶源管理混乱的一个表征。奶源管理混乱只是众多奶业乱象中的一个。2005年7月，三鹿酸奶在天津、衡水、沧州市场出现断货现象，生产厂销售部与仓库人员为了缩短物流时间，擅自将正在检测过程中的产品提前出厂，导致轰动一时的"早产奶"事件发生。三鹿在"摆平"舆论后，除了将销售部门有关人员调离岗位，对三鹿酸奶直接销售负责人采取扣除20%年薪的处罚以外，没有从消除内部隐患的角度思考问题，又一次失去了整改的机会。从2008年3月起，三鹿陆续接到一些患泌尿系统结石儿童家长的投诉，一些媒体开始以"某品牌"影射三鹿。然而，面对即将到来的危机，三鹿的应急机制几近失效。在整个事件过程中，三鹿处理危机的方式是能推就推、能拖就拖、能瞒就瞒，导致事态日益恶化。直到2008年9月11日东窗事发，三鹿集团仍坚持说："三鹿集团是国内最大的奶粉生产企业，公司的产品经国家有关部门检测，均符合国家标准，目前尚没有证据表明食用奶粉与患肾结石有必然联系。"后来实在瞒不住了，公司才发布公告，承认部分批次三鹿婴幼儿奶粉受三聚氰胺污染。

三鹿没有表现出一个大品牌面对危机时应有的大气魄和大动作，这样迟钝、被动的危机反应足以让公众的信心跌到谷底。

三、控制的内容

美国管理学家斯蒂芬·罗宾斯将控制的内容归纳为对人员、财务、作业、信息和组织绩效五方面的控制。

1. 对人员的控制

组织的目标是由人来实现的，员工应该按照管理者制订的计划去做。为了做到这一点，必须对人员进行控制。对人员进行控制的最常用方法是现场巡视和绩效评估。通常，现场巡视非常直接，发现问题立即纠正；绩效评估则属于事后控制，要等到工作完成以后才能进行系统化的评估。通过评估，对绩效好的予以奖励，使其维持或加强良好表现；对绩效差的采取相应的措施，纠正出现的行为偏差。

2. 对财务的控制

为保证企业获取利润，维持企业的正常运转，必须进行财务控制。财务控制的内容包括审核各期的财务报表，保证一定的现金存量，保证债务负担不致过重，保证各项资产都得到了有效的利用等。财务预算为管理者提供了一个比较与衡量支出的定量标准，据此人们能够指出定量标准与实际花费之间的偏差，因此，它也是最常用的财务控制衡量标准。

资料链接
观看教学视频
控制的内容

3. 对作业的控制

所谓作业，是指从劳动力、原材料等资源到最终产品和服务的转换过程。组织中的作业质量在很大程度上决定了组织提供的产品或服务的质量。作业控制就是通过对作业过程进行控制，来评价并提高组织转换过程的效率和效果，从而达到提高组织产品或服务质量的目的。

组织中常见的作业控制有：监督生产活动，以保证其按计划进行的"生产控制"；评价购买能力，使所购买的原材料满足需要的原材料"购买控制"；监督组织产品或服务的质量，以保证满足预定标准的"质量控制"；在满足生产要求的情况下，尽可能减少仓储费用的"库存控制"等。

4. 对信息的控制

有效的信息控制要求掌握大量的、正确的信息，如绩效标准、实际绩效及纠正偏差时应采取的行动等。这些信息是管理者决定如何采取行动的依据。不精确的、不完整的、不及时的信息会大大地降低组织效率，因此在现代组织中对信息的控制显得尤为重要，信息在组织运行中的地位也越来越高。随着计算机和互联网的发展，管理者掌握了对信息进行控制的各种新方法，如建立一个网络管理信息系统。网络管理信息系统可以使全球性企业的管理者随时获得所有分部的数据，使信息控制更加实时、便捷、可靠。

5. 对组织绩效的控制

组织目标达成与否会从对组织绩效的控制中反映出来。但是，除了管理者之外，还有许多利益相关者关心着组织的绩效，如组织内部人员、顾客、委托人、合作伙伴、竞争对手、证券分析人员、潜在的投资者、贷款银行、供应商及政府部门等。要想有效实施对组织绩效的控制，关键在于科学地评价、衡量组织绩效。一个组织的整体效果很难用一个指标来衡量，生产率、产量、市场占有率、员工福利、组织的成长性等都可能成为衡量指标，关键要看组织的目标取向，即要根据组织完成目标的实际情况并按照目标所设置的标准来衡量组织绩效。

四、控制的作用

1. 控制是完成计划的重要保障

计划是对未来的设想与安排，是组织要执行的行动规划。由于受各种因素的制约，制订一项行动计划，无论花费多大的代价，也难以达到十全十美。一些意想不到的因素往往会出现在计划执行过程中，影响计划目标的实现。此外，计划要想实现，除了计划本身要科学、可行之外，还要依靠计划执行人员的努力。计划执行者在执行过程中偏离既定的路线或目标是正常的现象。这些缺陷和偏差，都要靠控制来弥补和纠正。

控制对计划的保障作用主要表现在两方面：第一，控制可纠正计划执行过程中出现的各种偏差，督促计划执行者按计划办事；第二，对计划中不符合实际情况的内容，根据执行过程中的实际情况进行必要的修正、调整，使计划更加符合实际。

2. 控制是提高组织效率的有效手段

控制可以提高组织的效率。其主要表现在：其一，控制过程是一个纠正偏差的过程，这一过程不仅仅能够使计划执行者回到计划确定的路线和目标上来，而且有助于增强人们的工作责任心，防止再出现类似的偏差，从而有助于提高人们执行计划的效率；其二，控制对计划的调整和修正既可使执行中的计划更加符合实际情况，又可发现和分析制订的计划所存在的缺陷以及产生缺陷的原因，发现计划制订工作中的不足，从而使计划工作得以不断改进；其三，控制过程中，施控者通过反馈所了解的不仅仅是受控者执行决策的水平和效率，同时可了解到自己的决策能力和水平、管理控制的能力和水平，从而有助于管理者不断提高自己的决策、控制等管理活动的水平。

3. 控制是管理创新的催化剂

控制不仅要保证计划完成，还要促进管理创新。施控过程中要通过控制活动调动受控者的积极性，这是现代控制的特点。例如，在预算控制中实行弹性预算就是这种控制思想的体现。特别是在具有良好反馈机制的控制系统中，施控者通过接受受控者的反馈，不仅可以及时了解计划执行状况，纠正计划执行中出现的偏差，还可以从反馈中受到启发、激发创新。

第二节　控制的类型

无论是在自然界还是在人类社会中，控制无处不在，其方式多种多样。企业常见的控制类型主要有以下几种。

一、前馈控制、同期控制和反馈控制

1. 前馈控制

前馈控制也称为事前控制，是指管理人员对即将出现的偏差有分析和预见，及时采取措施，使预期的偏差不至于发生。前馈控制的最大优点是能够防患于未然，尽量避免损失，但前馈控制在实施过程中不能一次性完成，而是要根据组织中出现的新问题、新动向适时采取必要的制约措施。

2. 同期控制

同期控制也称为现场控制、即时控制，是指管理人员深入现场检查和指导下属的工作，发现偏差即时纠正，以保证计划目标的完成。同期控制的重点要根据计划的要求与执行计划人员的具体情况而定。同期控制是一种面对面的管理和控制，管理者的工作作风和领导方式对控制的效果有很大的影响。

3. 反馈控制

反馈控制是控制中最常见的控制类型，也称为事后控制，是指管理人员分析以前工作的执行结果，将它与控制标准相比较，发现偏差及其存在的原因，拟定纠正措施，以防止偏差发展或继续存在。反馈控制的优点是控制方向较明确，有助于解决问题和改进系统工作。但反馈控制有两个主要缺陷：一是事后性，即控制往往是在偏差已经发生、损失已经造成的情况下才发生作用；二是时滞性，即纠正偏差滞后于偏差发生。

课间阅读

扁鹊论医

魏文王问名医扁鹊："你们家兄弟三人都精于医术，到底哪一位最好呢？"

扁鹊答："长兄最好，中兄次之，我最差。"

魏文王又问："那么为什么你最出名呢？"

扁鹊答："我长兄治的是病情发作之前的病。由于一般人不知道他事先能铲除病因，所以他的名声无法传出去，只有我们家的人才知道。我中兄治的是病情初起之时的病。一般人以为他只能治点轻微的小病，所以他的名声只及于本乡里。而我扁鹊治的是病情严重之时的病，一般人看到的是我在经脉上穿针放血、在皮肤上敷药等，以为我的医术高明，我的名气也因此响遍全国。"

二、间接控制、直接控制

1. 间接控制

间接控制是指根据计划和标准考核工作的实际结果，分析出现偏差的原因，并追究责任者的个人责任，以使其改进未来工作的一种控制方法，多见于上级管理者对下级人员工作过程的控制。

2. 直接控制

直接控制是指通过提高主管人员的素质，使他们改善管理工作，从而防止出现因管理不善而造成的不良后果的一种控制方式。

三、集中控制、分层控制和分散控制

1. 集中控制

集中控制是指在组织中建立一个相对稳定的控制中心，由控制中心对组织内外的各种信息进行统一的加工处理，发现问题并提出问题的解决方案。

2. 分层控制

分层控制是指将组织分为不同的层级，各个层级在服从整体目标的基础上相对独立地实施控制。

3. 分散控制

分散控制是指将组织管理系统分为若干相对独立的子系统，每一个子系统独立地实施内部直接控制。

资料链接

观看教学视频
控制的类型

第三节 | 控制过程

一、控制过程的三个阶段

控制是一个不断反复循环的管理过程，但就一次控制活动来看，它由如下三个阶段构成。

1. 确立标准

控制必须有标准，否则就不可能确定组织活动中是否存在偏差。员工的绩效如何，组织的效率应当如何改进，要求达到什么样的水准，这些都需要标准。计划是控制的基本标准，但仅有计划是不够的。计划往往只是一个概略的、总括性的标准，管理者还必须在计划的指导下，建立起明确的、具体的控制标准。所谓确定标准，就是指管理者根据计划和组织目标，确定某些标准，将其作为共同遵守的衡量尺度和比较的基础。为保证有效控制，控制标准应满足以下几方面的要求。

（1）控制标准应量化

控制标准应尽可能量化，具有可操作性。这样，在控制过程中，施控者和受控者心中都有明确的行动界线和标准，有助于发现行动中出现的偏差。受控者由此可自觉地、主动地纠偏。模棱两可或解释起来主观随意性强的控制标准是不利于控制的。

（2）控制标准应简明

控制标准应尽量简洁明了，不仅控制者有能力了解、掌握，全体执行人员也要有能力了解、掌握。

（3）控制标准应协调一致

控制标准应协调一致。一个组织内的活动是多种多样的，各职能管理部门都会制定出各自的控制标准。这些标准应该协调一致，形成一个有机整体，不能互相矛盾，否则会使计划执行者陷入两难境地或管理的真空地带中。

在一个组织中，控制标准按其特性可以分为两大类。首先是定量标准。它是以明确的数量化的指标来表现的。这种标准客观性强，容易把握，如企业生产经营中的工时定额、成本定额、月销售额等都是定量标准。只要有可能，控制标准都应数量化。其次是定性标准，即反映事情基本性质的标准。例如，衡量员工工作态度的"优良、一般、差"等描述就是定性标准。在控制过程中，定性标准是必不可少的。因为有许多活动和事物，还不可能对其水准做出确切的数量划分，不可能用数量指标来表示。定性标准如果定得好，与定量标准互相补充，就会形成较完整的控制标准体系。

此外，控制标准还必须随事物的发展进行必要的调整。控制标准应保持一定的稳定性，但这种稳定性不应绝对化。一般来说，随着组织效率的提高和组织的发展，控制标准应不断提高，也不排除对过高的标准做出降低的调整。

在工商企业中，经常使用以下几种类型的标准：时间标准，是指完成一定工作所需花费的时间限度，表现为工程周期等一系列的时间指标；生产率标准，是指在规定时间里所完成的工作量；消耗标准，是指完成一定工作所需的有关消耗；质量标准，是指工作应达到的要求，或产品或服务所应达到的品质标准；行为标准，是指对员工规定的行为准则等。

课间阅读

麦当劳餐厅的食品标准

麦当劳餐厅的食品标准都是一致的，对售出的食品质量有严格的规定。根据专业化研究的结果，售出的可口可乐统一规定温度保持在4℃；所有的面包都做成1厘米厚，面包里面的气泡直径一律为5毫米。

所有的麦当劳食品在送到顾客手中之前，都必须经过一系列周密的品质保证系统，单是牛肉饼从生产加工至出售到顾客手中就必须经过40多次的严格质量检查。例如，对于面包类产品，细微至一切一割，麦当劳都绝对一丝不苟。麦当劳不断研究切面包的技术，因为切割面包的厚度和温度都会影响成品的品质，所以若切割不匀或不够流畅，切面不均匀，酱料便容易渗入面包，溶化纤维结构，大大地破坏松脆的口感。

2. 衡量绩效

衡量绩效就是指对计划执行的实际情况进行实地检查，并做出判断。衡量绩效是控制的中间环节，也是工作量最大的一个环节。在这个阶段，施控者可发现计划执行中所存在的缺陷，有什么样的偏差以及程度多大的偏差，它们是由什么原因引起的，应采取什么样的纠正措施。可见，该环节的工作影响着整个控制效果。

做好衡量绩效工作主要应注意以下几方面。

第一，必须深入基层，踏踏实实地了解实际情况，切忌只凭下属的汇报做判断，也要防止检查中"走过场、搞形式"，工作不踏实，走马观花。

第二，衡量绩效工作必须制度化。通过制度建设，管理者可及时、全面地了解计划执行的情况，以便从中发现问题，迅速纠正，尽可能地将重大偏差消灭在萌芽状态。检查无制度，随心所欲，就可能等到出现了大问题时才手忙脚乱地仓促应付。

第三，衡量绩效的方法应科学。应根据所确立的标准考核，对计划执行中存在的问题不夸大、不缩小，实事求是地反映情况。

衡量绩效的目的是对计划执行状况做出判断，更进一步地讲，是判断是否存在偏离计划路线和目标的现象。实际计划执行中的偏差有两种。一种可称为正偏差，通俗地讲就是超额完成计划的情况。在大多数人的思想中一直存在着这样一种意识：超额完成计划是好的，应该鼓励。其实，超额完成计划并非都是有利的，有些正偏差会加剧结构失衡。所以，若在检查考核中发现存在着正偏差，也必须全面分析，再得出结论。另一种是负偏差，即没有完成计划和偏离计划的情况。显然，负偏

资料链接

观看教学视频
控制过程

差是不利的，施控者必须深入分析产生负偏差的原因，并及时采取对策加以纠正。

3. 纠正偏差

如果发现计划执行过程中已经出现了偏差，就必须马上召集有关人员分析偏差产生的原因。偏差产生的原因不外乎两大类。其一是计划脱离实际，使执行者无法执行。这种偏差产生的原因是计划制订得不合理，或是标准过高，或是标准过低。自然，纠正偏差的措施只能是重新调整计划，修改标准。其二是员工不够努力。这就需要坚持标准，同时分析员工不够努力的原因，排除消极情绪，督促其完成计划。

纠正偏差是控制的最后一个环节，也是控制的目的所在，管理者应予以充分重视。在这个环节中应主要注意以下两方面：一方面，纠正偏差一定要及时，发现问题马上解决，不能拖拖拉拉，等问题成堆才去解决；另一方面，纠正偏差的措施一定要贯彻落实，切忌将措施束之高阁。

二、控制的基础与前提

资料链接
观看教学视频
控制的基础与前提

1. 控制要有计划

控制与计划是同一问题的两个方面。计划在一定程度上讲也是一种控制，但从狭义的角度说，控制仍要以计划为前提。这句话具有两重含义。

首先，计划是控制的标准，没有计划，就谈不上控制。实现计划是控制的最终目的。计划制订得越详细、越明确、越可行，控制也就越容易。所以，要做好控制工作，前提之一就是要做好计划工作。

其次，控制本身也需要有计划。对于施控者来说，不仅要建立控制标准、控制程序，还必须明确控制工作的重点、方法和目标。这都说明控制工作本身也需要有计划。不然的话，"眉毛胡子一把抓"、全面撒网，控制就会混乱，施控者就会像消防队员一样，哪里出问题就急急忙忙地奔向哪里，这样的话，控制是很难取得成效的。

2. 控制要依据有效的信息

信息是组织活动的要素，也是控制的基础和前提，控制必须依据有效的信息。控制过程实质上就是一个施控者向受控者传递指挥和决策信息，受控者向施控者反馈执行信息的过程。没有信息的传递，控制就不能进行；没有正确、全面、及时的信息，就难以达到控制的目的。

有效的信息必须符合以下几点要求。

① 有效的信息必须是准确的信息。错误的信息必然导致错误的决策，其后果比没有信息更为糟糕。

② 有效的信息必须是及时的信息。过时的信息在控制活动中是没有价值的。

③ 有效的信息必须是全面完整的信息。

为保证获得有效的信息，在控制系统中必须建立起完善的信息传递网络和机制，保证信息畅通；要建立必要的信息处理机构，运用先进的信息传递、处理、分析工具；建立科学的报告制度。报告是管理中最常见的信息载体，每一个组织部必须建立起合理的报告制度。

3. 控制必须建立起明确的责任制

标准仅为控制提供了一个衡量计划执行状况的尺度，标准只有得到贯彻落实才会起作用。所以，控制必须建立起明确的责任制。通过建立责任制，每一个人都会明白自己的职责和要达到的标准，在工作中自觉地履行职责，按标准要求完成任务。这样的话，外部控制就会转变为自觉的内部激励或者自我控制，使控制的效率大大提高。也可以说，建立责任制本身就是一种控制行为。为了达到全面控制的目的，组织中的一切有目的的活动都必须建立责任制。每一个人，不论是管理者还是被管理者，都应纳入责任制体系之中。

4. 控制要有组织

首先，为完成组织管理的控制职能，应建立专门的司控机构，配备专职司控人员，授予其权力，明确其责任。这项工作可解决由谁来控制的问题。

其次，控制应注意协调。在一个组织中，控制是多方面的，各方面的内容和目的都不一样。为了保证组织的根本目标得以实现，各个部门的步调必须一致。所以，控制中必须充分注意协调。

第四节 控制方法与控制效率

一、控制方法

资料链接
观看教学视频
控制方法

1. 预算控制

（1）预算的概念

预算是数字化的计划，更具体地说，是用财务数字表明的组织的预期成本或收入。我国的预算一般与财务有关，是一个组织收入、支出方面的计划。任何一项预算都有以下特点。

① 预算具有计划性。

预算是一种特殊的计划，其主要构成内容是各种数字。作为一种特殊的计划，它要解决这样几个问题："多少"，这是计划的目标，即数量目标；"为什么"，即对目标数字进行说明，一项计划为什么应是这么多而不是那么多；"什么时间"，即预算是什么期间的，从何时开始，到何时结束。

② 预算具有预测性。

预算从字面上来理解就是预先测算，因而它属于预测的内容，只不过是关于收入与支出方面的预测，具有特殊性和专业性。所以，预算控制少不了预测方法的运用。

③ 预算具有控制性。

预算就是对组织涉及收入、支出的活动所拟定的数量化标准，它构成预算控制工作的第一步。用预算作为控制标准，比用其他控制标准具有更明确、更具体的特点，更具可控性。于是预算控制成为组织控制工作的重要内容。

（2）预算的种类

首先，按预算控制的力度，预算可以分为如下几类。

① 刚性预算。

刚性预算是指在执行进程中没有变动余地的预算，执行人在执行中无活动余地。一般来说，刚性预算不利于发挥执行人的积极性，不利于随时适应环境的变化，多在重点项目上采用。常见的刚性预算是控制上限或控制下限的预算，如严格要求的财政支出预算和财政收入预算等。

② 弹性预算。

弹性预算是指预算指标有一定的调整余地，执行人可灵活执行的预算。这种预算的控制力度稍弱，但有较强的环境适应性，能较好地适应控制的要求。在预算控制中，弹性预算比较常见。

其次，按预算的内容，预算可分为如下几类。

① 支出预算。

支出预算是指对未完成的组织活动所支付的货币多少的预算，通常被看作组织预算中最为重要的预算。一个组织可以没有收入预算，但不可能没有支出预算。

② 收入预算。

收入预算是指对组织活动可带来的货币收入进行的预算。一般来说，只有政府和企业性质的组织才有收入预算，并且收入预算对这类组织特别重要。

最后，按预算的范围，预算可分为如下几类。

① 总预算。

总预算是指以组织整体为预算范围，由组织的最高管理机构批准的预算。

② 部门预算。

部门预算是指各部门以组织总预算为基础，根据部门的实际情况制订的预算。

（3）预算的普遍性

每一个组织都有开展预算工作、做好预算控制的必要。其重要性表现在以下几方面。

① 做好预算控制是"少花钱、多办事、办好事"的前提之一。

在企业生产经营活动中，要强调经济效益观念。那么，如何做到"少花钱、多办事、办好事"呢？预算是重要手段。通过预算，组织的管理者可对支出做到心中有数，才可能精打细算，厉行节约。

② 搞好预算工作是保证组织活动正常开展，目标得以实现的前提。

既然任何事情都必须有花费、有支出，那么反过来说，没有一定的财力，任何活动都是无法开展的。组织的生存需要财力资源，组织的发展自然也要有相应增长的财力做保证。任何一个组织要想生存、发展，顺利地实现目标，就必须保证有一定的财力供给。这需要有预算，以做到"手中有粮，心中不慌"。这里的"粮"，指的是组织活动所必需的财力资源。

③ 预算控制工作是整个控制工作的关键点之一。

对一个组织的控制包括很多方面，但概括起来不外乎是：对人的控制、对物的控制、对资金的控制、对信息的控制。这四大控制是密切相关、紧密结合的。在市场经济中，一切要素都要通过一定的价值尺度来度量，来计算投入产出效率。所以，对财力要素的控制或者说预算，就有很强的代表性与结合性。做好了预算工作，完成了财力控制工作，在很大程度上就实现了控制的目标。

2. 非预算控制

非预算控制是指与预算无关的控制。一般来说，许多传统的控制方法都与预算无关，一些常用的方法如下。

（1）视察

视察也许算得上是一种最古老、最直接的控制方法，它的基本作用是获得一手的信息。基层的主管人员通过视察，可以判断出产量、质量的完成情况，设备运转情况和劳动纪律的执行情况等；职能部门的主管人员通过视察，可以了解工艺程序是否得到了认真的贯彻，生产计划是否按预定进度执行，劳动保护等规章制度是否被严格遵守，生产过程中存在哪些偏差和隐患等；上层主管人员通过视察，可以了解组织方针、目标和政策是否深入人心，可以发现职能部门的情况报告是否属实，员工的合理化建议是否得到认真对待，还可以从与员工的交谈中了解他们的情绪和士气等。

（2）报告

报告用于向负责实施计划的主管人员全面、系统地阐述计划执行的情况，存在的问题及原因，已经采取了哪些措施，收到了什么效果，预计会出现的问题等。控制报告的主要目的是提供一种信息，即可用作纠正措施依据的信息。

对控制报告的基本要求是：适时，突出重点，指出例外情况，尽量简明扼要。通常，运用报告进行控制的效果取决于主管人员对报告的要求。管理实践表明，大多数主管人员对下属应当向他报告什么缺乏明确的要求。随着组织规模及其经营活动规模的日益扩大，管理日益复杂，因主管人员的精力和时间是有限的，故定期的情况报告越发显得重要。

（3）比率分析

对组织经营活动中各种不同度量之间的比率进行分析，是一项非常有效和必需的控制技术或方法。"有比较才会有鉴别。"一般来说，仅从有关组织经营管理工作成效绝对数量的度量中是很难得出正确结论的。例如，仅从一个企业年创利 1 000 万元这个数字上很难看出什么明确的概念，因为我们不知道这个企业的销售额是多少，不知道资金总数是多少，不知道所处行业的平均利润水平是多少，也不知道企业上年和历年实现的利润是多少等。所以，在我们得出一个组织的经营活动是否有显著成效的结论之前，必须首先明确比较的标准。

企业经营活动分析中常用的比率分为两大类，即财务比率和经营比率。前者主要用于说明企业的财务状况，后者主要用于说明企业的经营活动状况。

① 财务比率。

企业的财务状况综合反映着企业的生产经营状况。通过财务状况的分析可以迅速、全面地了解一个企业的资金来源和资金运用情况，了解企业资金利用的效果以及企业的支付能力和清偿债务的能力。

② 经营比率。

前面已指出，财务比率是衡量一个企业生产经营状况和财务状况的综合性指标。除此以外，还有一些更直接的比率，可以用来进一步说明企业的经营情况。这些比率称为经营比率。常用的有以下几种。第一，市场占有率，又称市场份额，指的是企业的主要产品在该种产品的市场销售总额中所占的比重，这是反映企业竞争实力强弱的重要指标。第二，相对市场占有率。当缺乏总的市场规模的统计资料时，可以采用相对市场占有率作为衡量的指标。常用的相对市场占有率指标有两种：一种是公司的销售量与该公司所在市场占领先地位的头三名竞争对手销量总和的百分比，另一种是公司的销售量与最大的公司销售量的百分比。第三，投入产出比率。用作控制度量的投入产出比率是对投入利用效率的直接测量标准。

除以上方法外，制度规范控制、组织文化控制、程序控制等也都是企业常用的非预算控制方法。

二、控制效率

1. 评价控制效率的标准

控制作为一项重要的管理职能，必须是有效的。那么，怎样来评价控制的效率呢？一般来说，应着重考虑如下几个标准。

（1）计划的保障程度

控制的主要任务是保证计划的完成。在正常情况下，如果一个组织未能如期完成计划，就表明这个组织的控制无效或效率很低。无论是建立控制系统还是实施控制过程，都应以保障计划完成为基本准则。

（2）促进人们创新的概率

控制应努力促进人们创新。建立控制系统后，不能将下属变成棋盘上的棋子，应给予他们发挥创造力的空间和权力，促使人们创新。

（3）解决问题的速度

控制的一个基本环节是纠正偏差，俗称解决问题。控制越有效，解决问题的速度就越快。如果一个组织中问题成堆，管理者却仍然熟视无睹，就表明该组织已经失控了。问题久拖不决，则表明组织控制效率十分低下。

2. 影响控制效率的因素

（1）分权不当，权力失控

分权和控制之间存在着承接关系。分权是控制的前提之一，控制是分权的保障。如果分权不当，权力失控，就会影响控制效率。

（2）信息流通不畅

控制必须以有效的信息为前提。如果组织内的信息不能顺畅流动，缺乏信息传递和反馈，控制就无法进行。所以，信息通畅与否直接影响着控制效率。

（3）标准过严

标准是控制的依据，但控制标准必须实事求是，科学可行。标准不能太低，太低的标准缺乏压力，不利于调动员工的积极性。值得注意的是，标准也不能过高、过严。若标准过高，员工经过努力之后仍然不能达到，就会产生抵触情绪。如果以过严的标准进行控制，施控者与受控者往往会产生对立情绪，控制也将失去作用。

（4）控制制度不健全

控制制度决定着控制工作的效率。控制制度规定着组织内司控人员的职责、权力、工作内容和程序等。若控制制度不完善，则控制效率肯定低下。

（5）各部门之间的目标冲突

控制的最终目标是保证计划顺利完成，实现组织的目标。在一个较大规模的组织中，组织的目标和计划往往要进行分解，再落实到各个部门中去。目标分解和执行过程中，稍不注意就可能使各部门之间的工作不一致，甚至使各自的目标发生相互冲突。这会给司控人员的控制带来困难，降低控制效率。

3. 提高控制效率的措施

要想提高控制效率，必须要做到以下几点。

（1）树立现代控制观念

如今，控制的内容已远不是早期控制职能的内容了。什么是现代控制观念呢？

① 树立新的施控者与受控者关系的观念。

传统控制观念认为：施控者处于绝对支配地位，受控者处于被支配地位，二者之间只有命令和服从的关系。现代控制观念则认为：施控者与受控者是平等的，施控者的权威只有被受控者承认和接受才有意义；施控者只有靠权力和威望才能

资料链接
观看教学视频
有效控制的
基本要求

施控，控制才能发挥作用。

② 重视反馈。

反馈是现代控制观念的特征之一，没有反馈，控制不可能有高效率。施控者不是万能的，必须依据受控者的反馈来判断和决策。树立反馈观念，重视反馈，不仅要建立制度化的反馈机制，更为重要的是要让下级畅所欲言，敢讲、愿讲真话，全面、及时地反映真实情况。

（2）合理分权

分权是控制中的问题，也是组织机构设置的中心问题。怎样才能做到合理分权？这个问题没有放之四海而皆准的答案，分权合理与否只能根据实际情况来判定。一般来说，以下几条原则可保证分权具有合理性。

① 权力下放和责任落实相一致，保证权责对等。

② 切忌越级授权。越级授权必然导致越级指挥，从而给中层管理人员的控制活动造成困难。

③ 从实际出发，分权是因人、因时、因地、因事而异的管理活动，管理者分权时必须从实际出发，不能盲目地照搬他人的做法。否则，分权不仅难以调动下属的积极性，还会造成失控的局面。

（3）做好控制制度建设工作

控制制度建设包含着广泛的内容。从某种意义上说，其基本上等同于管理。就狭义的控制制度建设而言，主要应做好如下几点工作。

① 建立精简、高效的控制机构，配备合格的施控人员。

② 建立明确的控制责任制。

③ 完善组织内部的信息沟通体系，保证信息上下沟通顺畅，反馈及时。

④ 搞好协调工作，形成有机的控制网络。

本章小结

控制是指通过不断接收和交换组织内外的有关信息，按既定标准对组织的实际工作活动进行监督、检查，发现偏差，纠正偏差，以保证实际工作与计划、目标动态一致而采取的一种系统管理活动。组织中的控制应遵循原则性与灵活性相结合、重点控制与全面控制相结合、事前控制与事后控制相结合的原则。美国管理学家斯蒂芬·罗宾斯将控制的内容归纳为对人员、财务、作业、信息和组织绩效五方面的控制。控制有前馈控制、同期控制和反馈控制，间接控制和直接控制，集中控制、分层控制和分散控制等类型。控制是一个不断反复循环的管理过程。控制过程由三个阶段构成，分别是确立标准、衡量绩效和纠正偏差。本章介绍了预算控制和非预算控制的方法，并叙述了提高控制效率的措施。

扩展阅读

鄂尔多斯集团的财务管控

"鄂尔多斯"在蒙语中的意思是"宫殿的群落"。传说，一代天骄成吉思汗在西征时经过一片草原，将千军万马驻扎在那里，远远望去，一个个军营帐篷酷似一座座宫殿，于是"鄂尔多斯"就成了这片草原的名字。

1979 年，就在这片神奇而富饶的土地上，鄂尔多斯集团诞生了。经过近 40 年的不断发展，鄂尔多斯已经从一家羊绒制品加工企业发展成为涵盖羊绒服装、资源矿产开发和能源综合利用等领域的多元化经营的大型现代综合产业集团。鄂尔多斯集团拥有当今世界上产业链完善、工艺技术水平先进的羊绒纺织产业。集团的科研基地——国家羊绒制品工程技术研究中心，是国家认可的企业技术中心，也是国际羊绒驼绒制造商协会的唯一中国企业成员。

1999 年，鄂尔多斯集团创立了以"四统一分，两级管理"为主要内容的财务管理新机制，确立了以内部银行为中心的资金管理体制。

阅读"鄂尔多斯集团的财务管控"，了解鄂尔多斯集团的财务控制体系。

资料链接
阅读文献资料
鄂尔多斯集团
的财务管控

本章复习题

一、名词解释

控制　　　　重点控制　　　　全面控制
前馈控制　　同期控制　　　　反馈控制
预算

二、单项选择题

1. 在篮球比赛中，教练员应根据场上的局势及时调整战术并更换队员。从管理职能的角度看，教练员行使的是（　　）职能。
   A. 组织　　　B. 计划　　　C. 控制　　　D. 协调

2. 控制是管理工作的重要职能之一，是保证组织计划与（　　）相适应的管理职能。
   A. 现实市场动态　　　　B. 企业目标
   C. 实际工作活动　　　　D. 以上各项都正确

3. 控制是对（　　）进行检查和纠偏的活动过程。
   A. 生产活动　　B. 计划与执行情况　C. 经营活动　　D. 质量活动

4. 美国管理学家斯蒂芬·罗宾斯将控制的内容归纳为对（　　）五方面的控制。
   A. 人员、财务、作业、信息、组织绩效
   B. 人员、资源、财务、信息、偏差
   C. 资源、财务、作业、偏差、预算
   D. 资源、财务、信息、标准、组织绩效

5.（　　）是指在计划实施过程中，对关系全局的重点部门、重点工作环节进行特别控制。
   A. 重点控制　　B. 全面控制　　　C. 事前控制　　D. 事后控制

6. 工厂在需求高峰来临之前添置机器、安排人员、加大生产量的行为属于（　　）。
   A. 前馈控制　　B. 同期控制　　　C. 反馈控制　　D. 成本控制

7. 工厂对出厂的产品进行检验属于（　　）。
   A. 前馈控制　　B. 同期控制　　　C. 反馈控制　　D. 成本控制

8. 控制工作过程的首要步骤是（　　）。

   A．衡量标准　　　B．确立标准　　　C．评估绩效　　　D．纠正偏差

9. 管理控制通过（　　），可以发现计划执行中存在的缺陷。

   A．评估绩效　　　B．确立标准　　　C．纠正偏差　　　D．信息反馈

10. （　　）可以称作"数字化"或"货币化"的计划。

   A．报表　　　　　B．成本　　　　　C．利润　　　　　D．预算

11. 任何预算都需要用（　　）形式来表达。

   A．图表　　　　　B．文字　　　　　C．数字　　　　　D．以上各项都正确

三、问答题

1. 控制的内容有哪些？

2. 在管理中控制的作用是什么？

3. 组织的控制活动要遵循哪些基本原则？

4. 比较前馈控制、同期控制和反馈控制。

5. 简述控制活动的过程。

6. 何为预算控制？预算的种类有哪些？

7. 为什么说预算控制是每个组织必须要开展的工作？

8. 举例说明非预算控制的方法。

9. 如何提高控制效率？

10. 有人说，计划与控制就像"一枚硬币的两面""一把剪刀的两刃"。你对这种说法如何理解？

11. 联系实际，谈谈在管理工作中如何进行有效控制。

案例分析

安全事故发生以后

桂林机务段是隶属于铁道部柳州铁路局的一个基层单位，拥有职工1 300人，担负着柳州—永州区段的列车牵引任务。该段有两大车间：运用车间和检修车间。运用车间负责76台内燃机车的牵引任务，共有正副司机700多人；检修车间负责全段机车的检修任务，共有职工200多人。

段长张广明毕业于上海交通大学，在该段工作了很多年。2004年11月3日，全段实现了安全运输生产8周年，其成绩在全局名列前茅。段长因此召开了全段庆功大会，并请来了局里的主要领导。可是会开到一半时，机务处打电话给局长：桂林机务段的司机由于违反运输规章，造成事故。庆功大会被迫停开，局长阴沉着脸离开了会场。

其实，段长早就感觉到存在许多安全隐患，只是由于该段安全天数较多，因此麻痹了思想。他连夜打电话通知各部门主任，查找本部门的安全隐患，第二天召开全段中层干部会议，要求各主任在会上发言。

第二天，会议在严肃的气氛中召开。

段长首先发言："这次发生险性事故主要责任在我，本人要求免去当月的工资和奖金，其他段

级领导每人扣400元，中层干部每人扣200元。另外，我宣布原主管安全的副段长现分管后勤，他的职务暂时由我担任。"

随后，各段长进行发言。

运用车间主任说："这次事故主要由于司机严重违反规章操作所致。其实车间一直努力制止这种有章不循的现象，但效果一直不明显，主要原因如下。① 司机一旦出车，就会离开本单位，这样车间对司机的监控能力就会下降；司机能否完全按章操作，基本上依靠自觉，而司机的素质目前还没有达到这种要求。② 车间共有管理干部和技术干部20多名，我们也经常要求干部到现场，但由于司机人数较多，机车的利用率很高，因此对司机的监控具有很大的随意性和盲目性。③ 干部中好人现象严重。干部上车跟乘时，即使发现司机有违章操作行为，也会替其隐瞒，使司机免于处罚。"

检修车间主任说："这次事故虽然不是由于机车质量造成的，但是检修车间中还是存在很多安全隐患的。首先，职工队伍不稳定，业务骨干时有跳槽。因为铁路局是按照检修车间定员160人发工资，而检修车间现有230人左右，超员70人左右，这样平均到每个人的工资就很少了，这是职工不稳定的主要原因。"检修车间主任继续说："火车提速后，对机车的质量要求更高，而我段的机车检修水平目前还达不到要求。第一，机车的检修作业标准较为过时，缺乏合理性、实用性、可控性。工人按此标准劳动效率不高，而且漏检、漏修现象时有发生。第二，车间的技术人员多是刚毕业的大学生，虽然有理论知识基础，但解决实际技术问题的能力不强。第三，发生率较高的机车故障一直没有解决好。"

教育主任说："这次事故反映出我段职工素质不高。目前，我段职工培训工作开展得不是很顺利，各车间都以生产任务繁重为由不肯让职工脱产学习。因此，每年职工脱产学习的计划很难实现。另外，每年一次的职工业务考试没有真正起到督促职工学习的作用。考试结束后只是将成绩公布，对职工考试成绩没有任何奖惩。"

人事主任说："这次事故从某种意义上说是由于司机疲劳所致，因为现在司机经常请假，造成司机人手不够。因此，司机连续工作，休息时间不能得到保证。司机经常请假是吃大锅饭造成的，干多干少一个样。"

段长说："几位主任讲得都很好，将我段管理上存在的一些弊病都找出来了。会后，各有关部门要针对这些弊病迅速制订整改措施。我相信，只要我们共同努力，工作的被动局面就会很快得到扭转的。"

思考题：

1. 本案例中，桂林机务段最需要重视的是（　　）。

    A. 前馈控制　　　　B. 同期控制　　　　C. 反馈控制　　　　D. 成本控制

2. 运用车间主任要求干部到现场监控司机的行为属于（　　）。

    A. 前馈控制　　　　B. 同期控制　　　　C. 反馈控制　　　　D. 成本控制

3. 事故发生后，段长采取了一系列措施。这属于（　　）。

    A. 前馈控制　　　　B. 同期控制　　　　C. 反馈控制　　　　D. 成本控制

4. 结合本章内容，针对会上几位主任的发言中所提到的难题提出解决办法。

学习目标

- 掌握创新的概念、类别与特征
- 理解维持与创新的关系
- 掌握创新的基本内容
- 理解创新的过程和创新活动的组织
- 掌握管理创新的概念、条件和过程

关键词

创新　维持与创新　创新的类别　创新的特征　创新的内容

创新过程　创新的组织　管理创新　管理创新的基本条件　管理创新过程

引导案例

太阳马戏团的成功秘诀

太阳马戏团是加拿大魁北克省蒙特利尔的一家娱乐表演团体，是全球最大的喜剧制作公司。其定位为马戏艺术和街头娱乐的戏剧性组合。凭借对传统马戏表演的颠覆性诠释，太阳马戏团以豪华并极具震撼力的舞台表现，囊括了包括艾美奖、斑比奖等在内的国际演艺界各项最高荣誉，缔造了比肩迪士尼的全球又一娱乐"帝国"。太阳马戏团被誉为加拿大的"国宝"，其演出项目已经成为加拿大最大的文化产业出口项目。

当我们想到马戏团的时候，我们会想到很多动物在做表演，如驯狮、老虎跳火圈等，这些都属于传统马戏团的概念。现在，很多西方国家都非常重视保护动物，马戏团的演出常常遭到动物保护人士的抗议，而且马戏团到世界各地表演的成本很高，这些都是马戏团面临的困境。

太阳马戏团的成功之所以不同凡响，是因为它走出了一条超越传统马戏竞争的路：把马戏和富有艺术感染力的舞台剧相结合。太阳马戏团没有在请明星艺人、名驯兽师方面与对手硬碰硬，它的原创剧目中没有动物，也没有明星，而是用马戏表演讲述完整的故事。他们的演出服装艳丽，同时运用灯光、音效、舞美等技术，把魔术、杂技、小丑等与舞台剧相结合，制造出一种超乎想象的奇妙效果，不仅吸引了马戏爱好者，还赢得了那些经常光顾剧院的观众。这样，太阳马戏团创造了一种全新的艺术形式，将其他马戏团远远甩在身后。

【案例启示】 组织、领导和控制是保证计划目标实现所不可或缺的要素。从某种意义上说，它们同属于管理的"维持职能"，其任务是保证系统按照预定的方向和规则运行。但是，管理是在动态环境中存在的社会经济系统，光维持是不够的，还必须不断地调整系统活动的内容和目标，以适应环境变化的要求。这就是管理的"创新职能"。创新乃制胜之道。太阳马戏团的成功秘诀就在于其对于"产品"的创新，对"产品"进行了改进和改造，在传统的"产品"中融合了现代技术和形式，最终赢得了观众的青睐，使其更具市场竞争力，其竞争对手也只能望尘莫及。

第一节 创新概述

　　创新是人类社会发展的永恒主题，是企业进步和社会进步的根本途径。创新是一种思想及在这种思想指导下的实践，是一种原则及在这种原则指导下的具体活动，是管理的一种基本职能。创新是管理工作的一个环节，对于任何组织来说，它都是一种重要的活动。它和其他管理职能一样，有其内在逻辑性。创新职能贯穿于其他各个管理职能的行使过程中，和它们一起发挥作用。没有了创新职能，其他管理职能只能算是"维持职能"。创新是赋予其他管理职能或资源以新的创造财富能力的一种行为。创新是管理者所能利用的一种新的特殊资源。

一、创新的概念

1. 创新的起源

　　"创新"从最一般的意义上来理解，就是打破现状，创造出新的东西。英文中的"创新"一词（Innovation）起源于 15 世纪。根据韦伯斯特词典的解释，它有两层意思：一是指新的思想、方法和工具；二是指引入一个新的东西。创新源于实践，它生长、发展并深化于历史实践之中，最终服务于实践。创新，从本质上说，就是指促进主体发展、完善并使主体更美好。

　　创新（Innovation）不同于创造（Creativity）；创造是指以独特的方式综合各种思想或在各种思想之间建立其独特联系的一种能力，它是一个纯技术的概念；而创新是指形成一种创造性思想，并把它转化为有用的产品、服务或作业方法以取得经济效益的过程，它是一个技术与经济相结合的概念。创造可以是创新，但不是所有的创造都能成为创新，只有那些真正产生经济效益的创造才能成为创新；创新也不全是创造，"拿来主义"也可以是创新，能够使我们突破现状，只要能给我们带来经济效益，那就是创新。所以，创新和创造不是包含与被包含的关系，而是交叉的关系。

　　对创新的研究起源于美籍奥地利经济学家熊彼特，他于 1912 年在其著作《经济发展理论》中首次提出了"创新"的概念。熊彼特认为：创新就是在经济活动中引入新思想、新方法，以实现生产要素的新组合。这主要包括以下五个方面的内容。

　　① 采用一种新的产品或者赋予产品一种新的特性。

　　② 采用一种新的生产方法，主要体现为生产过程中采用新的工艺或新的生产组织方式。

　　③ 开辟一个新的市场。

　　④ 控制原材料或半成品的一种新的供应来源。

　　⑤ 实现一种工业的新组织。

　　后人将他这段话归纳为五个创新，依次为产品创新、技术创新、市场创新、资源配置创新和组织创新。

　　著名管理大师德鲁克也对创新进行过论述。他认为：创新并非必需品，在技术方面，创新的行动就是赋予资源以创造财富的新能力。经济合作与发展组织（OECD）1997 年在其发表的《国家创新体系》报告中也指出：创新是不同主体间复杂的互相作用的结果。技术变革是系统内部各要素之间互相作用和反馈的结果。

2. 创新的概念

创新的概念有狭义和广义之分。从狭义上讲，创新是指从新思想的产生到产品设计、试制、生产、营销和市场化的一系列行动，它把技术和经济结合起来进行理解。从广义上讲，创新表现为不同参与者（包括企业、政府、大学、科研机构等）之间交互作用的网络。在这个网络中，任何一个结点都可能成为创新行为实现的特定空间，创新行为因而可以表现在技术、体制或知识等不同方面。这里，创新将科学、技术、教育等与经济融汇起来进行理解。

创新和其他职能一样，都有其目的。创新的目的就是为社会提供新的产品或者将新的生产工艺应用到生产过程中去，这包括在技术上的发明创造和在商业上的实际应用。创新的核心是技术创新和产品创新，除此之外，还包括业务流程创新、商业模式创新、管理创新、制度创新、服务创新，以及创造全新的市场，以满足尚未开发的顾客需要，创造新的营销和分销方法等。

二、维持与创新的关系

任何组织以及组织的任何管理工作无不包含在"维持"和"创新"中。有效的管理是适度维持与适度创新的组合。

维持是保证组织活动顺利进行的基本手段，也是组织中的大部分管理人员，特别是中层和基层管理人员，要花大部分精力从事的工作。根据物理学的递增原理，原来基于合理分工、职责明确而严密衔接起来的有序的组织结构，会随着组织运转过程中各部分之间的摩擦而逐渐地从有序走向无序，最终会导致有序平衡结构的解体。管理的维持功能便是严格地按预定的规划来监视和修正组织的运行，尽力避免各子系统之间的摩擦，或减少因摩擦而产生的结构内耗，以保持组织的有序性。

但是仅维持是不够的，任何社会组织都是一个由众多要素构成的与外部不断发生物质、信息、能量交换的动态、开放的非平衡系统。组织的外部环境是在不断发生变化的，这些变化必然会对组织的活动内容、活动形式和活动要素产生不同程度的影响；同时，组织内部的各种要素也是在不断发生变化的。组织内部某个或某些要素在特定时期的变化必然会引起组织内其他要素的连锁反应，从而对组织的原有目标、活动要素间的相互关系等产生一定的影响。组织者若不及时根据内外变化的要求适时进行局部或全局的调整，则可能会被变化的环境所淘汰，或为改变了的内部要素所不容。这种为适应组织内外变化而进行的局部和全局的调整，便是管理的创新职能。

维持与创新对组织的生存和发展都是非常重要的，它们是相互联系、不可或缺的。创新是在维持基础上的发展，维持则是创新的逻辑延续；维持是为了实现创新的成果，创新则是为更高层次的维持提供依托和框架。任何管理工作都应围绕组织运转的维持和创新而展开，卓越的管理是实现维持与创新最优组合的管理。

三、创新的类别与特征

1. 创新的类别

组织内部的创新可以从不同的角度来考察，从而具有不同的表现形式。

（1）按创新的规模以及创新对组织的影响程度分类

从创新的规模以及创新对组织的影响程度角度考察，创新可分为局部创新和整体创新。

局部创新是指在组织性质和目标不变的前提下，组织活动的某些内容、某些要素的性质或其相互组合的方式发生变动，或是组织社会贡献的形式或方式等发生变动；整体创新则往往会改变组织的目标和使命，涉及组织整体的运行方式，影响组织社会贡献的性质。

（2）按创新与环境的关系分类

从创新与环境关系的角度来分析，创新可分为消极被动型创新与积极主动型创新。

消极被动型创新是指外部环境的变化对组织的存在和运行造成了某种程度的威胁，为了避免威胁或由此造成组织损失的扩大，组织在内部展开的局部或全局性调整；积极主动型创新是指在观察外部世界运动的过程中，敏锐地预测到未来环境可能提供的某种有利机会，从而主动调整组织的战略和战术，以积极地开发和利用这种机会，谋求组织的发展。

（3）按创新的时间分类

从创新发生时间的角度，创新可分为组织初建期的创新和运行中的创新。

组织的组建原本就是一项创新活动。组织的创建者在一张白纸上绘制组织的目标、结构、运行规划等蓝图，这本身就要求有创新的思想和意识，创造一个全然不同于现有社会经济组织的新组织，寻找最满意的方案，取得最优秀的要素，并以最合理的方式组合，使组织开展活动。但是"创业难，守业更难"，在动荡的环境中"守业"，必然要求以攻为守，要求不断地创新。创新活动大量地存在于组织组建完毕开始运转以后。组织的管理者要不断地在组织运行过程中寻找、发现和利用新的创业机会，更新组织的活动内容，调整组织的结构，扩展组织的规模。这就是运行中的创新活动。

（4）按创新的组织程度分类

从创新组织程度的角度，可将创新分为自发创新与有组织的创新。

任何社会经济组织都是在一定环境中运转的开放组织，环境的任何变化都会对组织的存续及其存在方式产生一定影响。组织内部与外部直接联系的各子系统接收到环境变化的信号以后，必然会在其工作内容、工作方式、工作目标等方面进行积极或消极的调整，以应对变化，适应变化的要求。同时，社会经济组织内部的各个组成部分是相互联系、相互依存的。组织的相关性决定了与外部有联系的子系统根据环境变化的要求自发地做出调整后，必然会对那些与外部没有直接联系的子系统产生影响，从而要求后者也做出相应调整。组织内部各部分的自发调整可能产生以下两种结果。第一，各子系统的调整均是正确的，从整体上说是相互协调的，从而给组织带来的总效应是积极的，可使组织各部分的关系实现更高层次的平衡。这种情况极其偶然，一般不会出现。第二，各子系统的调整有的是正确的，有的是错误的——这是通常会出现的情况。因此，从整体上来说，调整后各部分的关系不一定协调，给组织带来的总效应既可能为正，又可能为负（这取决于调整正确与失误的比例）。也就是说，组织各部分自发创新的结果是不确定的。

与自发创新相对应的是有组织的创新。有组织的创新包含两层意思：一是系统的管理人员根据创新的客观要求和创新活动本身的客观规律，制度化地检查外部环境状况和内部工作，寻求和利用创新机会，计划和组织创新活动；二是系统的管理人员积极地引导和利用各要素的自发创新，使之相互协调并与系统有计划的创新活动相配合，使整个系统内的创新活动有计划、有组织地展开。只有有组织的创新才能给系统带来预期的积极的、比较确定的结果。鉴于创新的重要性和自发创新结果的不确定性，有效的管理要求有组织地进行创新。为此，必须研究创新的规律，分析创新的内容，揭示创新过程的影响因素。当然，有组织的创新也有可能失败，因为创新意味着打破旧秩序，打破原来的平衡，具有一定的风险，更何况组织所处的社会环境是一个错综复杂的系统，这个系统任何一次突发性的变化都有可能打破组织内部创新的程序。但是，有计划、有目的、有组织的创新取得成功的概率无疑要远远大于自发创新。

2. 创新的特征

一般来说，创新具有以下特征。

（1）创造性

创造性是指创新所进行的活动与其他活动相比，具有突破性的质的提高。也可以说，创新是一种创造性构思付诸实践的结果。创新的创造性首先，表现在新产品、新工艺上，或体现在产品、工艺的显著变化上；其次，表现在企业组织结构、制度安排、管理方式等方面的创新上。创造性的含义就是敢于打破常规，把握规律的同时紧紧地抓住时代前进的趋势，勇于探索新路子。

（2）风险性

创新具有风险性，这首先是因为创新的全过程需要大量的投入。这种投入能否顺利地实现价值补偿，受到来自技术、市场、制度、社会、政治等方面不确定因素的影响。其次，是因为竞争过程中的信息不对称，竞争者也在进行各种各样的创新，但其内容我们未必清楚，因而我们花费大量的时间、金钱、人力等资源研究出来的成果，很可能对手已经抢先一步获得或早已超越，从而使我们的成果失去意义。最后，创新计划作为一个决策，无法预见许多未来的环境变化，故不可避免地带有风险性。

（3）高收益性

企业创新的目的是要增加企业的经济效益和社会效益，以促进企业发展。创新具有高收益性，这是因为在经济活动中高收益与高风险并存，创新活动也是如此。因而，尽管创新的成功率较低，但成功之后却可获得丰厚的回报。

（4）系统性和综合性

企业创新涉及战略、市场调查、预测、决策、研究开发、设计、安装、调试、生产、管理、营销等一系列活动。这一系列活动是一个完整的链条，任何一个环节出现失误都会影响整个企业的创新效果。同时，与经营过程息息相关的经营思想、管理体制、组织结构状况也影响着整个企业的创新效果。所以，创新具有系统性和综合性。创新的系统性和综合性表现在创新是许多人共同努力的结果，通常是远见与技术的结合，需要众多参与人员的相互协调和相互作用才能产生系统的协同效应，使创新达到预期的目的。

（5）时机性

消费者的喜好处于不断变化之中，同时社会的整体技术水平也在不断提高，因而不同方向的创新具有不同的时机，甚至在同一方向随着阶段性的不同也具有不同的时机。因此，创新者在进行创新决策时，必须根据市场的发展趋势和社会的技术水平进行方向选择，并识别该方向的创新所处的阶段，选准切入点。

（6）适用性

创新是为了进步与发展，因而只有真正促进企业发展和进步的创新才是真正意义上的创新。从这个意义上讲，创新并非越奇越好，而应以适用为准则。对一个企业来说，由于基础条件不同，历史背景不同，所处环境不同，经营战略不同，需要解决的问题和达到的目的也不同。因而，不同的企业采取的创新方式也应该有所区别，要使创新真正满足本企业的需求。

第二节 创新的基本内容

在熊彼特的理论中，创新是对"生产要素的重新组合"，它包括五个方面的内容：生产一种新的产品，采用一种新的生产方法，开辟一个新的市场，控制原材料和半成品的一种新的来源，实现一种新的工业组织。

组织在运行中的创新会涉及许多方面，以企业为例，主要从以下几个方面来讲述创新的内容。

一、目标创新

企业是在一定的经济环境中从事经营活动的，特定的环境要求企业按照特定的方式提供特定的产品。一旦环境发生变化，企业就必须在生产方向、经营目标以及与其他社会经济组织的关系方面进行相应的调整。在新的经济背景中，企业必须通过满足社会需要来获取利润，这成为企业目标调整的方向。至于企业在各个时期具体的经营目标，则需要适时地根据市场环境和消费需求的特点及变化趋势加以整合，每一次调整都是一种创新。

二、技术创新

对于技术创新，国内外比较一致的观点是：一种新思想和非连续的技术活动，经过一段时间，发展为实际的商业应用，这就是技术创新。也就是说，技术创新是以其构思新颖和成功商业应用为特征的有意义的非连续事件。简单地讲，技术创新就是技术变为商品并在市场上销售后实现其价值，从而获得经济效益的过程和行为。

技术水平是反映企业经营实力的一个重要标志。企业要在激烈的市场竞争中处于主动地位，就必须顺应甚至引导社会技术进步，不断地进行技术创新。由于一定的技术都是通过一定的物质载体和利用这些物质载体的方法来体现的，因此，企业的技术创新主要表现在要素创新和要素组合方法创新、产品创新两个方面。

1. 要素创新与要素组合方法创新

要素创新包括材料创新、设备创新两个方面，要素组合方法创新包括生产工艺创新和生产过程的时空组织创新两个方面。

2. 产品创新

生产过程中各种要素组合的结果是形成企业向社会贡献的产品。企业是通过生产和提供产品来求得社会承认、证明其存在价值的，也是通过销售产品来补偿生产消耗、取得盈余，实现其社会存在的。产品创新包括许多内容，这里主要分析物质产品本身的创新，主要包括品种创新和产品结构创新。

（1）品种创新

品种创新要求企业根据市场需要的变化及消费者偏好的转移，及时地调整企业的生产方向和生产结构，不断开发出受用户欢迎的适销对路的产品。

（2）产品结构创新

产品结构创新是指不改变原有品种的基本性能，对现在生产的各种产品进行改进和改造，找出更加合理的产品结构，使其生产成本更低，性能更完善，使用更安全，从而更具市场竞争力。

产品创新是企业技术创新的核心内容，既受制于技术创新的各个方面，又影响技术创新效果的发挥。新的产品、新的产品结构往往要求企业利用新的机器设备和新的工艺方法，新设备、新工艺的运用可为产品的创新提供更优越的物质条件。

课间阅读

华为的技术自主创新之路

大多数中国民营科技企业总摆脱不了"各领风骚三五年"的宿命，华为却从名不见经传的民营科技企业，发展成为世界500强和全球最大的通信设备制造商，创造了世界企业发展史上的奇迹。其技术创新模式值得深思。

1. 成长中确定国际化发展战略

华为并不只限于眼前利益，对技术投资具有长远战略眼光。在"小灵通"火热时期，UT斯达康、中兴等企业抓住了机会，赚了不少真金白银。但华为却在这一时期，把巨资投入到了当时还看不到"钱景"的3G技术研发，也因此被外界扣上"战略失误"的帽子。在任正非看来，"小灵通"使用的是落后的技术，没有前景，3G才代表未来主流技术发展趋势。事实证明，任正非的判断是正确的。华为从1996年开始进行海外布局，在国内市场遭遇3G建设瓶颈的时候，华为在海外市场开始有所斩获。一路走来，华为如今已成为全球主流电信运营商的最佳合作伙伴。现在，华为的产品和解决方案已经应用到了170多个国家和地区，服务全球1/3的人口。全球50强电信运营商中，有45家使用华为的产品和服务，其海外市场销售额占公司销售总额的近70%。如果任正非没有前瞻眼光，不先人一步投入3G技术研发，那么就没有今天的华为，也没有华为在3G甚至4G市场上的领先位置。看得远，才能走得远，这是低调的任正非带领华为无往不胜的终极秘诀。

技术创新对于一个企业的国际化而言非常重要，但并不是说只有在完成技术创新之后才能够国际化。完全掌握了核心技术后再进行国际化，是一种过于理想化的模式。国际化的过程是提高企业技术能力的过程，要在"战争中学习战争"。从1996年开始，华为就尝试走出国门，通过国际竞争来提升自身的技术创新能力。

2. 技术引进、吸收与再创新

华为的技术创新更多地表现在技术引进、吸收与再创新上，其主要是在国际企业的技术成果上进行一些功能、特性上的改进和集成能力的提升。对于所缺少的核心技术，华为通过购买或支付专利许可费的方式实现产品的国际市场准入，再根据市场需求进行创新和融合，从而实现知识产权价值的最大化。任正非说："科技创新不能急功近利，需要长达二三十年的积累。"中国企业要走出国门，融入世界，做大做强，就必须摒弃赚"快钱"的心态，舍得在技术升级和管理创新上花钱。华为不赚"快钱"而赚"长钱"的思想值得很多企业学习借鉴。

回顾华为的技术发展历程，华为捕捉到了通信产业20多年来的发展大势和机遇。现在，云计算被视为科技界的一场革命，华为依托强大的技术研发能力，借助云计算进行产业转型升级，实现"云管端"一体化，从单纯的CT（Cybershop Trusteeship，CT）产业向整个ICT（Institute of Computing Technology，ICT）产业扩展，将终端和软件服务领域作为未来成长的新空间。

三、制度创新

制度创新是从社会经济的角度来分析企业各成员间正式关系的调整和变革。制度是组织运行方式的原则性规定，主要包括产权制度、经营制度和管理制度。

1. 产权制度

产权制度是决定企业其他制度的根本制度，它规定着企业最重要生产要素的所有者对企业的权利、利益和责任。在不同的时期，企业各种生产要素的相对重要性是不一样的。在主流经济学的分析中，生产资料是企业生产的首要因素，因此产权制度主要是指企业生产资料的所有制。目前，存在两大生产资料所有制：私有制和公有制（更准确地说是社会成员共同所有的"共有制"）。企业制度是以产权制度为基础和核心的企业组织和管理制度。企业产权制度的创新应向着生产资料的社会成员"个人所有"与"共同所有"最适度组合的方向发展。企业制度创新是指在国内企业中建立适应社会主义市场经济的资源配置机制，使其面向市场，成为自主经营、自负盈亏、自我发展的微观经济主体。

2. 经营制度

经营制度是有关经营权的归属及其行使条件、范围、限制等方面的原则性规定。它表明企业的经营方式，确定谁是经营者，谁来行使企业生产资料的占有权、使用权和处置权，谁来确定企业的生产方向、生产内容、生产形式，谁来保证企业生产资料的完整性及其增值，谁来向企业生产资料的所有者负责以及负何种责任。进行经营制度创新时，应不断寻求企业生产资料最有效利用的方式。

3. 管理制度

管理制度是行使经营权、组织企业日常经营的各种具体规则的总称，包括对材料、设备、人员及资金等各种要素的取得和使用的规定。在管理制度的众多内容中，分配制度是极重要的内容之一。分配制度涉及如何正确地衡量成员对组织的贡献，并在此基础上如何提供足以维持这种贡献的报酬。由于劳动者是企业诸要素中的决定性因素，因此提供合理的报酬以激发劳动者的工作热情，对企业的经营有着非常重要的意义。分配制度的创新在于不断地追求和实现报酬与贡献更高层次上的平衡。

产权制度、经营制度、管理制度三者之间的关系是错综复杂的。一般来说，产权制度决定相应的经营制度。但是，在产权制度不变的情况下，企业具体的经营方式可以不断进行调整；同样，在经营制度不变时，具体的管理规则和方法也可以进行不断改进。管理制度的改进一旦发展到一定程度，就会要求经营制度做相应的调整；经营制度的不断调整，必然会引起产权制度的革命。因此，管理制度的变化会反作用于经营制度，经营制度的变化会反作用于产权制度。

企业制度创新的方向是不断调整和优化企业所有者、经营者、劳动者三者之间的关系，使各个方面的权利得到充分体现，使组织各成员的作用得到充分的发挥。

四、组织机构和结构的创新

企业组织的正常运行，既要求具有符合企业及其环境特点的运行制度，又要求具有与之相适应的运行载体，即合理的组织形式。因此，企业制度创新必然要求组织形式变革和发展。

从组织理论的角度来考虑，企业系统是由不同的成员担任的不同职务的结合体。这个结合体可以从机构和结构这两个不同层次进行考察。所谓机构，是指企业在构建组织时，根据一定的标准，将那些类似的或与实现同一目标有密切关系的职务或岗位归并到一起，形成不同的管理部门。它主要涉及管理劳动横向分工的问题，即把与企业生产经营业务有关的管理活动分成不同部门的任务。而结构则与各管理部门之间，特别是与不同层次管理部门之间的关系有关，它主要涉及管理劳动纵向分工的问题，即所谓的集权和分权问题。不同的机构设置，要求具有不同的结构形式；组织机构完全相同，但机构之间的关系不一样，也会形成不同的结构形式。

由于机构设置和结构的形成会受到企业活动的内容、特点、规模、环境等因素的影响，因此，不同的企业有不同的组织形式；同一个企业在不同的时期，随着经营活动的变化，也会要求组织的机构和结构进行不断调整。组织结构和机构创新的目的在于通过更合理地调整组织分工与组织层次的关系，提高管理的效率。

五、环境创新

环境是企业经营的土壤，同时制约着企业的经营。企业与环境的关系，不是单纯地去适应，而是要在适应的同时去改造、去引导，甚至去创造。环境创新不是指企业为适应外界变化而调整内部结构或活动，而是指企业通过积极的创新活动去改造环境，去引导环境朝着有利于企业经营的方向变化。例如，企业的公关活动，影响社区政府政策的制定；企业的技术创新，影响社会技术进步的方向等。

对企业来说，环境创新的主要内容是市场创新。市场创新主要是指通过企业的活动去引导消费，创造需求。成功的企业经营不仅要适应消费者已经意识到的市场需求，而且要去开发和满足消费者还没有意识到的需求。新产品的开发往往被认为是企业创造市场需求的主要途径。其实，市场创新的更多内容是通过企业的营销活动来进行的，即在产品的材料、结构、性能不变的前提下，通过市场的物理转移，通过揭示产品新的使用价值，来寻找新用户，或通过广告宣传等促销活动，来赋予人们对产品使用价值的新认识，影响人们对某种消费行为的社会评价，从而诱发和强化消费者的购买动机，增加产品的销售量。

六、战略管理创新

如果说制度创新是管理创新的根本，那么战略管理创新就是管理创新的统帅。战略管理创新需要研究的课题有企业核心竞争力的培育、动态竞争战略、企业持续增长战略、超竞争环境下的企业战略、企业战略的执行等。在经济全球化、全球信息化及知识经济飞速发展的形势下，企业处于复杂、多变、激烈的竞争环境中，过去在静态竞争环境中发展出的战略理论已经过时了。当前，客户要求变得更加苛刻，静态竞争已变成动态竞争，变化成为唯一不变的事情。如今，在战略上创新变革已成为企业永续经营的重要生存法则，企业战略管理创新正是基于环境挑战所做出的一种反应。战略创新理论已成为企业战略管理前沿性的重点研究领域，企业正处于战略创新的热潮中。

课间阅读

"海底捞"的管理智慧

在过去的几年里，海底捞餐厅已经成为餐饮界的一个热点现象，吸引了众多媒体的关注。1994年，还是四川拖拉机厂电焊工的张勇在家乡简阳支起了4张桌子，利用业余时间卖起了麻辣烫。4年后，海底捞在全国6个省市开了30多家店，张勇成了6 000多名员工的董事长。张勇认为，人是海底捞的生意基石。客人的需求五花八门，用流程和制度培训出来的服务员最多只能达到及格的水平。流程与制度对保证产品和服务质量的作用毋庸置疑，但同时也压抑了人性，因为它忽视了员工最有价值的部位——大脑，让雇员严格遵守流程和制度，等于只雇用了他们的双手。

大脑在什么情况下才有创造力？心理学家的研究表明，当人用心的时候，大脑的创造力最强。于是，让服务员都能像自己一样用心就变成张勇的基本经营理念。怎样才能让员工把海底捞当成家？答案很简单：把员工当成家里人。海底捞的员工住的都是正规住宅，有空调和暖气，可以免费上网，步行20分钟到工作地点。不仅如此，海底捞还雇人给员工宿舍打扫卫生，换洗被单。海底捞在四川简阳设立了海底捞寄宿学校，为员工解决了子女的教育问题。海底捞还想到了员工的父母，优秀员工的一部分奖金每月由公司直接寄给家乡的父母。

要让员工的大脑起作用，除了让他们把心放在工作上，还必须给他们权力：200万元以下的财务权都交给了各级经理；服务员都有免单权，不论什么原因，只要员工认为有必要，都可以给客人免费送一些菜，甚至免掉一餐的费用。聪明的管理者能让员工的大脑为他工作。当员工不仅仅机械地执行上级的命令时，他就是一名管理者了。按照这个定义，海底捞是一个由6 000名管理者组成的公司。

人是群居动物，天生追求公平。海底捞知道，要让员工感到幸福，不仅要提供好的物质待遇，还要让人感觉公平。海底捞不仅让这些处在社会底层的员工得到了尊严，还给了他们希望。海底捞几乎所有的高管都是服务员出身，这些大孩子般的年轻人独立管理着几百名员工，每年创造几千万元营业额。没有管理才能的员工，通过任劳任怨地苦干也可以得到认可，普通员工如果成为功勋员工，工资收入只比店长差一点。

海底捞把培养合格员工的工作称为"造人"，张勇将造人视为海底捞发展战略的基石。海底捞对每个店长的考核只有两个指标，一是客人的满意度，二是员工的工作积极性。同时，要求每个店按照实际需要人数的110%配备员工，为扩张提供人员保障。海底捞这种以人为本、稳扎稳打的发展战略值得不少中国企业借鉴。

第三节 创新的过程和组织

一、创新的过程

创新是对旧事物的否定，对新事物的探索。要否定旧事物，创新者必定要突破原先的制度，破坏原先的秩序，必须不遵守原先的章程。要对新事物进行探索，创新者只能在不断的尝试中寻找新的程序和方法。当然，在最终的成果取得之前，可能要经历无数次的反复和失败。创新应遵循一定的步骤和程序。

总结众多企业的成功经验后可知，创新要经历"寻找机会、提出构思、迅速行动、坚持不懈"四个阶段的努力。

1. 寻找机会

创新是对原有秩序的破坏。原有秩序之所以要打破，是因为其内部存在着或出现了某些不协调的现象。这些不协调为系统的发展提供了有利的机会或造成了某种不利的威胁，为创新提供了契机。创新活动正是从发现和利用旧秩序内部的这些不协调现象开始的。

旧秩序中的不协调既可存在于系统的内部，又可产生于对系统有影响的外部。

就系统外部来说，有可能成为创新契机的变化主要有以下几点。

① 技术的变化。可能影响企业资源的获取，生产设备和产品的技术水平。

② 人口的变化。可能影响劳动市场的供给和产品销售市场的需求。

③ 宏观经济环境的变化。迅速增长的经济可能会给企业带来不断扩大的市场，而整个国民经济的萧条则可能降低企业产品需求者的购买能力。

④ 文化与价值观念的转变。可能会改变消费者的消费偏好或劳动者对工作及其报酬的态度。

就系统内部来说，引发创新的不协调现象主要有以下几点。

① 生产经营中的瓶颈，影响到了劳动生产率的提高或劳动积极性的发挥。这种瓶颈既可能是某种材料的质地不够理想，且始终找不到替代品，又可能是某种工艺不完善、某种分配政策不合理等。

② 企业意外的成功和失败。例如，派生产品的利润贡献出人意料地超过了企业的主营产品；老产品经过精心整顿改进后，结构更加合理，性能更加完善，质量更加优异，但并未得到预期数量的订单等。这些出乎企业预料的成功和失败，往往可以把企业从原先的思维模式中驱赶出来，从而成为企业创新的一个重要源泉。

2. 提出构思

在敏锐地观察到了不协调现象的产生以后，还要透过现象究其原因，据此分析和预测不协调的未来变化趋势，估计可能给组织带来的积极或消极后果；在此基础上，努力利用机会或将威胁转换为机会，通过采用头脑风暴法、德尔菲法等决策方法，提出多种解决问题、消除不协调、使系统在更高层次实现平衡的创新构想。

3. 迅速行动

创新成功的一大秘诀是迅速行动。提出的构想可能还不完善，甚至可能很不完善，但这种并非十全十美的构想必须立即付诸行动才有意义。T.彼得斯和 W.奥斯汀在《志在成功》一书中介绍了这样一个例子。20 世纪 70 年代，施乐公司为了把产品搞得十全十美，在罗彻斯特建造了一座 29 层的高楼，专门给工商管理硕士们使用。这些人在大楼里为每一件可能开发的产品都设计了拥有数百个变量的模型，编写了一份又一份的市场调查报告……然而，当这些人继续不着边际地分析，产品研制工作被搞得越来越复杂时，竞争者已把施乐公司的市场抢走了 50% 以上。创新的构想只有在不断尝试中才能逐渐完善，企业只有迅速行动才能有效地利用"不协调"提供的机会。

4. 坚持不懈

构想经过尝试才能成熟，而尝试是有风险的，是可能失败的。创新的过程是不断尝试、不断失败、不断提高的过程。因此，创新者在开始行动以后，为取得最终的成功，必须坚定不移地继续下去，决不能半途而废，否则便会前功尽弃。要在创新中坚持下去，创新者必须有足够的信心，有较强的忍耐力，能正确对待尝试过程中出现的失败。创新者既要为减少失误或消除失误后的影响采取必要的预防或纠正措施，又不能把一次尝试的失败看成整个创新的失败。伟大的发明家爱迪生曾经说过："我的成功乃是从一路失败中取得的。"这句话对创新者有很大的启示。创新的成功在很大程度上要归因于"最后一分钟"的坚持。

课间阅读

你替我搬

英国有一家大型图书馆要搬迁，由于该图书馆藏书量巨大，因而搬运成本算下来非常惊人。就在这时，有一个图书管理员想出了办法，那就是马上对读者们开放借书，并延长还书日期，只要读者们增加相应押金，并把书还到新的地址。这一办法得到了采纳。结果，不但大大降低了图书搬运成本，还受到了读者们的欢迎。

二、创新活动的组织

管理者不仅要根据创新过程的要求对自己的工作进行创新，而且要组织下属创新。创新的组织者不单要计划和安排某个下属在某个时间从事某种创新活动——这在某些时候也许是必要的，还要为下属的创新提供条件、创造环境，有效地组织系统内部的创新。

1. 正确理解和扮演"管理者"的角色

管理人员往往具有保守的倾向，他们认为组织雇用自己的目的是维持组织的运行，认为自己的职责首先是确保预先制订的规则和计划能够执行和实现。因此，他们往往自觉或不自觉地扮演现有规章制度"守护神"的角色。为了减少管理中的风险，防止"大祸临头"，他们往往对创新尝试中的失败看得很重，随意惩罚在创新尝试中遭到失败的人，或轻易地奖励那些从不创新、从不冒险的人。在分析了管理的维持与创新职能的关系后，再这样来狭隘地理解管理者的角色，显然是不行的。管理人员必须自觉地带头创新，并努力为组织成员提供和创造一个有利于创新的环境，积极鼓励、支持、引导组织成员进行创新。

2. 创造促进创新的组织氛围

促进创新的最好方法是大张旗鼓地宣传创新、激发创新，树立"无功便是有过"的新观念，使每一个人都奋发向上、努力进取、跃跃欲试、大胆尝试。要造就一种"人人谈创新，时时想创新，无处不创新"的组织氛围，使那些无创新欲望或无所作为者自己感到在组织中无立身之处，使每个人都认识到组织聘用自己的目的不是简单地用既定的方式重复过去的操作，而是去探索新的方法，找出新的程序，追求新的效益。只有不断地去探索、去尝试，才有继续留在组织中的资格。

3. 制订有弹性的计划

创新意味着打破旧的规则，意味着占用时间和资源，因此创新要求组织制订的时间和资源计划必须具有弹性。

创新需要思考，思考需要时间。如果把每个人的每个工作日都安排得非常紧凑，对每个人在每时每刻都实行"满负荷工作制",则许多创新的机遇便不可能被发现,创新的构想也无条件产生。美籍犹太人富凯尔博士对日本人的高节奏工作制度不以为然,他说:"一个人成天在街上奔走,或整天忙于做某一件事,没有一点清闲的时间可供他思考,怎么会有新的创见?"他认为一个人每天除了必需的工作时间外,必须抽出一定时间来进行思考。例如,美国许多成功的企业往往允许员工自由地利用部分工作时间去探索新的设想。据《创新者与企业革命》一书介绍,IBM、3M、杜邦公司等知名企业都允许职工利用5%～15%的工作时间去开发他们的兴趣和设想。

创新需要尝试,而尝试需要物质条件和试验的场所。如果组织要求每个部门在任何时间都必须严格地制订和执行严密的资源计划,则创新就会失去前提和基础,永无尝试机会的新构想就只能留在人们的脑子里或图纸上,不可能给组织带来任何实际的效果。

4. 正确地对待失败

创新过程是一个充满着失败的过程。创新者应该认识到这一点,创新的组织者更应该认识到这一点。只有认识到失败是正常的,甚至是必需的,管理人员才可能允许失败、支持失败,甚至鼓励失败。当然,支持尝试、允许失败并不意味着鼓励组织成员马马虎虎地工作,而是希望创新者在失败中取得教训,从而使下次失败到创新成功的路程缩短。例如,美国一家成功的计算机设备公司在它那只有五六条的企业哲学中这样写道:"我们要求公司的人每天至少要犯10次错误,如果谁做不到这一条,就说明谁的工作不够努力。"

5. 建立合理的奖酬制度

要激发每个人的创新热情,必须建立合理的评价和奖酬制度。创新的原始动机也许是个人成就感、自我实现的需要,但是如果创新的努力不能得到组织或社会的承认,不能得到公正的评价和合理的奖酬,则继续创新的动力就会渐渐失去。

建立合理的奖酬制度,在第七章中已有详细的论述,其中需要格外注意以下几个方面。

（1）注意物质奖励与精神奖励相结合

奖励不一定是金钱上的,而且往往不需要是金钱上的,因为精神上的奖励也许比物质报酬更能满足和驱动人们创新的心理需要。从经济学的角度来考虑,金钱的边际效用是递减的。为了激发或保持同等程度的创新积极性,组织不得不支付越来越多的奖金。然而对创新者个人来说,物质上的奖酬只在一种情况下才是有用的:奖金的多少被视作衡量个人工作成果和努力程度的标准。

（2）奖励应面向对组织做出特殊贡献的行为

不能把奖励视作"不犯错误的报酬",而应视作对特殊贡献甚至是对希望做出特殊贡献的努力的报酬。奖励的对象应不仅包括成功的创新者,而且应当包括那些暂时没有获得成功但却提供了宝贵经验的努力者。就组织的发展而言,也许重要的不是创新的结果,而是创新的过程和创新的意识。如果奖酬制度能促使每个成员都积极地去探索和创新,那么必然会产生对组织发展有利的结果。

（3）奖励制度要既能促进内部的竞争,又能保证成员间的合作

内部的竞争与合作对创新而言是同等重要的。竞争能激发每个人的创新欲望,从而有利于创新机会的发现和创新构想的产生,但过度的竞争则会导致内部的各自为政,互相封锁。合作能促进知识的交流,从而可以使每个创新构想更加完善。但是,没有竞争的合作会难以区别个人的贡献,削弱个人的创新欲望。要保证竞争与合作相结合,在奖励项目的设置上,可考虑多设集体奖,少设个人奖,多设单项奖,少设综合奖;在奖金的数额上,可考虑多设小奖,少设甚至不设大奖,以使每

个人都有成功的希望，避免出现"只有少数人才能成功的'超级明星综合征'"，从而防止相互封锁和保密，破坏合作的现象发生。

第四节 | 管理创新

一、管理创新的概念

芮明杰教授在 1994 年所著的《超越一流的智慧——现代企业管理的创新》一书中提出了管理创新的概念。他认为管理创新是创造一种新的更有效的资源整合范式。这种范式可以是新的有效整合资源以达到组织目标和责任的全过程管理，也可以是新的具体资源整合及目标制订等方面的细节管理。这至少包括以下五种情况。

① 提出一种新的发展思路并加以有效实施。一个对所有组织而言都是可行的新的发展思路，这便是一种管理创新。

② 创设一种新的组织机构并使之有效运转。创设一种新的组织机构并使之有效运转，促进企业管理效益提高，就应该是管理创新。

③ 提出一种新的管理方法。一种新的管理方法若能提高生产效率，促进人际关系协调，激励员工的积极性，提高企业经济效益，也属于管理创新的范畴。

④ 设计一种新的管理模式。管理模式是组织的一种综合型管理模式，一个对所有组织可行的新的综合管理模式，当然也是管理创新。

⑤ 进行一种制度的创新。制度的创新会给组织行为带来变化，进而有助于资源的有效整合，因此制度创新也是管理创新。

总之，管理创新就是指企业把新的管理要素（如新的发展思路、新的组织机构、新的管理方法、新的管理模式、新的管理制度等）或这些管理要素的新组合引入企业管理系统，以更有效地实现组织目标的活动。

二、管理创新的理论依据

要有效地进行管理创新，必须依照企业创新的特点和基本规律。因此，管理创新要依据如下基本理论。

1. 企业本性论

企业是现代社会的经济主体，是社会政治、经济和文化生活的基本单元，追求利润最大化是企业的根本目的。现代社会是以企业为主宰的团体社会。企业若没有利润，怎样体现自己的生命意义？又怎样追求自己的价值？这是企业进行管理创新首要的和基本的理论依据。

2. 管理本性论

企业本性论指明了企业生存的目标。怎样实现这一目标？必须靠科学的管理。通过加强基础管理和专业管理，可保证产品质量的提高、产量的增加、成本的下降和利润的增长。因此，管理本性论是企业管理创新的又一依据。

3. 员工本性论

企业本性论和管理本性论明确了创造利润这一企业本性,认识到实现企业本性要靠科学的管理,根据市场和社会的变化有效地整合企业内部资源,创造更高的生产率,不断满足市场需求。但这还不够,管理创新还必须明确管理的主体。在构成企业的诸多要素中,人是最积极、最活跃的主体性要素,企业的一切运营活动必须靠人来实现。人是生产力的基本要素,又是管理的主体。这是企业活力的源泉所在,也是管理能否成功的关键。因此,管理创新还必须结合人的特点和要求,这就是员工本性论的理论依据。

三、管理创新的基本条件

为使管理创新有效地进行,必须创造以下基本条件。

1. 创新主体应具有良好的心智模式

创新主体(企业家、管理者和企业员工)具有良好的心智模式是实现管理创新的关键。心智模式是指由过去的经历、习惯、知识素养、价值观等形成的基本固定的思维认识方式和行为习惯。创新主体应具有的心智模式包括远见卓识、较好的文化素质和价值观等。心智模式在"第一章 管理与管理者"中有具体描述。

2. 创新主体应具有较强的能力结构

创新主体必须具备一定的能力才可能完成管理创新,这些能力可分为核心能力、必要能力和增效能力。其中,核心能力突出地表现为创新能力,必要能力包括将创新转化为实际操作方案的能力、从事日常管理工作的各项能力,增效能力则是指控制、协调、加快进展的各项能力。

3. 企业应具备较好的基础管理条件

现代企业中的基础管理主要是指一般的最基本的管理工作,如基础数据的获取、技术档案的整理、统计记录和信息的收集归档、工作规则和岗位职责标准的制订等。管理创新往往在基础管理较好的基础上才有产生的可能,因为较好的企业基础管理可提供许多必要且准确的信息、资料、规则,从而有助于管理创新的顺利进行。

4. 企业应营造一个良好的管理创新氛围

创新主体是否有创新意识,能否有效发挥其创新能力,与是否拥有一个良好的创新氛围有关。在良好的工作氛围下,人们思想活跃,新点子产生得多而快,而不好的氛围则可能导致人们思想僵化、思路堵塞、头脑空白。

5. 管理创新应结合本企业的特点

现代企业之所以要进行管理创新,是为了更有效地整合本企业的资源以完成本企业的目标和任务。因此,管理创新不可能脱离本企业和本国的特点。在当前的国际市场中,短期内我国大部分企业的实力都会比西方企业弱。如果"以刚对刚",则会失败;以太极拳的方式"以柔克刚",可能是中国企业走向世界的最佳方略。我国企业应充分发挥以"情、理、法"为一体的中国式管理制度的优势和特长。

6. 管理创新应有创新目标

管理创新目标比一般目标更难确定,因为创新活动及创新目标具有更大的不确定性。尽管确定创新目标是一件困难的事情，但是如果没有一个恰当的目标，则会浪费企业的资源，这又与管理的宗旨不符。

7. 管理者要着力提高企业的管理创新能力

（1）有意识地进行管理创新

例如，很多公司建立了研发实验室，或为某些人规定了明确的创新职责。但有多少公司建立了专门的组织架构来培育管理创新呢？要成为一个管理创新者，第一步须向整个组织推销其观念。

（2）创造一种怀疑的、解决问题的文化

当面临挑战时，公司员工会如何反应？他们会开始怀疑吗？他们会借助竞争者采用的标准解决方案，还是会更深入地了解问题，努力发现新的解决之道？只有后者才能将公司引向成功的管理创新，管理者应当鼓励员工解决问题而非选择逃避。

（3）寻找不同环境中的类比例证

公司在进行创新时应多学习、多借鉴。例如，可以向一些高度弹性的社会体系、志愿组织学习，鼓励员工去不同的国家工作，这既可以开阔员工的视野并激发其创新思维，又可以增强员工的工作动力和创新积极性。

（4）培养低风险试验的能力

例如，有一家公司的管理人员不断鼓励员工及团队提出管理创新办法。但他们很快意识到，要想将能动性转化为有效性，就不能放任所有的新创意在整个组织内蔓延。他们规定，每种创新只能在有限的人员和有限的时间内进行。这既保证了新创意有机会实施，又不会危害到整个组织。

（5）利用外部资源探究新想法

当公司有能力推进管理创新时，有选择地利用外部的学者、咨询顾问、媒体机构以及管理大师们会有极大帮助。这些外部变革资源有三个基本作用：新观念的来源；作为一种宣传媒介，让管理创新更有意义；使公司已经完成的工作得到更多的认可。

（6）持续地进行管理创新

真正的成功者绝非仅进行一两次管理创新，他们是持续的管理创新者。通用电气就是一个例子，它成名于其"群策群力"原则和无边界组织，同时拥有很多更为古老的创新，如战略计划、管理人员发展计划、研发的商业化等。

四、管理创新的内容

管理创新的内容渗透在管理的各个方面，可以说管理创新无处不在、无时不在。

从管理的层次看，管理创新包括管理思想理论上的创新、管理制度上的创新和管理具体技术方法上的创新。三者相互联系、相互作用。

按功能，管理创新可分解为目标、计划、实行、反馈、控制、调整、领导、组织、人力资源管理九项管理职能的创新。

按业务组织的系统，管理创新可分为战略创新、模式创新、流程创新、标准创新、观念创新、风气创新、结构创新、制度创新。

按企业职能部门，管理创新可分为研发管理创新、生产管理创新、市场营销和销售管理创新、采购和供应链管理创新、人力资源管理创新、财务管理创新、信息管理创新等。

课间阅读

华为的企业管理创新

华为在国际化进程中，充分地认识到先进企业内部管理的基础作用。其先后与IBM、HAY、MERCER和PWC等国际著名公司合作，不惜花费数十亿元资金，引入先进的管理理念和方法，对集成产品开发、业务流程、组织、品质控制、人力资源、财务管理和客户满意度等方面进行了系统变革，把公司业务管理体系聚焦在创造客户价值这个核心上。

华为确立了"以客户需求为导向"的产品研发模式，以客户需求驱动产品研发，围绕提升客户价值进行技术、产品、解决方案及业务管理的持续创新，快速响应客户需求。

华为坚持"开放式创新"，先后在德国、美国、瑞典、英国和法国等国家设立了23个研究所，与世界领先的运营商共同成立了34个联合创新中心，从而实现了全球同步研发。华为把领先的技术转化为客户的竞争优势，帮助客户成功。

华为的"客户创新中心"和"诺亚方舟实验室"就是专门为客户量身打造的创新研究机构。他们对客户个性化的需求进行解读与研究，创造性地为客户提供量体裁衣式的个性服务。满足各个国家和地区客户不同的需求，成为华为进行创新的动力。抓住客户的"痛点"而不是竞争对手的"痛点"，抓住客户的价值而不是产品的成本，就是华为国际化成功的经验。由于华为抓住了客户的根本需求，故其收入是刚性的，赢利是持续的。

华为探索建立了行之有效的人力资源管理体系，尊重和爱护人才，所以聚集了一大批技术精英。华为的总裁任正非曾说："钱给多了，不是人才也变成了人才。"华为为了人才不惜成本。

在培养接班人方面，任正非打破家族式继承，推行轮值CEO制度，让没有血缘关系的优秀后继者担任轮值CEO，首开中国民营企业"代际传承"之先河。

五、管理创新的过程

一般来说，管理创新的过程包含以下四个阶段。

1. 不满于现状

管理创新的动机源于以下几种情况：对公司现状不满，公司遇到危机，商业环境变化以及新竞争者出现而形成战略型威胁，某些人对操作性问题产生抱怨等。例如，Litton 互联产品公司是一家为计算机组装主板系统的工厂，位于苏格兰的 Glenrothes。1991 年，George Black 受命负责这家工厂的战略转型。他说："我们曾是一家前途黯淡的公司，与竞争对手相比，我们的组装工作毫无特色。唯一的解决办法就是采取新的工作方式，为客户提供新的服务。这是一种刻意的颠覆，也许有些冒险，但我们别无选择。"很快，Black 推行了新的业务单元架构方案，每个业务单元中的员工都致力于满足某一个客户的所有需要。他们学习制造、销售、服务等一系列技能。这次创新使得客户反响获得极大改善，员工流动率也因此大大降低。当然，不论出于哪一种原因，管理创新都在挑战组织的某种形式，它更容易产生于紧要关头。

2. 从其他来源处寻找灵感

管理创新者的灵感可能来自其他社会体系的成功经验，也可能来自那些未经证实却非常有吸引力的新观念。

有些灵感源自管理思想家和管理宗师。例如，1987 年，Murray Wallace 出任惠灵顿保险公司的 CEO。在惠灵顿保险公司危机四伏的关键时候，Wallace 读到了汤姆·彼得斯的新作《混沌中的繁荣》（Thriving on Chaos）。他将书中的高度分权原则转化为一个可操作的模式，这就是人们熟知的"惠灵顿革命"。Wallace 的新模式令公司的利润率大幅增长。当然，有些灵感来自无关的组织和社会体系。例如，20 世纪 90 年代初，总部位于丹麦哥本哈根的助听器公司奥迪康推行了一种激进的组织模型：没有正式的层级和汇报关系，资源分配是围绕项目小组展开的，组织是完全开放的。几年后，奥迪康取得了巨大的利润增长。而这个灵感却来源于公司 CEO Lars Kolind 曾经参与过的美国童子军运动。Kolind 说："童子军有一种很强的志愿性。当他们集合起来，就能有效合作而不存在任何等级关系。这里也没有勾心斗角、尔虞我诈，大家目标一致。这段经历让我重视为员工设定一种明确的'意义'，这种意义远远超越了养家糊口。同时，建立一个鼓励志愿行为和自我激励的体系。"此外，还有些灵感来自背景非凡的管理创新者，他们通常拥有丰富的工作经验。例如，平衡计分卡的原型就是出自 ADI 公司的经理 Art Schneiderman 之手。在斯隆管理学院攻读 MBA 课程时，Schneiderman 深受 Jay Forrester 系统动态观念的影响。加入 ADI 公司前，他在贝恩咨询公司做了六年的战略咨询顾问，负责贝恩在日本的质量管理项目。Schneiderman 深刻地了解日本企业，并以系统的视角看待组织的各项职能。因此，当 ADI 的 CEO Ray Stata 请他为公司开发一种生产质量改进流程的时候，他很快就设计出了一整套的矩阵，涵盖了各种财务和非财务指标。

这几个例子都说明了一个简单的道理：管理创新的灵感很难从一个公司的内部产生。很多公司盲目对标或观察竞争者的行为，导致整个产业的竞争高度趋同。只有从其他来源处获得灵感，公司的管理创新者们才能够开创出真正全新的东西。

3. 开展创新

管理创新人员将各种不满的要素、灵感及解决方案组合在一起，组合方式的形成通常并非一蹴而就，而是重复、渐进的。

4. 争取内部和外部的认可

与其他创新一样，管理创新也有风险巨大、回报不确定的问题。很多人无法理解创新的潜在收益，或者担心创新失败会对公司产生负面影响，因而会竭力抵制创新。而且，在实施之前，我们很难准确判断创新的收益是否会高于成本。因此，对于管理创新者来说，一个关键阶段就是争取他人对新创意的认可。

在管理创新的最初阶段，获得组织内部的认可比获得外部人士的支持更为关键。这个过程中需要明确的拥护者。如果一个有威望的高层管理者参与创新的发起，就会对创新大有裨益。另外，只有尽快取得成果才能证明创新的有效性，然而，许多管理创新往往在数年后才有结果。因此，创建一个支持同盟并将创新推广到组织中非常重要。管理创新的另一个特征是需要获得"外部认可"，以说明这项创新获得了独立观察者的认可。在尚且无法通过数据证明管理创新的有效性时，高层管理人员通常会寻求外部认可来促使内部变革。外部认可有四种来源。第一，商学院的学者。他们密切关注各类管理创新，并整理总结企业碰到的实践问题，以应用于研究或教学。第二，咨询公司。其通常会对这些创新进行总结和存档，以便用于其他的情况和组织。第三，媒体机构。其热衷于向更多的人宣传创新的成功故事。第四，行业协会。外部认可具有双重性：一方面，它增加了其他公司复制创新成果的可能性；另一方面，它增加了公司坚持创新的可能性。

本章小结

❦

　　创新是一个组织发展壮大的源泉。创新的内涵是相当丰富的，按熊彼特的观点，创新的内容很广泛，它包括产品创新、技术创新、市场创新、资源配置创新和组织创新等。之后，学者们又从其他角度对创新的定义进行了发展。创新的目的是为社会提供新的产品或者将新的生产工艺应用到生产过程中去。创新是管理的一种基本职能。维持和创新是管理的本质内容，有效的管理是适度维持与适度创新的组合。管理创新职能的基本内容包括目标创新、技术创新、制度创新、组织机构和结构的创新、环境创新与战略管理创新等。创新要经历寻找机会、提出构思、迅速行动、坚持不懈这几个阶段的努力。管理者要为部下的创新提供条件，创造环境，有效组织系统内部的创新。当今世界的竞争已变成动态竞争，变化成为唯一不变的事情。在战略上创新变革如今已成为组织的生存法则，战略管理创新正是基于环境挑战所做出的一种反应，战略创新理论已成为组织战略管理的重点研究领域。战略管理创新需要研究的课题有企业核心竞争力的培育、动态竞争战略、企业持续增长战略、超竞争环境下的企业战略、企业战略的执行等。

扩展阅读

❦

苹果公司的商业模式创新

　　苹果电脑公司（Apple Computer Inc.）是由史蒂夫·乔布斯、斯蒂夫·沃兹尼亚克和罗·韦恩（Ron Wayne）等人于 1976 年 4 月 1 日创立的一家高科技公司，2007 年 1 月 9 日更名为苹果公司（Apple Inc.），总部位于加利福尼亚州的库比蒂诺，如图 9-1 所示。在 Brand Finance 发布的 2017 年度全球 500 强品牌榜单中，苹果公司排名第二。在 2017 年 6 月《财富》杂志发布的美国 500 强企业排行榜中，苹果公司排名第三位。

资料链接

阅读文献资料
苹果的商业模式
创新

　　是什么力量让苹果公司走出了曾经的低谷，异军突起，成为行业领头羊？阅读"苹果的商业模式创新"，了解苹果公司的创新之路。

图 9-1　位于美国加利福尼亚州的苹果公司全球总部

本章复习题

一、名词解释

创新　　　　　　　消极被动型创新　　　　积极主动型创新

技术创新　　　　　制度创新　　　　　　　管理创新

二、单项选择题

1. 下列不属于创新特征的是（　　　）。

　　A. 高风险性　　　B. 高收益性　　　C. 非理性　　　D. 适应性

2. 按照创新与环境的关系，创新可分为（　　　）。

　　A. 消极被动型创新与积极主动型创新　　B. 局部创新和整体创新

　　C. 自发创新与有组织的创新　　　　　　D. 组织初建期的创新和运行中的创新

3. 生产中采用一种新的工艺方法，属于（　　　）。

　　A. 技术创新　　　B. 管理创新　　　C. 制度创新　　　D. 经营创新

4. （　　　）是一种创造新的资源整合范式的动态性活动，同技术一起构成现代企业中不可缺少的投入组合。

　　A. 技术创新　　　B. 管理创新　　　C. 制度创新　　　D. 经营创新

5. 管理创新就是指企业把新的（　　　）引入企业管理系统，以更有效地实现组织目标的活动。

　　A. 技术条件和管理条件　　　　　　B. 组织运行政策与目标的改变

　　C. 组织文化　　　　　　　　　　　D. 管理要素或这些管理要素的新组合

三、问答题

1. 简述熊彼特提出的创新的五个方面。

2. 维持职能与创新职能的关系是什么？

3. 创新有哪些特质？

4. 以企业为例，谈谈创新的基本内容。

5. 举例说明创新的过程。

6. 管理创新的基本条件有哪些？

7. 联系实际谈谈企业家为什么愿意投入大量的人力、物力进行创新。企业应该如何进行有效的创新？

8. 谈谈技术创新、制度创新与管理创新的关系是怎样的。

案例分析

海尔的非洲故事：五年内雄踞当地品牌第一

海尔这家中国最大白电制造商的国际化能力在尼日利亚得到了检验。海尔是如何在五年内雄踞当地品牌第一的呢？

在非洲，尼日利亚是第一人口大国，大约有1.4亿人、2 300多万个家庭生活在这个紧邻赤道的国家。高温蒸发着大西洋的海水，让这个非洲国家的空气里也饱含盐分。事实上，这里令人最不理解的是城市糟糕的交通状况与从未亮过的红绿灯。据当地人介绍："红绿灯亮了也没用，所以干脆不亮。"的确如此，在尼日利亚的街头，双向四车道的马路上每天都会发生数个小时的堵车，红绿灯发挥不了丝毫作用。在这样的交通状况下，红绿灯不亮或许还能节省一点电能。

44℃的高温、潮湿与糟糕的交通，让尼日利亚街头经常会出现这样的一幕：很多人的肩膀上扛着一大袋子冰镇矿泉水、冰块在叫卖。在尼日利亚，街头卖水、卖冰块就能维持生计，因此很多家庭将其作为主要经济来源。

独有的"国情"让这个购买力不算强大的国家的消费者对冰箱、冰柜情有独钟。因此，这里的消费者在购买冰箱、冰柜时格外挑剔。他们最喜欢的就是海尔永不生锈的冰箱与100小时不化冻的冰柜。

1. 最受欢迎的外资品牌

尼日利亚消费者对海尔冰箱的喜爱可以从销售结果中看到：2003年，海尔在当地市场以25%的市场份额超过欧洲、美洲及亚洲其他各冰箱企业，成为新的冠军。之后，海尔冰箱连续五年稳居尼日利亚市场第一名，市场占有率也递增到29%。更重要的是，尼日利亚消费者宁肯多花15%的钱也要购买海尔冰箱。

事实上，无论是连续五年第一还是多花钱也要买海尔冰箱，这只是一种结果。归根溯源，是因为产品竞争力强，满足当地需求速度快。海尔冰箱的竞争力是满足消费者需求的结果。尼日利亚靠近赤道，紫外线很强，日平均温度在33℃以上，最高可达到44℃。与此同时，长达9个月的雨季和带着腥咸味的空气直接影响着尼日利亚人的生活，家用电器生锈是当地人的烦恼之一。尼日利亚人为此需要耐腐蚀的日常用品及家电用品。在电器中，海尔全防锈冰箱受到当地人的青睐。

海尔在尼日利亚庞大的销售网络为当地人提供了便利的服务。在当地5个大区、36个省里，90%的网点都在销售海尔冰箱。在尼日利亚市场上没有类似于中国及其他地区的大连锁渠道，但分布在各地10～200平方米的"家电小卖部"能够为当地人提供更便利的购买与送货服务。在一些十几平方米的小店里，为利用空间，老板甚至把冰箱摆成两层卖。在这些卖场里，海尔50%的冰箱样机很直观地告诉进来的顾客：海尔冰箱是这个市场的主流。

如今，在尼日利亚市场上销售的海尔冰箱除了本土研发、制造的外，还有从中国、泰国、印度等制造基地进口到当地销售的。以全球资源应对全球需求已经成为海尔冰箱全球化运营的一个标志。

2. 海尔在全球获认可

事实上，海尔冰箱从第一次"走出去"就立志成为一个被全球消费者认可的品牌。毕竟，选择从最艰难的市场进入对任何企业而言都是极具挑战性的课题，但海尔依然决定向德国市场的家电企业挑战。结果，海尔在德国市场胜过当地冰箱品牌。

起初，尽管海尔已经通过了德国的安全认证，但消费者依然不接受海尔冰箱。因为那时别说是中国货，就是日本冰箱也很少能销售到德国。海尔冰箱对自己的产品充满信心，他们提出做一个试验：把海尔冰箱与德国冰箱摆在一起，都摘掉商标，让德国消费者自选。结果消费者最终选中了海尔冰箱，德国人很诚实，一下子就给了海尔2万台冰箱的订单。三年后，在德国《TEST》杂志一年一度的对德国市场上销售的进口家电进行的抽检中，海尔冰箱获得8个"+"号，在所有受检的冰箱中名列质量第1名！比德国本土冰箱品牌还要好。

此后，海尔在海外不断赢得声誉。在北美，美国通用电气公司开始模仿海尔法式对开门冰箱，推出了自己的"追随型"产品；在南亚，海尔法式对开门冰箱在印度市场上的售价高达14.5万卢比（折合人民币2.75万元），成为当地市场最高端的产品；在欧洲，海尔法式对开门冰箱被当地著名连锁渠道主推……

这所有的一切都表明，海尔选择与高手过招的市场策略已经进入收获期，它以独有的"中国式挑战"成为全球高端冰箱市场的领导者。

正如美国《商业周刊》发布的权威调查结果显示的那样：海尔作为家电领域唯一入选者，在全球范围内"已经获得了相当的认可"。事实的确如此，海尔冰箱已经在海外行走了18年，产品遍布全球160多个国家和地区，有超过5 200万个家庭、大约2.6亿消费者已经成为海尔冰箱的用户。正因为有这样一个群体，最终使海尔冰箱在全球"获得了相当的认可"。

思考题：

1. 如何理解案例中海尔创新的成功？
2. 怎样证明一个企业的产品创新是成功的？

参考文献

[1] 孙世强，胡发刚. 管理学：思想·案例·实践[M]. 北京：人民邮电出版社，2017.

[2] 杨跃之. 管理学原理[M]. 2版. 北京：人民邮电出版社，2016.

[3] 王欣荣. 管理学教程——理论、应用和案例[M]. 长沙：湖南师范大学出版社，2015.

[4] 张德，王雪莉，张勉. 管理学：新结构、新观点、新实践[M]. 北京：人民邮电出版社，2015.

[5] 牛三平. 管理学基础[M]. 2版. 北京：人民邮电出版社，2015.

[6] 徐碧琳. 管理学原理[M]. 2版. 北京：机械工业出版社，2015.

[7] 黄炯华，黄文群. 管理学[M]. 北京：人民邮电出版社，2015.

[8] 苏东水，苏宗伟. 中国管理学术思想史[M]. 北京：经济管理出版社，2014.

[9] 赵伊川. 管理学[M]. 3版. 大连：东北财经大学出版社，2014.

[10] 周三多，陈传明，贾良定. 管理学：原理与方法[M]. 6版. 上海：复旦大学出版社，2014.

[11] 袁秋菊，吴琼. 管理学——原理与方法（第五版）同步辅导与考研真题汇编[M]. 武汉：武汉大学出版社，2014.

[12] 方振邦，鲍春雷. 管理学原理[M]. 北京：中国人民大学出版社，2014.

[13] 李苏，胡顺奇. 管理学基础[M]. 成都：西南交通大学出版社，2013.

[14] 陈传明，周小虎. 管理学原理[M]. 2版. 北京：机械工业出版社，2012.

[15] 乔忠. 管理学[M]. 3版. 北京：机械工业出版社，2012.

[16] 克瑞尼. 管理学原理[M]. 北京：中国人民大学出版社，2012.

[17] 葛红光，刘小鹰. 管理学[M]. 长春：东北师范大学出版社，2012.

[18] 张智光. 管理学——精品教材与教学改革研究[M]. 北京：清华大学出版社，2012.

[19] 鲍丽娜，李孟涛，李浇. 管理学习题与案例[M]. 大连：东北财经大学出版社，2011.

[20] 冯国珍. 管理学习题与案例[M]. 2版. 上海：复旦大学出版社，2011.

[21] 方振邦，徐东华. 管理思想史[M]. 北京：中国人民大学出版社，2011.

[22] 卢昌崇. 管理学[M]. 3版. 大连：东北财经大学出版社，2010.

[23] 杨文士，焦叔斌，张雁，等. 管理学[M]. 3版. 北京：中国人民大学出版社，2009.

[24] 王凤彬，刘松博，朱克强. 管理学教学案例精选[M]. 上海：复旦大学出版社，2009.

[25] 王利平. 管理学原理[M]. 3版. 北京：中国人民大学出版社，2009.

[26] 陈卫中，陈映雄. 管理学基础[M]. 北京：北京理工大学出版社，2009.

[27] 孙成志. 管理学[M]. 大连：东北财经大学出版社，2009.

[28] 芮明杰. 管理学原理[M]. 上海：格致出版社，上海人民出版社，2008.

[29] 邢以群. 管理学[M]. 北京：高等教育出版社，2008.

[30] 莫寰，邹艳春. 新编管理学[M]. 北京：清华大学出版社，2005.

[31] 芮明杰. 现代的观点[M]. 2版. 上海：上海人民出版社，2005.

[32] 周三多. 管理学：教与学引导[M]. 上海：复旦大学出版社，2005.

[33] 杨明刚. 现代实用管理学[M]. 上海：华东理工大学出版社，2005.

[34] 加雷斯·琼斯等. 当代管理学[M]. 2版. 北京：人民邮电出版社，2003.

[35] 安德鲁·J. 杜柏林. 管理学精要[M]. 6版. 北京：电子工业出版社，2003.

[36] 吴照云. 管理学[M]. 4版. 北京：经济管理出版社，2003.

[37] 周健临. 管理学教程[M]. 上海：上海财经大学出版社，2002.

[38] 徐子建. 管理学[M]. 北京：对外经济贸易大学出版社，2002.

[39] 托马斯·贝特曼. 管理学[M]. 4版. 北京：北京大学出版社，2001.

[40] 哈罗德·孔茨，海因茨·韦克. 管理学[M]. 9版. 北京：经济科学出版社，1993.

[41] 王凤彬. 领导者与现代企业组织[M]. 北京：经济管理出版社，1997.